미래의 부자인 _____ 님을 위해
이 책을 드립니다.

미국 주식
급등주
발굴법

미국 주식 급등주 발굴법

초판 1쇄 발행 | 2025년 9월 15일

지은이 | 유지윤
펴낸이 | 박영욱
펴낸곳 | 북오션

주 소 | 서울시 마포구 월드컵로 14길 62 북오션빌딩
이메일 | bookocean@naver.com
네이버블로그 | blog.naver.com/bookocean_rabbit
페이스북 | facebook.com/bookocean.book
인스타그램1 | instagram.com/bookocean777
인스타그램2 | instagram.com/supr_lady_2008
X | x.com/b00k_0cean
틱톡 | www.tiktok.com/@book_ocean17
유튜브 | 쏠쏠TV·쏠쏠라이프TV
전 화 | 편집문의: 02-325-9172   영업문의: 02-322-6709
팩 스 | 02-3143-3964

출판신고번호 | 제 2007-000197호

ISBN 978-89-6799-894-3(03320)

*이 책은 (주)북오션이 저작권자와의 계약에 따라 발행한 것이므로 내용의 일부 또는 전부를 이용하려면 반드시 북오션의 서면 동의를 받아야 합니다.
*책값은 뒤표지에 있습니다.
*잘못 만들어진 책은 구입하신 서점에서 교환해 드립니다.

ение

프롤로그

과거에는 대부분의 투자자들이 국내 주식에 집중 투자했습니다. 그러나 코로나19 이후 코인 투자 열풍과 함께 미국 주식 투자 붐이 일어나면서, '국장(국내 주식 시장)'과 '서학개미(해외 주식 투자자)'라는 용어가 생겨났습니다.

과거에는 일반 투자자가 해외 주식에 투자하기 쉽지 않았습니다. 절차가 복잡했기 때문에 직접 투자보다는 펀드를 통한 간접 투자가 일반적이었고, 중국 경제가 성장할 때는 중국 주식 투자 펀드가 유행하기도 했습니다.

하지만 코로나19 이후, 증권사들이 미국 주식을 국내 주식처럼 쉽게 거래할 수 있는 시스템을 제공하면서, 많은 투자자들이 직접 미국 주식에 투자하기 시작했습니다. 이로 인해 서학개미의 숫자는 폭발적으로 증가했습니다.

코로나19 초기에는 국내 주식 시장이 활황을 맞아 사상 최고치를 돌파했고, 미국 주식 시장 역시 강세를 보였습니다. 그러나 코로나19가 점차 극복되면서 국내 주식 시장은 점차 침체된 반면, 미국 주식 시장은 여전히 강세를 이어갔습니다. 이에 따라 국내 주식에 투자하던 많은 투자자들이 대거 미국 주식으로 이동하게 되었습니다.

이로 인해 국내 주식 시장에 있어야 할 투자 자금이 미국 시장으로 빠져나가면서 국내 증시는 상승 동력을 잃게 되었고, 여기에 코인 투자 열풍까지 겹치면서 국장은 패닉 상태에 빠졌습니다. 주식 시장은 자금이 몰려야 상승하는데, 자금이 해외와 가상자산 시장으로 빠져나가면서 국내 시장은 더욱 부진해졌습니다.

물론, 경제 상황에 따라 미국 주식 시장도 조정을 받을 수 있습니다. 그러나 4차 산업혁명의 핵심 기업들은 대부분 미국에 있습니다. AI, 양자컴퓨터, 자율주행, 전기자동차, 클라우드 등 미래를 이끌어 갈 혁신 기업들이 모두 미국 시장에 포진해 있기 때문에, 앞으로도 미국 주식에는 지속적으로 많은 자금이 유입될 가능성이 큽니다.

하지만 국내 투자자에게 미국 주식은 해외 시장이다 보니, 언어 장벽과 정보 접근의 한계가 있습니다. 현지 투자자들에 비해 정보를 실시간으로 얻기가 어렵다는 점에서, 서학개미들이 매매하는 종목은 제한적일 수밖에 없습니다. 이로 인해 많은 투자자들이 일부 잘 알려진 종목군에만 집중 투자하는 경향을 보이고 있습니다.

현재 시중에 나와 있는 미국 주식 관련 서적을 보면, 대부분이 입문서, 기업 분석, 배당주, ETF 관련 내용에 집중되어 있습니다. 그러나 실전 투자자들에게 가장 중요한 것은 매매 타이밍을 잡는 것입니다.

대부분의 일반 투자자들은 기업 분석이 어렵기 때문에, 차트 분석을 활용해 매매하는 경우가 많습니다. 실제로 국내 주식 관련 서적을 보면, 절반 이상이 차트 분석에 관한 책일 정도로 차트 매매에 대한 관심이 높습니다. 하지만 미국 주식 차트 분석에 대한 책은 번역서 몇 권이 전부인 상황입니다.

이에 필요성을 느껴 미국 주식을 차트로 분석하는 방법을 다룬 이 책을 집필하게 되었습니다.

차트 분석을 활용하면 우리가 정보 부족으로 접근하지 못했던 다양한 미국 기업을 발견할 수 있습니다. 즉, 차트 분석이 정보 부족을 보완하는 강력한 도구가 될 수 있는 것입니다. 이 책을 통해 미국 주식 시장에서 급등주를 발굴하는 방법을 익히고, 성공적인 매매 전략을 세울 수 있기를 바랍니다.

주식 시장은 끊임없이 변화하며, 수많은 투자 기회와 위험이 공존하는 곳입니다. 특히 미국 주식 시장은 전 세계에서 가장 규모가 크고 유동성이 풍부한 시장으로, 매일같이 새로운 종목들이 급등과 급락을 반복합니다. 수많은 투자자들이 시장에서 성공을 꿈꾸지만, 그중에서도 특히 단기간에 높은 수익을 가져다줄 급등주를 찾아내는 것은 결코 쉬운 일이 아닙니다. 그러나 주식 시장의 움직임에는 일정한 패턴과 논리가 존재하며, 이를 제대로 이해한다면 급등주의 흐름을 읽고 선별하는 능력을 키울 수 있습니다.

이 책은 단순히 '어떤 주식을 사야 하는가?'를 이야기하는 책이 아닙니다. 단기적인 유행이나 감에 의존하는 투자 방식이 아니라, 실제로 시장에서 검증된 방법을 바탕으로 급등주를 분석하고, 그 원리를 파악하며, 실전에서 활용할 수 있도록 돕는 데 초점을 맞추고 있습니다. 급등주가 탄생하는 배경에는 기업의 실적, 산업 트렌드, 시장 심리, 그리고 거시경제적 요인들이 얽혀 있습니다. 이 요소들을 하나하나 분석하고 조합하다 보면, 단순한 우연이 아니라 체계적인 논리로 급등주를 찾아낼 수 있다는 것을 깨닫게 될 것입니다.

이 책에서는 과거 급등했던 종목들의 사례를 분석하고, 시장의 흐름을 읽는 방법을 익히는 과정에서 독자들이 스스로 유망한 주식을 선별할 수 있는 안목을 기를 수 있도록 돕고자 합니다. 또한, 투자 과정에서 흔히 저지르는 실수들을 짚어보고, 리스크를 최소화하는 방법도 함께 다룰 것입니다. 주식 투자는 단순한 운이 아니라, 노력과 학습을 통해 얻을 수 있는 기술입니다.

이 책을 통해 여러분이 급등주의 원리를 이해하고, 스스로 시장에서 기회를 포착할 수 있는 능력을 기르기를 바랍니다. 주식 시장은 끊임없이 변화하지만, 변화를 읽고 활용하는 사람에게는 언제나 기회가 열려 있습니다. 이 책이 여러분의 투자 여정에 든든한 길잡이가 되기를 바라며, 함께 미국 주식 시장의 가능성을 탐색해봅시다.

저자 유지윤

차례

프롤로그　　　　　　　　　　　　　　　　　　　004

1장　하루에 500%도 벌 수 있는 미국 주식

⌘ 하루에 500% 수익 진짜 가능하다　　　　　　　015
⌘ 서학개미는 어떤 종목에 투자를 하고 있을까?　　024
⌘ 제약을 넘어 미국 주식을 매매하는 방법　　　　　029
⌘ 모든 투자자의 꿈 급등주　　　　　　　　　　　031
⌘ 대박주를 찾는 기준　　　　　　　　　　　　　033
⌘ 차트 분석을 잘하면 확률은 더욱 높아진다　　　　035
⌘ 차트는 주가 분석 도구이다　　　　　　　　　　039
⌘ 주가 분석은 내가 할 줄 알아야 한다　　　　　　041
⌘ 주가 차트 패턴을 배우자　　　　　　　　　　　043
⌘ 영어를 알아야 미국 주식을 할 수 있나　　　　　045
⌘ 저는 달러가 없는데요　　　　　　　　　　　　047

2장 반드시 알아야 하는 주식 투자 자세

- 시장의 흐름을 따라야 하는 이유 — **051**
- 부자가 될 기회는 주식 시장에 있다 — **053**
- 시장 변화에 따라 전략을 짜라 — **055**
- 시장에 맞서지 말고 시장 흐름에 따라 행동하라 — **057**
- 시장의 패턴을 분석하라 — **059**
- 주식은 싸게 사서 비싸게 파는 것이다 — **061**
- 하락 추세의 종목은 건들지 마라 — **063**
- 필요할 때만 매매하라 — **065**
- 분산 투자는 정말 중요하다 — **067**
- 돈을 벌면 현금화하라 — **069**
- 매수보다 어려운 것이 매도다 — **071**
- 주식투자는 위험을 먹고 산다 — **072**
- 준비 없이 기회도 없다 — **074**
- 성공하기 전까지 포기하지 마라 — **076**
- 손절을 일상화하라 — **078**

3장 기본 차트 읽는 법

- ⌘ 차트란 무엇인가 　　　　　　　　　　　　　　083
- ⌘ 캔들 배우기 　　　　　　　　　　　　　　　　086
- ⌘ 캔들 실전사례 　　　　　　　　　　　　　　　093
- ⌘ 이동평균선 배우기 　　　　　　　　　　　　　100
- ⌘ 거래량 　　　　　　　　　　　　　　　　　　117

4장 미국 주식 급등주 타점 분석법

- ⌘ 초기 상승 시 물량 소화 음봉을 주목하라 　　　123
- ⌘ 자주 나오는 바닥 탈출 패턴 　　　　　　　　　131
- ⌘ 양음양 이후 윗꼬리 물량 소화 종목 　　　　　 139
- ⌘ 갭 상승 지지 패턴이 돈이 된다 　　　　　　　 145
- ⌘ 상승 초기 갭 상승을 찾아라 　　　　　　　　　155
- ⌘ 갭 하락과 갭 상승 연속 타점 공략법 　　　　　162
- ⌘ 전고점 돌파 갭 상승 타점 공략법 　　　　　　 171
- ⌘ 갭 하락 양봉을 찾아라 　　　　　　　　　　　 177
- ⌘ 갭 상승 종목의 지지 가격을 찾아라 　　　　　 185

⌘ 주가가 저항 가격을 돌파할 때를 노려라　　189
⌘ 고점 박스권 돌파 시도 종목을 노려라　　193
⌘ 변동이 심한 급등주 대응법　　199
⌘ 갭 상승 갭 하락을 분석하라　　205
⌘ 급락 후 횡보 종목에서 대박주가 나온다　　212
⌘ 박스권 돌파 종목의 타점 공략법　　220
⌘ 급등주 고점 돌파 방법　　226
⌘ 급등주 최저가 발굴법　　231
⌘ 강력한 양봉 2개를 찾아라　　240
⌘ 장대음봉을 극복하는 종목을 찾아라　　247
⌘ 캔들의 윗꼬리를 극복하는 종목을 찾아라　　255

5장 미국 주식 급등주 패턴 연구

⌘ 급등주 패턴 연구 1~30　　263

1장

하루에 500%도 벌 수 있는 미국 주식

최근 많은 한국 투자자들이 미국 주식 시장으로 발길을 돌리고 있습니다. 한국 시장이 정체된 사이, 미국은 글로벌 기업들이 계속 성장하며 더 큰 투자 기회를 제공하고 있기 때문이죠. 특히, 테슬라나 애플 같은 빅테크 종목들은 이미 국내 투자자들에게 친숙한 이름이고, 유망한 AI 관련 기업이나 반도체, 전기차 관련 종목도 꾸준히 주목받고 있습니다.

하지만 문제는 많은 서학개미들이 소수의 인기 종목에만 집중하는 경향이 있다는 것입니다. 미국 시장은 전 세계에서 가장 크고 다양한 기업들이 존재하는 곳이지만, 정작 투자자들은 제한된 종목만 사고팔며 기회를 놓치는 경우가 많습니다. 또한, 기업의 내부 정보를 충분히 알지 못한 채 단순히 뉴스나 유튜브, 커뮤니티에서 떠도는 정보만을 보고 매수·매도를 결정하는 경우도 많죠. 이는 투자에서 중요한 균형 감각을 잃게 만들고, 시장 변동성이 커질 때 더욱 불안한 매매를 하게 만듭니다.

그렇다면 서학개미들의 매매 패턴은 어떤 특징이 있을까요? 그들은 어떤 종목을 선호하고, 어떤 방식으로 매매 결정을 내릴까요? 더 나아가, 단순히 유행을 따라가는 투자에서 벗어나 보다 체계적이고 안정적인 전략을 세우려면 무엇을 배워야 할까요?

이 장에서는 서학개미들의 전형적인 투자 패턴을 분석하고, 이러한 패턴에서 벗어나 좀 더 넓은 시야로 시장을 바라보는 방법을 알아보겠습니다.

하루에 500% 수익 진짜 가능하다

주식 투자는 주가의 변동성을 이용해 매매합니다. 주식을 매수한 후 가격이 오르면 수익을 얻고, 반대로 하락하면 손실을 보게 됩니다.

주식 시장은 다양한 변수에 의해 움직입니다. 기업의 가치를 보고 투자하라는 단순한 원칙이 있지만, 현실에서는 시장에 쏟아지는 수많은 뉴스가 주가를 크게 흔들어놓습니다.

예를 들어, 과학자들이 지구로 혜성이 접근하고 있으며, 한 달 후 충돌할 것이라는 뉴스가 보도된다고 가정해봅시다. 이 경우 주식은 휴지 조각이 아니라 아예 무의미해지겠죠. 하지만 주가는 한 달 후가 아니라, 뉴스가 나온 그 즉시 0원에 가까워질 것입니다. 그런데 다음 날 이 뉴스가 오보였거나 과장된 내용이었다고 밝혀진다면 주가는 다시 원래대로 회복되겠죠.

이 과정에서 주가는 극심한 변동성을 겪게 됩니다. 만약 주가가 1만 원이었는데 뉴스로 인해 100원이 됐다가 다시 1만 원으로 회복된다면, 중간에 주식을 매도한 투자자는 엄청난 손실을 보게 됩니다. 반면, 바닥에서 매수한 투자자는 단기간에 엄청난 수익을 얻겠죠. 기업 가치와는 무관한 오보로 인해 주가가 낭떠러지로 떨어졌다 제자리로 돌아옵니다.

이처럼 주식 시장은 다양한 뉴스와 이슈로 인해 급등락을 반복합니다. 이러한 급격한 변동성을 완화하기 위해 국내 주식 시장에서는 하루 동안의 주가 변동 폭을 제한해두었습니다. 주가는 하루 최대 30%까지 상승하거나 하락할 수 있으며, 이를 통해 투자자들이 갑작스러운 가격 변동 속에서 신중하게 판단할 시간을 갖도록 돕습니다.

그러나 미국 주식 시장은 다릅니다. 상하한가 제한이 없어 하루 만에 1,000% 급등할 수도 있고, 반대로 순식간에 99% 폭락할 수도 있습니다. 말 그대로 '하이 리스크, 하이 리턴'이 적용되는 시장입니다.

운이 좋다면 하루 만에 로또 1등 당첨금보다 더 많은 수익을 얻을 수도 있지만, 반대로 단 하루 만에 모든 투자금을 잃을 위험도 있습니다.

미국 주식 상승률 순위

순위	종목코드	종목명	현재가	전일대비	등락률(%)	거래량
1	PHIO	피오 파머슈티컬스	7.9500	▲6.2600	370.41	114,689,245
2	SLRX	셀러리우스 파머슈티컬스	5.9433	▲4.3783	279.76	49,496,005
3	KAPA	카이로스 파마	1.6300	▲0.6600	68.04	22,193,471
4	RHE-A	리저널 헬스 프라퍼티스 우선주	0.7599	▲0.2999	65.20	226
5	ATPC	아가페 ATP	1.9958	▲0.7358	58.40	21,068,224
6	LITM	스노우 레이크 리소시스	0.9871	▲0.3082	45.40	57,884,698
7	ELEV	엘리베이션 온콜로지	0.9210	▲0.2706	41.61	15,477,795
8	SAGE	세이지 테라퓨틱스	7.5088	▲1.9588	35.29	3,266,039
9	ITCI	인트라 셀룰러 테라피스	127.6700	▲32.8000	34.57	12,068,040
10	VRME	베리파이미	3.4216	▲0.8716	34.18	11,512,749

집필 당일 미국 주식 상승률 상위 10개 종목을 살펴보겠습니다. 1위는 피오 파머슈티컬스(Pio Pharmaceuticals)로, 무려 370% 상승했습니다. 2위도 놀랍습니다. 셀러리우스 파머슈티컬스(Cellarius Pharmaceuticals)가 279% 급등했네요. 하루 만에 이런 일이 벌어지고 있다니 정말 미쳤습니다. 그다음 종목들을 보면:

· 3위: 68% 상승!

· 4위: 65% 상승!

· 5위: 58% 상승!

이 정도면 말이 안 나올 정도입니다. 1위 기업의 차트를 한번 살펴볼까요?

📊 **차트 1**

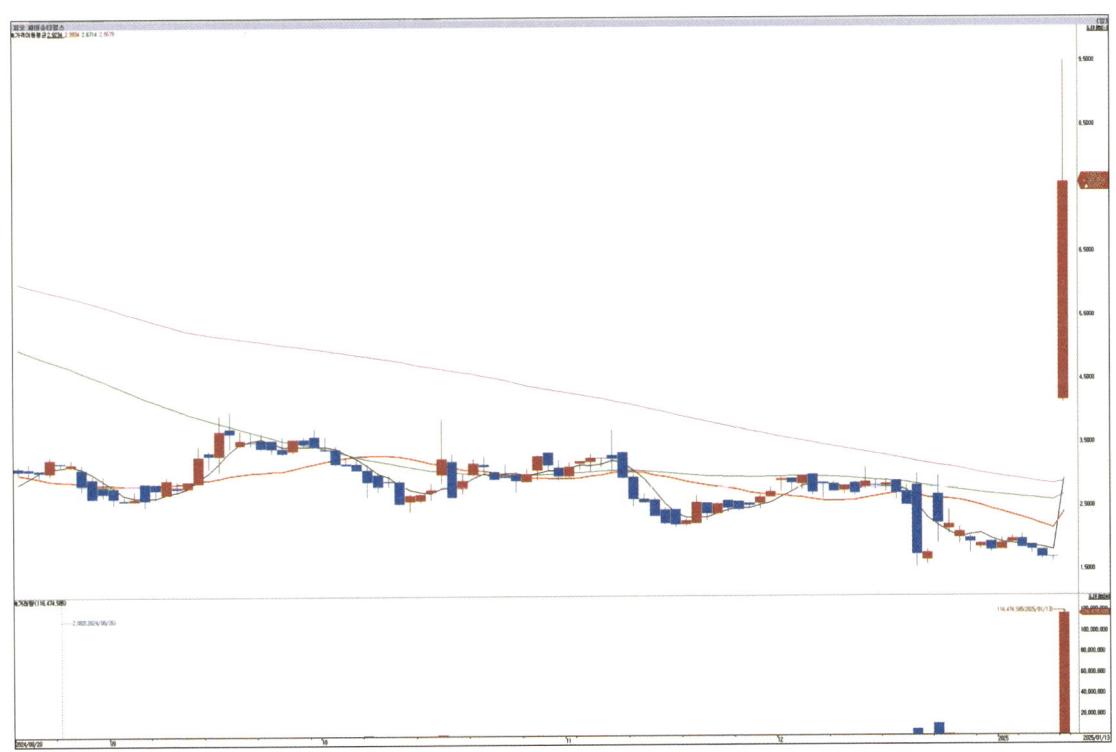

현재 370% 상승 중이며, 갭 상승 후 강력한 상승 흐름을 보이고 있습니다. 그런데 캔들을 보면 윗꼬리가 보이죠? 이는 더 높은 가격까지 상승했다가 일

부 밀렸다는 뜻입니다. 실제로 고점에서는 479%까지 급등했다가 조정을 받았음에도 여전히 370% 상승 중입니다.

이 정도면 엄청난 상승입니다. 지금 이 순간에도 실시간으로 벌어지고 있는 일입니다. 만약 어제 이 종목을 보유하고 있었다면, 지금 계좌에는 370%의 수익이 찍혀 있을 겁니다. 굳이 로또를 살 필요도 없겠네요.

호가창 1

체결가	체결량	건수	매도잔량	00:55:27	전일대비	매수잔량	건수
				7.8800	366.27%	52주최고	10.3500
				7.8700	365.68%	52주최저	1.5300
				7.8600	365.09%	전일종가	1.6900
				7.8500	364.50%	상한가	
				7.8400	363.91%	시가	4.1601
				7.8300	363.31%	고가	9.5000
				7.8200	362.72%	저가	4.1100
				7.8100	362.13%	하한가	
				7.8000	361.54%	PER	0.00
			10	7.7900	360.95%	EPS	-13.94
7.8500	500			7.6500	352.66%	200	
7.8404	200			7.6400	352.07%		
7.8500	5,893			7.6300	351.48%		
7.7899	540			7.6200	350.89%		
7.8400	3,425			7.6100	350.30%		
7.7899	233			7.6000	349.70%		
7.7890	5,488			7.5900	349.11%		
7.7699	1,100			7.5800	348.52%		
7.8000	500			7.5700	347.93%		
				7.5600	347.34%		
			10	합계		200	

(PHIO 피오 파머슈티컬스, 7.8500 USD ▲ 6.1600 364.50%, 11,466원 118,058,726주 매매가능 15분 지연, PHIO 나스닥 환율 1,460.70원 제약 및 생명공학)

352% 상승한 상태에서 거래가 되고 있습니다. 호가창을 캡처하는 사이 주가가 또 변했습니다. 무섭게 움직이네요.

차트 2

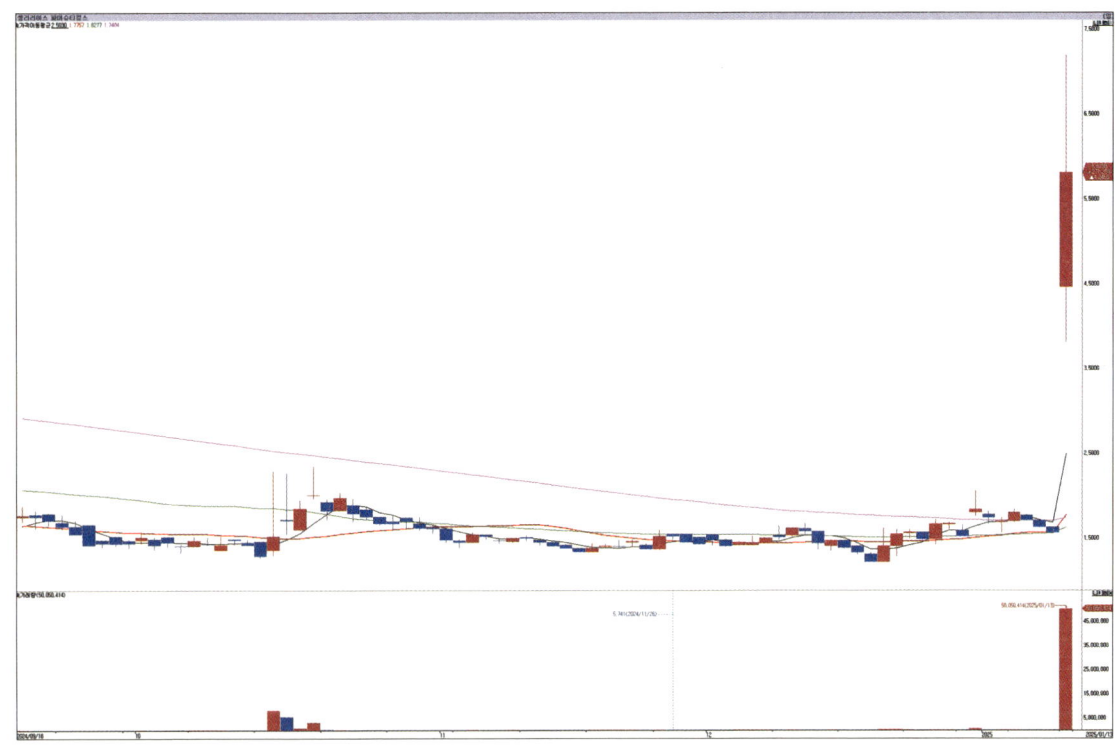

    2위는 셀러리어스 파머슈티컬스(Cellarius Pharmaceuticals)로, 현재 271% 상승 중입니다. 주가 변동이 워낙 심해서, 차트를 캡처하는 순간에도 가격이 계속 바뀌고 있네요. 정말 난리 났습니다.

    이런 종목을 매달 하나씩만 잡는다면, 재벌 2세가 부럽지 않을 정도로 엄청난 수익을 낼 수 있겠죠. 롯데 시그니엘 최고 조망 좋은 집도 현금으로 살 수 있을 겁니다. 생각만 해도 기분이 좋아집니다.

    그럼, 미국 주식이 이렇게 폭등하는 동안, 국내 주식은 어떤 흐름을 보이고 있는지 한번 살펴볼까요?

국내 주식 상승률 순위

순위	종목명	현재가	대비	등락률(%)
1	세명전기	6,760	↑1,560	30.00
2	드래곤플라이	1,582	↑365	29.99
3	제룡산업	7,730	↑1,780	29.92
4	이건산업	7,210	↑1,660	29.91
5	대원전선우	5,360	↑1,230	29.78
6	대원전선	3,990	▲825	26.07
7	덕신이피씨	1,928	▲334	20.95
8	우진엔텍	19,600	▲2,900	17.37
9	티앤엘	77,200	▲10,600	15.92
10	에스씨엠생명과	2,090	▲265	14.52

    국내 주식 시장도 분위기가 좋습니다. 무려 5종목이 상한가(30%)에 진입했고, 그 외에도 26%, 20%, 17%, 15%, 14% 상승한 종목들이 있습니다.

    다만 국내 주식은 하루 최대 상승폭이 30%로 제한되어 있으므로, 아무리 강한 호재가 나와도 그 이상 오를 수 없습니다. 미국 주식과는 확실히 차이가 있죠. 국내 주식에서 30% 상승만 해도 대박이라며 환호할 텐데, 미국 주식의 변동성을 보면 정말 비교가 안 됩니다.

    이제 국내 주식 상승률 1위 종목의 차트를 한번 살펴볼까요?

📊 **차트 3**

차트가 정말 좋습니다. 바닥에서 강하게 탈출하는 모습이네요. 하지만 아쉽게도 30% 상한가 제한 때문에 더 이상 오르지 못하고 딱 막혀 있습니다. 그래도 윗꼬리 없이 상한가로 직행한 장대양봉이 탄생한 점이 인상적입니다.

이제 호가창을 한번 살펴볼까요?

📊 국내 주식 호가창 2

체결가	체결량			
		6,760	30.00%	392,033
6,760	334	6,750	29.81%	1,949
6,760	221	6,740	29.62%	723
6,760	675	6,730	29.42%	374
6,760	1,654	6,720	29.23%	1,786
6,760	316	6,710	29.04%	1,074
6,760	3	6,700	28.85%	1,714
6,760	79	6,690	28.65%	1,764
6,760	135	6,680	28.46%	3,515
6,760	5	6,670	28.27%	4,538
		409,470		409,470
		시간외		81,272

상승률 1위 기업의 호가창을 보면, 딱 30% 상승한 6,760원에서 멈춰 있는 것을 확인할 수 있습니다. 현재 상한가에 잔량이 392,033주가 쌓여 있는데, 이는 매수하고 싶어도 매도 물량이 없어 거래가 이루어지지 않는 상황입니다.

만약 가격 제한이 없었다면, 이 물량이 모두 소화된 후 주가는 더욱 크게 상승했을 가능성이 높습니다. 그렇기 때문에 상한가 제한이 아쉽게 느껴질 수도 있습니다.

하지만 가격 제한에도 장점이 있습니다. 갑작스러운 호재에 개인 투자자들이 몰리더라도, 하루 동안 신중하게 생각할 시간을 준다는 점입니다. "이 재료를 바탕으로 이 가격에 사도 되는 걸까?"라고 고민할 기회를 주면서, 충동 매매로 인한 손실을 방지하는 역할을 하는 것이죠.

반면, 미국 주식 시장에는 이러한 제한이 없습니다. 현재 상승률 1위 기업이 370% 상승 중이고, 고점에서는 479%까지 치솟았습니다. 즉, 370~479% 구간에서 매수한 투자자들은 현재 고점에 물려 있는 상태입니다.

누군가는 수익을 내고 빠져나갔겠지만, 누군가는 고점에서 충동적으로 매수했다가 손실을 보고 있을 가능성이 큽니다. 만약 종가로 갈수록 주가가 더 하락한다면, 이들은 계속해서 손실을 입게 되겠죠.

무섭죠. 하지만 우리가 충동 매매를 하지 않고, 상승 전에 미리 매수할 수 있다면 어떨까요? 차트에서 매수 타점이 나올 때 진입해서, 초대박까지는 아니더라도 안정적으로 주가 상승에 맞춰 수익을 낼 수 있다면 이야기는 완전히 달라집니다.

이 책은 미국 주식으로 수익을 내고 싶은 여러분을 위해 쓰였습니다. 충동적으로 따라 들어가는 것이 아니라, 차트에서 명확한 매수 타점이 나올 때 진입하는 방법을 알려드릴 겁니다. 그러니 걱정하지 마시고 이 책을 끝까지 읽어보시면 됩니다. 읽어본 후 마음에 들지 않으면 다른 매매 방법을 선택하면 되고, "이거 되겠다!" 싶으면 그때부터 실전에 적용하면 됩니다.

가치 투자든, 차트 매매든 중요한 건 '나에게 맞는 방법'으로 돈을 버는 것입니다. 이 책을 읽으며 내게 맞는 투자법을 찾아보시기 바랍니다.

서학개미는 어떤 종목에 투자하고 있을까?

최근 6개월 동안 서학개미들이 가장 많이 매수한 미국 주식은 어떤 종목들일까요? 서학개미들의 투자 흐름을 살펴보며, 어떤 기업들이 주목받았는지 알아보겠습니다.

서학개미 순매수 순위

순위	국가	종목코드	종목명	매수결제
1	미국	US8816R1014	TESLA INC	15,298,495,150
2	미국	US25459W4583	DIREXION DAILY SEMICONDUCTORS BULL 3X SHS ETF	13,522,793,835
3	미국	US67066G1040	NVIDIA CORP	10,441,671,185
4	미국	US25460G2865	DIREXION DAILY TSLA BULL 2X SHARES	9,483,344,929
5	미국	US25460G1123	DIREXION SEMICONDUCTOR BEAR 3X ETF	6,170,577,674
6	미국	US38747R8271	GRANITESHARES 2.0X LONG NVDA DAILY ETF	4,936,536,726
7	미국	US46333L1089	IONQ INC	3,913,906,139
8	미국	US78462F1030	SPDR S&P 500 ETF TRUST	3,648,513,049
9	미국	US69608A1088	PALANTIR TECHNOLOGIES INC CL A	3,048,282,473
10	미국	US74347X8314	PROSHARES ULTRAPRO QQQ ETF	2,848,830,694
11	미국	US76655K1034	RIGETTI COMPUTING INC MRGR 008989411 KYG8T86C…	2,847,277,542
12	미국	US5949724083	MICROSTRATEGY INC CL A	2,742,023,713
13	미국	US25460G1388	DIREXION DAILY 20 YEAR PLUS DRX DLY 20+ YR TR…	2,139,530,687
14	미국	US26923N4622	T-Rex 2X Long Daily Target ETF	2,089,593,022
15	미국	US92864M3016	2X BITCOIN STRATEGY ETF	1,966,071,769
16	미국	US0378331005	APPLE INC	1,775,392,118
17	미국	US11135F1012	BROADCOM INC EXOF 005644980 SG9999014823	1,685,890,829
18	미국	US3874R8016	GRNTSHR 2X ETF	1,426,322,491

19	미국	US5949181045	MICROSOFT CORP	1,370,353,790
20	미국	US92864M4006	2X ETHER ETF	1,298,528,969
21	미국	US46090E1038	INVESCO QQQ TRUST SRS 1 ETF	1,254,926,291
22	미국	US8085247976	SCHWAB US DIVIDEND EQUITY ETF	1,195,726,395
23	미국	US46436E7186	ISHARES 0-3 MONTH TREASURY BOND ETF	1,194,899,064
24	미국	US9229083632	VANGUARD S&P 500 ETF SPLR 39326002188 US92290···	1,176,392,890
25	미국	US67079K1007	NUSCALE POWER CORP CL A MRGR 009185329 KYG···	1,154,829,113
26	미국	US74349Y7040	PROSHARES ULTRA BITCOIN ETF	1,146,472,476
27	미국	US88636J2539	TIDAL TRUST II DEFIANCE DAILY TARGET 1.75X LNG···	1,141,265,059
28	미국	US02079K3059	ALPHABET INC CL A	1,115,644,655
29	미국	US4642874329	ISHARES 20+ YEAR TREASURY BOND ETF	1,088,110,771
30	미국	US74347G4322	PROSHARES ULTRAPRO SHORT QQQ ETF	1,053,980,525

다양한 종목을 매수했네요. 자세히 살펴보면 매수 종목군을 3가지로 나눌 수 있습니다.

먼저 미국 대형주입니다. 가장 많이 매수한 종목은 테슬라로, 순매수 금액이 약 152억 9,849만 5,150달러(한화 약 22조 원)에 달합니다. 엄청난 규모의 자금이 미국 주식으로 흘러간 것이죠. 원래 국내 주식으로 유입될 수도 있었던 자금이 해외로 빠져나가면서, 국내 증시가 상대적으로 힘을 받지 못하는 이유 중 하나로 볼 수도 있습니다.

이 외에도 우리에게 익숙한 글로벌 기업들이 상위권에 포진해 있습니다. 엔비디아, 애플, 브로드컴, 마이크로소프트, 알파벳 등이 포함되어 있으며, 반도체와 기술주에 대한 투자 열기가 여전히 뜨겁다는 것을 보여줍니다.

또한, 양자 컴퓨터 관련주가 부상하면서 빠르게 따라붙은 종목들도 눈에 띕니다. 대표적으로 아이온큐(IonQ)와 리게티 컴퓨팅(Rigetti Computing)이 있습니다. 이는 국내 시장에서 반도체 산업이 주목받을 때 삼성전자를 매수하거나, 2차 전지 테마가 부각될 때 에코프로비엠을 사는 것과 비슷한 흐름으로 볼 수 있습니다.

또한, 서학개미가 아니라면 생소할 법한 종목들도 포함되어 있습니다. 특히 2위는 Direxion Daily 반도체 Bull 3X ETF(SOXL)로, 개별 기업이 아니라 반도체 섹터의 3배 레버리지 ETF입니다. 처음 들어보는 투자 상품일 수도 있지만, 무려 135억 2,279만 3,835달러(한화 약 20조 원)에 달하는 순매수 규모를 기록하며, 서학개미들의 강한 관심을 받고 있습니다.

Direxion Daily 반도체 Bull 3X ETF(티커: SOXL)은 반도체 섹터의 3배 레버리지 ETF입니다.

쉽게 말해, 반도체 업종이 상승하면 3배의 수익을 기대할 수 있는 고위험·고수익 상품입니다. 하지만 반대로 반도체 시장이 하락하면 손실도 3배로 커지기 때문에 변동성이 매우 큰 것이 특징입니다.

SOXL은 NVIDIA, AMD, TSMC, 인텔 등 반도체 관련 기업들의 주가 움직임을 3배로 추종하는 ETF입니다. 하지만 이런 레버리지 ETF는 매일 3배 변동을 따라가기 때문에 장기투자용으로 적합하지 않습니다. 변동성이 큰 시장에서는 원금 손실이 커질 위험이 있기 때문에, 신중한 접근이 필요합니다.

Direxion Daily 반도체 Bear 3X ETF(티커: SOXS)는 반도체 업종의 하락에 3배 레버리지를 제공하는 ETF로, 반도체 주가가 하락할 때 3배의 수익을 추구하는 상품입니다. 운용사는 Direxion이며, ICE Semiconductor Index를 추종합니다. 레버리지 비율은 -3배(3X Bear)이며, 반도체 관련 기업들의 주가 변동을 기반으로 합니다.

SOXS의 가장 큰 장점은 반도체 업종이 하락할 때 3배의 수익을 기대할 수 있다는 점입니다. 하락장이나 경기 불황에서 수익을 낼 수 있는 기회를 제공하며, 반도체 시장의 침체를 예상할 경우 유리하게 활용할 수 있습니다. 반면, 단점으로는 반도체 시장이 상승하면 손실도 3배로 확대될 위험이 있습니다. 또한, 레버리지 ETF의 특성상 매일 3배 변동을 추적하기 때문에 장기투자에는 적합하지 않으며, 변동성이 심한 시장에서는 원금 손실 가능성이 높아질 수 있습니다.

Direxion Daily 테슬라 Bull 2X ETF는 테슬라 주가의 변동을 2배로 추종하는 레버리지 ETF로, 테슬라 주가가 상승할 때 2배의 수익을 기대할 수 있는 상품입니다. 이 ETF는 Tesla 주식을 기반으로 하며, 레버리지 비율은 2배(2X)입니다.

이 상품의 가장 큰 장점은 테슬라 주식의 변동성이 클 때 이익을 극대화할 수 있다는 점입니다. 특히 단기 투자에 유리하며, 테슬라의 성장을 믿는 투자자들에게 매력적인 선택이 될 수 있습니다. 반면, 단점으로는 테슬라 주가가 하락할 경우 손실도 2배로 확대될 수 있습니다. 또한, 레버리지 ETF는 매일 변동성을 추적하기 때문에 장기 보유 시 원금 손실 가능성이 커질 수 있어 장기투자에는 적합하지 않습니다.

GraniteShares 2.0X 롱 엔비디아(NVDA) Daily ETF(티커: NVDL)는 엔비디아(Nvidia) 주가의 변동을 2배로 추종하는 레버리지 ETF입니다. 즉, 엔비디아 주가가 상승하면 2배의 수익을 기대할 수 있는 상품입니다.

이 ETF의 장점은 엔비디아 주가 상승 시 수익을 극대화할 수 있다는 점입니다. 특히 엔비디아가 강력한 실적을 발표하거나 성장 기대감이 높을 때 높은 수익을 기대할 수 있으며, 테크 분야에서 강력한 성장을 보여주는 엔비디아에 집중 투자할 수 있는 기회를 제공합니다.

반면, 단점으로는 엔비디아 주가가 하락할 경우 손실도 2배로 커질 수 있습니다. 또한, 레버리지 ETF는 매일 변동성을 추적하기 때문에 장기 보유 시 수익률이 왜곡될 가능성이 있으며, 단기적인 주가 변동에 민감하게 반응할 수 있어 신중한 접근이 필요합니다.

살펴봤더니 서학개미의 매수 종목군이 3가지로 분류가 됩니다.

1) 미국 우량주 매수

미국 주식에 대해 잘 모르는 투자자들은 이름만 들어도 알 수 있는 대형 우량주를 매수합니다. 국내 투자자가 다른 좋은 종목이 있음에도 잘 모르니 삼성전자를 꾸준히 매수하는 것과 비슷합니다. 또, 지지부진한 삼성전자 대신, 더 높은 성장 가능성을 보이는 엔비디아 같은 미국의 대표 우량주에 투자하는 것이 서학개미들의 선택이 되고 있습니다.

2) 테마주 매수

우량주 매수에서 한 단계 더 나아가, 떠오르는 산업이나 테마를 중심으로 투자하는 전략도 많이 활용됩니다. 예를 들어, AI가 떠오르면 AI 관련 주식을, 양자 컴퓨터가 주목받으면 관련 종목을 매수하는 방식입니다. 이는 국내 투자자들이 2차 전지, 반도체 등의 유망 산업에 투자하는 것과 같은 맥락입니다.

3) 레버리지 투자

테슬라가 오를 것 같다면 단순히 테슬라 주식을 사는 것이 아니라, 2배 또는 3배 수익을 노릴 수 있는 방법을 찾아 매수하는 겁니다. 반도체 업종이 유망하다면 레버리지를 활용해 더 큰 수익을 낼 수 있는 레버리지 상품 등으로 적극적으로 투자하는 것이죠.

제약을 넘어 미국 주식을 매매하는 방법

미국 주식 시장에는 테슬라, 애플, 엔비디아처럼 잘 알려진 기업들뿐 아니라 기술, 헬스케어, 금융, 소비재 등 다양한 산업군의 수많은 기업들이 상장되어 있습니다. 이들은 투자자들에게 폭넓은 선택지를 제공합니다. 그러나 한국 투자자에게는 이들 기업에 대한 정보 접근이 쉽지 않은 것이 현실입니다.

미국 주식에 투자하려면 각 기업의 재무제표, 사업 현황, 성장 가능성 등을 바탕으로 분석이 필요합니다. 하지만 실적 발표 등 주요 정보를 실시간으로 파악하기 어렵고, 언어 장벽이나 시장에 대한 이해 부족으로 인해 투자의 진입 장벽이 존재합니다.

이런 제약을 보완하는 실용적인 방법 중 하나가 차트 분석입니다. 이는 주가의 변동과 거래량 등의 데이터를 시각적으로 해석하여 향후 흐름을 예측하는 기법입니다. 기업 내부 정보를 충분히 확보하지 못한 상황에서도 매매 결정을 가능하게 해주는 강력한 도구로 작용합니다.

예를 들어, 기업 뉴스나 실적 발표를 놓치더라도 가격과 거래량의 변화를 통해 주식의 흐름을 판단할 수 있습니다. 가격이 급등하거나 하락할 때 그 원인을 정확히 알지 못하더라도, 차트를 통해 적절한 매수·매도 시점을 가늠할 수 있습니다.

차트 분석은 단기 매매뿐 아니라 장기 투자 전략에도 활용될 수 있으며, 미국 주식 시장에서 정보 격차를 일정 부분 해소하는 데 도움을 줍니다. 특히 가격 흐름에 집중하기 때문에, 미국은 물론 세계 어느 시장에서도 적용 가능한 범용성을 지닙니다.

급등주를 식별할 수 있는 패턴이나 신호를 포착할 경우, 그에 기반한 전략적 매매도 가능합니다. 이처럼 차트를 활용하면 제한된 정보 환경에서도 보다 정확하고 유연한 투자 결정을 내릴 수 있습니다.

모든 투자자의 꿈 대박주

주식 투자를 하는 모든 투자자들이 꿈꾸는 목표 중 하나는 아마 대박주를 잡는 것입니다. 대박주는 그 자체로 높은 성장 가능성뿐만 아니라 폭발적인 수익률을 안겨줄 수 있는 주식을 말합니다. 이러한 종목들은 대개 기존 시장의 판도를 뒤바꿀 혁신적인 아이디어나 기술을 가지고 있기 때문에, 급격한 성장 가능성을 지니고 있습니다. 이를 통해 투자자들은 예상 이상의 수익을 거둘 기회를 얻을 수 있죠.

하지만 대박주는 그만큼 높은 리스크와 불확실성을 동반합니다. 대박주가 나타나기까지의 과정은 매우 예측하기 어렵고, 한순간에 모든 것이 변할 수도 있기 때문입니다. 따라서 대박주를 찾아 투자하려면 신중한 분석과 철저한 전략이 필요합니다. 시장의 흐름을 읽고, 해당 기업의 잠재력과 기술력을 깊이 이해하는 것이 성공적인 투자의 열쇠가 될 수 있습니다.

결국, 대박주를 찾아내는 것은 단기적인 행운만이 아닌, 꾸준한 학습과 전략적 접근이 뒷받침될 때 가능해지기 때문에, 이를 위한 준비가 중요합니다.

대박주의 장점과 위험은 다음과 같습니다.

• **장점** : 대박주는 초기 투자 대비 수십 배 이상의 수익을 안겨줄 가능성이 있습니다. 이는 투자자가 초기에 뚜렷한 비전을 가지고 투자를 시작할 때 나타날 수 있는 놀라운 결과입니다.

시간이 지나면서 기업의 가치가 극대화되는 경우가 많습니다. 초기 단계에서 투자해둔 기업이 성장을 거듭하며 장기적으로 시장을 지배하는 모습을 보일 수 있습니다.

• **위험** : 대박주는 그만큼 주가의 큰 폭의 등락을 경험할 수 있습니다. 초기에는 긍정적인 성장 전망을 보이지만, 불확실성으로 인해 주가는 급격히 하락할 수도 있습니다.

모든 기업이 대박주가 되는 것은 아니며, 기대와 달리 성장하지 못하거나 사업 모델이 실패할 가능성도 존재합니다.

초기 단계의 기업들은 충분한 정보가 부족할 수 있어, 투자자가 정확한 판단을 내리기 어려운 경우가 많습니다. 이런 점에서 철저한 분석이 필수적입니다.

대박주를 찾는 기준

• **혁신적인 사업 모델** : 대박주의 첫 번째 특징은 기존 시장을 뒤흔들 수 있는 혁신적인 사업 모델을 보유한 기업입니다. 이는 단순히 기존의 틀을 벗어나는 아이디어가 아니라, 시장의 판도를 근본적으로 변화시킬 수 있는 잠재력을 지닌 사업모델이어야 합니다. 예를 들어, 테슬라는 전기차라는 혁신적인 기술을 통해 자동차 산업의 미래를 재편성했고, 애플은 스마트폰 혁신으로 전 세계 소비자의 라이프스타일을 변화시켰습니다. 또한, 바이오 기업들의 신약 개발은 인류의 건강을 개선하고 산업을 재정의하는 중요한 역할을 합니다.

• **고성장 산업** : 대박주는 반드시 빠르게 성장하는 산업에 속한 기업일 필요가 있습니다. AI, 클린에너지, 우주항공, 전기차, 양자 컴퓨터 등은 현재 급격히 성장하는 산업군으로, 이러한 분야에 속한 기업들은 앞으로 더 큰 성장이 기대됩니다. 고성장 산업에 속한 기업들은 미래의 시장을 선도할 가능성이 크기 때문에, 이들을 조기에 발견하는 것이 중요합니다.

• **탄탄한 재무 구조** : 대박주는 재무 구조가 탄탄해야 합니다. 높은 매출 성장률과 안정적인 부채 비율을 유지하는 기업들은 장기적으로 안정적인 성장을 이어갈 가능성이 높습니다. 기업의 재무제표를 통해 자금 활용 능력과 수익성 등을 면밀히 분석하고, 특히 현금 흐름이 긍정적인 기업을 주목해야 합니다.

• **독점적 기술력** : 경쟁자가 쉽게 따라 할 수 없는 독창적인 기술을 보유한 기업은 대박주의 중요한 특징입니다. 기술력에서 우위를 점한 기업은 시장에서 지속적인 경쟁력을 유지하며, 장기적으로 높은 수익을 올릴 수 있습니다. 반도체 설계, 혁신적인 소프트웨어, 독점적 특허 기술 등은 그 좋은 예입니다.

• **글로벌 확장 가능성** : 글로벌 시장에서의 성공 가능성을 지닌 기업은 대박주로 성장할 확률이 높습니다. 국내 시장뿐만 아니라 해외 시장에서도 인정받을 수 있는 제품이나 서비스를 제공하는 기업은 글로벌 트렌드와 수요를 충족시킬 가능성이 큽니다. 해외 진출을 통해 시장을 확장할 수 있는 잠재력을 가진 기업은 더욱 주목할 가치가 있습니다.

• **저평가된 주식** : 성장 잠재력에 비해 시장에서 저평가된 주식도 대박주의 중요한 특성입니다. 이를 찾기 위해서는 PER(주가수익비율), PBR(주가순자산비율), PEG(성장 대비 주가수익비율) 등 다양한 지표를 활용하여 주식이 내재된 가치를 반영하지 못하고 있는지를 분석해야 합니다. 때로는 시장이 성장 잠재력을 과소평가한 기업이 장기적으로 큰 성과를 거두는 경우가 많습니다.

차트 분석을 잘하면 확률은 더욱 높아진다

　기존의 전통적인 주식 투자 방법은 주로 기업의 잠재력과 성장 가능성을 바탕으로 종목을 찾는 것입니다. 하지만 여기서 한 가지 더 추가할 수 있는 방법이 바로 차트 분석입니다. 차트를 활용하면 주식의 가격 흐름을 시각적으로 파악할 수 있고, 주가가 어떤 위치인지 상승할 가능성이 있는지 예측할 수 있습니다.

　이 책의 출발점은 바로 그 지점에 있습니다. 전통적인 방법만으로 종목을 찾는 것에 더해, 차트 분석을 통해 주가의 위치를 파악하고 투자 결정을 더 확신 있게 내릴 수 있는 방법을 제시하고자 했습니다. 차트를 활용하면 주식의 과거와 현재의 변동성을 분석하여, 미래의 상승 가능성을 예측하는 데 도움이 될 수 있습니다.

　차트가 전부는 아니지만 차트 분석은 기존의 투자 방법에 확신을 더하고, 투자자가 보다 명확한 판단을 내릴 수 있도록 도와주는 중요한 도구가 될 수 있습니다.

　예를 들어보겠습니다.

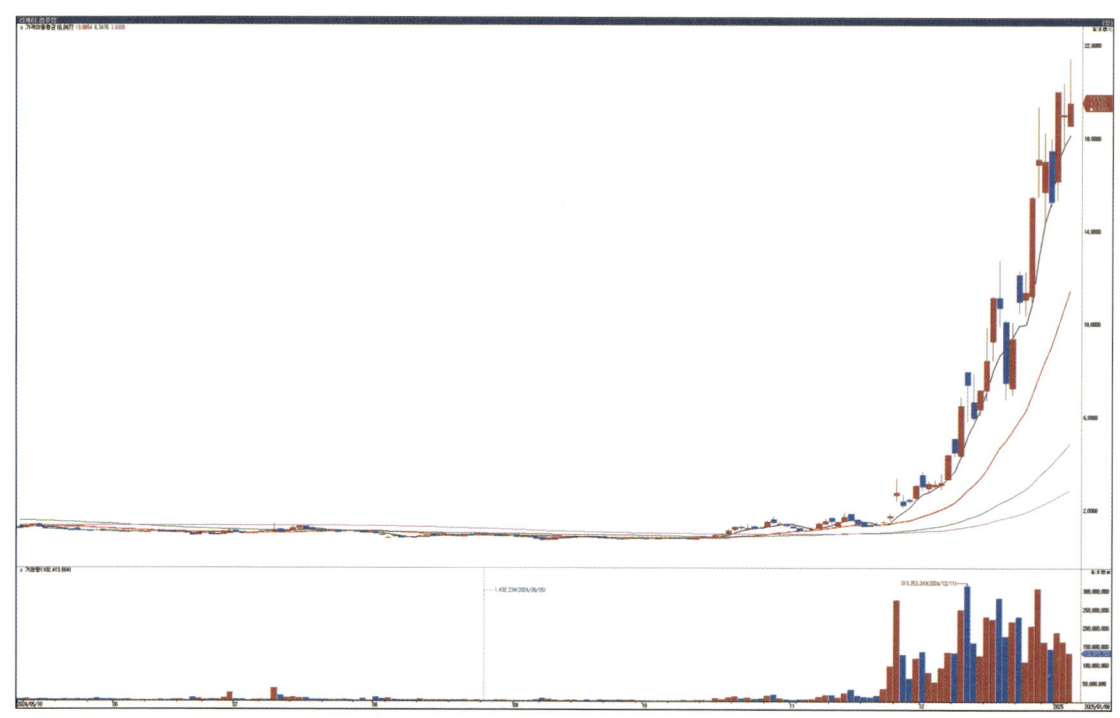

최근 양자 컴퓨터 테마주로 주목받으며 급등한 종목입니다. 이 종목은 0.8달러에서 시작해 최고 20달러까지 상승하며, 초기 매수 시 무려 2,400%에 달하는 놀라운 수익률을 기록할 수 있었습니다. 예를 들어, 800만 원을 투자했다면 2억 원으로 불어나는 엄청난 결과를 가져왔을 것입니다. 물론, 최저점에서 최고점까지 완벽한 수익을 올리는 것은 불가능하지만, 상승 초입에만 매수했더라도 1,000% 이상의 수익을 기대할 수 있었고, 중간에 진입했다 해도 여전히 500% 이상의 수익을 올릴 수 있었을 정도로 대박 종목이었습니다.

이처럼 급등하는 종목은 국내 주식 시장에서도 드물게나마 등장하지만, 미국 시장처럼 지속적이고 폭발적인 상승을 보이는 경우는 상대적으로 적습니다. 예를 들어, 과거 벤처 붐 시절 '새롬기술'이라는 종목이 엄청난 상승을 기록한 바 있으며, 최근에는 코로나19라는 특수한 상황에서 1,000% 가까운 상승을 보인 종목도 있었습니다. 하지만 미국 시장처럼 꾸준히 초대형 상승 종목이 등장하는 경우는 상대적으로 드문 편입니다.

그 이유는 미국 시장의 규모와 다양성 때문입니다. 미국은 세계에서 가장 큰 주식 시장으로, 다양한 산업군과 혁신적인 기업들이 활발하게 활동하고 있습니다. 특히, 기술 분야에서는 새로운 트렌드나 혁신적인 기술이 등장할 때마다 큰 성장을 이룰 기회를 제공하는데, 이런 종목들이 시장에서 지속적으로 등장하는 환경이 마련되어 있죠. 반면, 한국 시장은 상대적으로 규모가 작고, 주식 시장의 변화와 혁신의 속도가 미국에 비해 느린 경향이 있습니다. 그래서 미국 시장에서처럼 꾸준히 대박 종목이 나오기가 쉽지 않습니다. 해외 시장에 투자하는 중요한 이유입니다.

양자 컴퓨터가 미래의 핵심 기술이라는 사실은 이미 많은 사람들이 인지하고 있지만, 실제로 한국에서 미국 주식에 투자하는 대다수의 투자자들은 이 기술을 바탕으로 급등하는 종목을 상승 전이나 상승 중에 알지 못했을 가능성이 큽니다. 대부분의 투자자들은 애플, 테슬라, 엔비디아와 같은 유명한 종목들에 투자하며, 양자 컴퓨터와 같은 새로운 기술이 떠오르기 전에는 큰 관심을 두지 않았을 것입니다. 그러나 양자 컴퓨터라는 테마가 급부상하면서 주가가 급등했을 때, 그제야 많은 투자자들이 이 종목을 알게 되었고, 뒤늦게 급등을 지켜보거나 투자했을 것입니다.

이렇게 어느 기업에 투자해야 할지 잘 모르는 경우가 많고, 정보도 부족한 상태에서 투자가 이루어집니다. 게다가 미국 주식은 언어와 문화의 장벽, 그리고 물리적 거리로 인해 정보 접근이 더욱 어려워집니다. 우리가 한국 기업에 대해서도 그들의 재무 상태나 미래 성장 가능성을 정확하게 알기 어렵듯이, 물리적으로 멀리 떨어진 미국 기업에 대한 정보는 더욱 제한적일 수밖에 없습니다. 그래서 상승 초기에 매수하기가 매우 어려운 실정입니다.

이러한 핸디캡을 극복할 수 있는 방법 중 가장 중요한 것은 바로 차트 분석입니다. 차트는 언어 장벽이 없으며, 기업 분석을 할 필요 없이 주식의 가격 변동을 통계와 데이터로 시각적으로 제공하므로 기업 분석을 할 필요가 없습니다. 차트 자체가 주식의 가격 흐름을 기록한 데이터이기 때문에, 차트를 분석한다는 것은 결국 데이터를 분석하는 과정이라 할 수 있습니다.

정보가 불완전하거나 제한적일 때, 차트는 개인 투자자에게 유일한 정보 수단이 됩니다. 다른 투자자들과 동일한 데이터를 가지고 투자 결정을 내리기 때문에, 차트를 통해 누구나 균등하게 시장의 흐름을 이해할 기회를 가질 수 있습니다. 결국 차트 분석은 언어와 정보의 제약을 뛰어넘는 중요한 도구로, 투자자들이 더 나은 결정을 내릴 수 있게 돕는 강력한 수단입니다.

차트는 주가 분석 도구이다

　차트를 공부하고 분석하는 능력을 갖춘다고 해서 반드시 큰 수익을 거두는 것은 아닙니다. 차트 분석이 마법처럼 모든 투자자의 수익을 보장해주는 도구는 아니지만, 분명히 말씀드릴 수 있는 점은, 아무런 분석 없이 다른 사람들이 불러주는 종목이나 귀동냥으로 들은 정보를 따라 투자하는 것보다는 차트를 통해 분석하는 것이 훨씬 나은 방법이라는 것입니다.

　차트 분석의 가장 큰 장점은 주가가 현재 어느 위치에 있는지 파악할 수 있다는 점입니다. 주식 투자에서 가장 중요한 것 중 하나는 "이 종목이 현재 적정 가격에 있는가?"입니다. 단순히 어떤 종목이 좋다고 해서 무작정 매수할 수는 없습니다. 예를 들어 어떤 전문가가 이 종목을 추천했다고 해서 바로 매수하면 안 되는 이유는, 그 주식이 이미 지나치게 고평가되어 있을 수도 있기 때문입니다. 이럴 때 차트를 보면, 현재 주가가 어느 수준에 있는지 확인할 수 있습니다.

　만약 전문가가 추천한 종목이 매일 하락하고 있다면, 과연 그 종목이 정말 좋은 종목인지 의심해봐야 합니다. 그 주식이 좋은 주식이 맞는지, 아니면 추천해준 다른 의도가 있는지 차트를 통해 확인할 수 있습니다. 만약 차트를 모르고 그저 좋은 종목이라고 해서 매수했다면, 하락하는 주식을 계속 보며 큰 손실을 떠안게 될 수 있습니다. 차트 분석은 이런 리스크를 예방하는 데 중요한 역할을 합니다.

또 다른 예시로 어떤 종목이 너무 많이 상승했다면, 그 주식이 더 상승할 수도 있지만 이미 많이 오른 상태이기 때문에 하락 위험이 크다는 점을 알 수 있습니다. 예를 들어 500% 이상 상승한 종목을 본다면, 이제 그 종목은 고점에 있을 가능성이 큽니다. 물론 더 상승할 여지가 있을 수도 있지만, 이미 큰 상승을 경험한 종목은 순식간에 하락할 위험이 큽니다. 차트를 통해 주가가 어느 위치에 있는지를 파악하면, 이런 위험을 사전에 감지할 수 있습니다. 이렇게 되면, "이 종목은 지금 너무 많이 상승했으니, 더 상승할 여지가 있더라도 나는 지금은 매수하지 않겠다"라고 결정을 내릴 수 있습니다.

이처럼 차트를 보는 능력은 투자자가 더 현명한 결정을 내리도록 도와줍니다. 예를 들어, 1억을 투자해야 할 종목이 있다면, 차트를 통해 그 종목이 적정 가격에 있는지, 아니면 과거의 상승으로 너무 고평가된 상태인지 판단할 수 있습니다. 만약 그 종목이 위험한 위치에 있다면, 차트 분석을 통해 1억 투자를 3천만 원으로 줄여서 투자 리스크를 줄이는 방법을 선택할 수 있습니다. 차트를 통해 위험을 사전에 인식하고, 더 안전한 투자 결정을 내리는 능력을 기를 수 있는 것이 바로 차트 분석의 큰 장점입니다.

주가 분석은
내가 할 줄 알아야 한다

　스스로 주가를 해석할 수 있는 능력과 남의 말만 듣고 매수하는 것은 실전 투자에서 큰 차이를 만들어냅니다. 차트를 읽을 줄 안다면, 다른 사람들의 의견이나 추천을 그대로 받아들이는 것이 아니라, 그 정보와 비교하면서 더 합리적인 매매 결정을 내릴 수 있습니다. 단순히 누군가가 좋다고 추천한 종목을 무작정 매수하는 것이 아니라, 차트를 통해 현재 주식이 어떤 위치에 있는지, 과연 지금이 매수할 적기인지 판단할 수 있습니다. 이런 이유로 차트 분석은 주식 투자에서 기본적으로 배워야 하는 중요한 도구입니다.

　차트 분석을 기본적으로 배우는 단계에서 한 걸음 더 나아가, 이를 저점 매수나 유리한 시점에 활용할 수 있다면 주식 투자에서 매우 중요한 무기가 될 수 있습니다. 주식 투자에서 가장 중요한 점 중 하나는 언제 매수하고 언제 매도할지 판단하는 능력입니다. 그리고 이 판단을 할 때 차트를 잘 활용하면, 주식 시장에서 더 높은 성공 확률을 얻을 수 있습니다. 물론 정보가 함께 있다면 더 좋겠지만, 정보가 부족한 상황에서도 차트만이라도 활용할 수 있다면, 성공 확률을 크게 높일 수 있습니다.

　그렇다면, 차트를 배워서 실전에서 어떻게 활용할 수 있을까요? 차트를 보는 데 있어서 가장 중요한 점 중 하나는 패턴입니다. 주식 시장에도 다양한 패턴이 존재합니다. 주가는 기업의 정보나 시장의 시황에 영향을 받아 움직입니다. 예를 들어, 어떤 기업의 실적 발표가 있을 때, 그 결과에 따라 주가는 급등하거나 급락할 수 있습니다. 또한, 글로벌 경제 상황이나 정책 변화 등 외부적인 요인도 주가에 영향을 미칩니다. 하지만 이런 정보가 부족한 종목들은, 아무런 큰 재료 없이도 예측할 수 있는 특정한 패턴을 따라 움직이는 경우가 많습니다.

이러한 패턴을 파악하는 것이 바로 차트 분석의 핵심입니다. 주식은 단기적으로나 장기적으로 일정한 패턴을 보이며, 이를 통해 우리는 주가가 상승할 때와 하락할 때를 예측할 수 있습니다. 예를 들어, 특정한 기술적 지표나 차트의 패턴은 주가의 향후 움직임을 예고할 수 있습니다. 이를 잘 파악하고 매매 타이밍을 맞춘다면, 기업 정보나 시황에 대한 이해가 부족하더라도 성공적인 투자 결정을 내릴 수 있게 됩니다.

차트 분석을 통해 더 합리적이고 계산된 매매를 할 수 있습니다. 그리고 이러한 기술을 실전에 적용하게 되면, 매수 타이밍을 더 잘 잡을 수 있고, 손실을 최소화하면서 수익을 극대화할 가능성이 커집니다. 결국, 차트 분석은 주식 투자에서 중요한 도구가 되며, 그것을 제대로 활용하면 실전에서 큰 차이를 만들 수 있게 됩니다.

주가 차트 패턴을 배우자

　차트는 패턴을 배울 필요가 있습니다. 특정한 차트 모습이나 패턴에 따라 주가가 움직이는 경향이 있는 종목들이 존재합니다. 국내 주식뿐만 아니라 미국 주식도 마찬가지로 몇 가지 공통적인 패턴을 보이는 종목들이 있습니다. 어떤 종목에서는 특정한 차트 모양을 형성하면서 주가가 움직였고, 또 다른 종목에서도 유사한 흐름을 보이는 경우가 있다는 것이죠. 즉, 어떤 주식이 이렇듯 움직였을 때, 다른 주식도 비슷한 패턴을 따라갈 가능성이 있다는 것입니다.

　이처럼 주식의 패턴을 알아두면 매매할 때 큰 도움이 될 수 있습니다. 만약 상승 패턴을 미리 공부하고 익혀두면, 상승할 가능성이 높은 종목을 미리 찾아내고 매매할 수 있게 됩니다. 이렇게 특정한 패턴을 알게 되면, 아무 종목이나 무작정 매매하는 것보다 훨씬 더 높은 성공 확률을 가질 수 있습니다. 예를 들어, 상승 패턴을 찾아 매매하면, 10번 중 9번 실패하던 매매가 5번으로 줄어들 수 있습니다. 이렇게 실패할 확률이 낮아지면, 성공적인 매매를 통해 수익을 극대화하고, 실패할 때는 손실을 최소화할 수 있습니다. 결과적으로, 계좌에 달러가 쌓이는 상황을 만들 수 있습니다.

　미국 주식 매매를 하면서 한 번도 경험해본 적 없는 달러가 쌓인 통장을 가질 수 있게 되는 것입니다. 달러 인출기는 아니더라도, 적어도 달러 지갑 정도는 만들어낼 수 있다는 것을 의미합니다. 즉, 체계적인 차트 분석과 패턴 학습을 통해 우리는 더 나은 매매를 하고, 그 결과로 실질적인 수익을 올릴 수 있다는 점을 강조하는 것입니다. 이런 방식으로 주식 시장에서 성공을 거두고, 안정적인 수익을 쌓아가는 전략을 구사할 수 있게 됩니다.

영어를 알아야 미국 주식을 할 수 있나

미국 주식 투자에 대해 생각하다 보면, 자연스럽게 떠오르는 걱정 중 하나가 바로 "영어를 잘해야 하지 않나?"일 겁니다. 많은 사람들이 미국 주식에 투자하려면 영어를 잘해야 한다고 생각하지만, 사실 불필요한 걱정입니다. 영어를 몰라도 미국 주식 투자에 충분히 참여할 수 있다는 사실을 알아두면 좋습니다. 국어를 잘한다고 해서 국내 주식에서 꼭 성공하는 것도 아니듯, 영어를 잘한다고 해서 미국 주식에서 반드시 성공하는 것은 아닙니다.

실제로 많은 미국 주식 투자 관련 유튜버나 블로거들이 한국어로 정보를 제공하고 있습니다. 미국 주식에 대한 다양한 팁과 분석, 뉴스를 한국어로 쉽게 접할 수 있기 때문에, 영어가 부족해도 정보를 충분히 얻을 수 있습니다. 미국 경제 뉴스나 주식 관련 내용도 한국어로 번역된 기사를 통해 얻을 수 있는데, AI 번역 기술이 급격히 발전하면서 매끄럽고 정확한 번역을 실시간으로 제공해줍니다. 요즘에는 미국 경제 뉴스나 주식 관련 웹사이트에서 자동 번역 버튼을 클릭하면, 바로 한글 번역본을 제공받을 수 있습니다.

그래도 여전히 "영어가 부족해서 정보를 잘 이해하지 못할 것 같다"는 걱정이 들 수 있습니다. 그럴 때 해결책이 바로 차트 공부입니다. 차트는 말 그대로 데이터입니다. 특정 종목의 주가 흐름을 시각적으로 나타낸 것이며, 이는 언어의 장벽을 넘어서는 정보입니다. 차트 분석을 통해 우리는 주식의 가격 변동, 거래량, 패턴 등을 파악할 수 있습니다. 차트 분석 방법만 알면, 영어를 잘 못해도, 국어를 잘 못해도, 미국 주식에 대해 충분히 투자 결정을 내릴 수 있습니다.

결국, 미국 주식 거래를 잘하려면 언어 능력보다는 차트를 분석하는 능력과 주식 거래의 기초적인 기술이 더 중요하다는 것을 알 수 있습니다. 차트는 전 세계 어느 나라에서든 누구나 볼 수 있는 데이터이며, 그 데이터만 잘 읽을 줄 알면 영어도, 한국어도 관계없이 투자 결정을 할 수 있습니다. 차트 분석을 통해 투자할 종목의 흐름을 읽고, 투자 전략을 세울 수 있다면, 미국 주식 시장에서의 성공도 충분히 가능해집니다.

저는 달러가 없는데요

　미국 주식에 투자하려면 달러로 거래해야 해서 걱정이 될 수 있습니다. 하지만 이제 걱정할 필요가 없습니다. 요즘은 증권사 HTS(홈 트레이딩 시스템)나 MTS(모바일 트레이딩 시스템)에서 손쉽게 달러를 바꿀 수 있기 때문입니다. 예전에는 미국 주식을 매매하기가 쉽지 않았지만, 이제는 많은 투자자들이 미국 주식에 관심을 가지면서 증권사들이 HTS와 MTS 시스템을 개선해, 국내 주식처럼 편리하게 미국 주식도 매매할 수 있도록 만들어놓았습니다.

　즉, 여러분은 이제 마음만 먹으면 낮에는 국내 주식을, 밤에는 바로 미국 주식을 매매할 수 있는 환경이 마련된 것입니다. 실력만 있다면, 낮과 밤을 가리지 않고 언제든지 투자하고 수익을 올릴 수 있는 시스템이 이미 준비되어 있다는 거죠. 중요한 건 미국 주식이든 국내 주식이든 투자 실력을 쌓는 것입니다. 실력이 있다면 통장에 돈은 저절로 쌓여갈 것입니다. 이 시스템을 잘 활용해서 투자에 대해 이해하고 전략을 잘 세운다면 언제든지 수익을 올릴 수 있습니다. 이제는 주식 매매가 과거처럼 복잡하거나 제한적인 것이 아니고, 누구나 언제든지 투자할 수 있는 환경이 되어 있습니다. 투자 실력만 있다면, 성공적인 투자자가 될 수 있습니다.

2장

반드시 알아야 하는
주식 투자 자세

이처럼 차트 분석은 실전을 위한 무기이자, 시장을 바라보는 눈을 기르는 훈련 도구가 될 수 있습니다. 하지만 아무리 좋은 무기라도, 이를 다루는 기본 자세가 갖춰져 있지 않으면 제대로 된 싸움을 할 수 없습니다. 마찬가지로 주식 시장에서도 기본이 탄탄하지 않으면 어떤 분석 기법도 효과를 발휘하기 어렵습니다.

　그래서 이제부터는 수익을 내는 투자자로 성장하기 위해 반드시 갖춰야 할 투자자의 태도, 마음가짐, 실전 전 준비물에 대해 하나씩 살펴보려 합니다. 이미 알고 있다고 느낄 수도 있겠지만, 오히려 그럴수록 더 위험할 수 있습니다. 기초가 무너진 채로 기법만 익히다 보면, 시장의 작은 흔들림에도 쉽게 무너질 수 있기 때문입니다.

시장의 흐름을 따라야 하는 이유

시장이 상승하거나 하락하거나, 요동을 칠 때마다 부자가 되는 투자자가 있고, 시장에서 큰 손실을 본 투자자도 생겨납니다. 손실을 본 투자자는 시장을 욕하겠지만 어떤 경우든 시장은 맞습니다. 그래서 늘 시장의 흐름에 순응해야 합니다. 시장이 모든 정보를 반영하고, 그 결과로 가격이 결정된다는 것을 의미합니다. 그렇다면, 왜 시장의 흐름을 따르는 것이 그렇게 중요한 걸까요?

우선, 시장은 사실상 모든 정보를 흡수하는 집합체입니다. 뉴스, 경제 지표, 심지어 투자자들의 감정까지 모두 시장 가격에 반영됩니다. 그러니 시장이 현재의 가격을 정할 때, 그 가격은 이미 여러 가지 요소를 종합적으로 고려한 결과물이라는 얘기죠. 그래서 개인의 예측이나 의견보다 시장의 흐름을 따르는 것이 훨씬 더 신뢰할 만한 경우가 많습니다.

그렇다고 해서 개인적인 분석이 무용하다는 뜻은 아닙니다. 하지만 시장의 흐름을 무시하고 개인의 예측만을 고집하다 보면 큰 리스크를 감수할 수도 있습니다. 예를 들어, 어떤 주식이 급등하거나 급락하는 경우, 이를 개인적으로 해석하거나 반대로 행동하기보다는 시장이 왜 그런 흐름을 보이고 있는지를 이해하는 것이 더 현명할 수 있습니다.

그 이유 중 하나는 시장이 감정을 배제한 집단 지혜의 결과라는 점입니다. 개인 투자자들은 감정에 휘둘리기 쉽지만, 시장은 다양한 사람들의 의견이 모여 형성된 것이기 때문에 감정적 편향이 덜합니다. 따라서, 시장의 흐름을 따르는 것은 감정에 휘둘리지 않고 보다 객관적인 판단을 내리는 방법이 될 수 있습니다.

또한, 시장에는 강력한 흐름이 존재합니다. 이러한 흐름은 종종 한동안 계속되기 때문에, 그 흐름을 따르는 것이 안정적인 수익을 올리는 데 도움이 될 수 있습니다. 강세장에서는 상승 추세를 따라가는 것이, 약세장에서는 하락 추세를 따르는 것이 일반적으로 더 나은 결과를 가져옵니다.

시장의 흐름을 따르는 구체적인 방법으로는 기술적 분석을 활용하는 것이 있습니다. 이동평균선이나 지지선, 저항선 같은 지표를 통해 현재의 추세를 파악하고, 그에 따라 매매 결정을 내리는 것이 좋습니다. 이런 도구들은 시장의 흐름을 시각적으로 확인하고, 보다 객관적인 판단을 하는 데 도움을 줍니다.

시장의 흐름을 존중하고, 이를 기반으로 투자 결정을 내리는 것은 정말 중요합니다. 시장은 모든 정보와 감정을 종합한 결과로, 이를 이해하고 따르는 것이 투자에서 성공하는 지름길이 될 수 있습니다. 그러니, 다음에 투자 결정을 내릴 때는 시장의 신호를 귀 기울여 듣고, 그 흐름에 맞춰 전략을 세우는 것이 현명할 것입니다.

부자가 될 기회는 주식 시장에 있다

　부자가 될 기회는 주식 시장에 있습니다. 경제 상황이 좋든 나쁘든, 시장은 언제나 기회를 제공합니다. 현재의 시장 상황과 관계없이, 항상 새로운 기회가 찾아오기 때문입니다.

　주식 시장은 늘 변동성이 큽니다. 호황기에는 많은 투자자가 기회를 찾기 쉽지만, 불황기에는 기회를 찾기 어려워 보이기도 합니다. 그러나 실상, 시장의 모든 단계에서 기회는 존재합니다. 예를 들어 경제가 침체에 빠져 있을 때는 많은 주식이 저평가되고, 이는 장기적인 투자 기회를 제공할 수 있습니다. 이런 시점에 저렴한 가격으로 주식을 매수한다면, 경제가 회복되면서 좋은 성과를 기대할 수 있습니다.

　반대로, 경제가 호황일 때는 다양한 산업과 기업들이 빠르게 성장하며 새로운 기회를 창출합니다. 이런 시점에 새로운 기술이나 혁신적인 비즈니스 모델을 가진 기업에 투자하면 큰 이익을 얻을 수 있죠. 시장은 항상 움직이고 변화하기 때문에, 기회는 언제든지 존재합니다.

　이렇듯, 시장의 기회를 잘 활용하려면 몇 가지가 필요합니다. 첫째, 시장의 흐름을 이해하고 분석하는 것이 중요합니다. 시장의 변화와 흐름을 파악하면 기회가 나타나는 지점을 정확히 잡을 수 있습니다. 또한, 다양한 산업과 기업에 대한 깊은 이해가 필요합니다. 특정 산업이나 기업에 대한 지식을 바탕으로, 그들이 제공하는 기회를 식별할 수 있습니다.

둘째, 감정에 휘둘리지 말고 이성적인 판단을 유지하는 것이 중요합니다. 시장의 급격한 변화에 휘둘려 결정하는 것은 위험할 수 있습니다. 냉철한 분석과 계획을 통해 기회를 포착하는 것이 필요합니다.

셋째, 장기적인 시각을 갖는 것도 중요합니다. 단기적인 시장 변동성에 너무 집중하지 말고, 장기적인 투자 계획을 세우는 것이 좋습니다. 장기적으로 보면, 시장은 항상 기회를 제공하며, 이러한 기회를 통해 안정적인 수익을 추구할 수 있습니다.

결국 주식 시장의 변동성과 관계없이 기회를 찾아야 한다는 의미입니다. 경제 상황이나 시장의 단기적인 변화에 휘둘리지 않고, 꾸준히 분석하고 준비함으로써 기회를 놓치지 않는 것이 성공적인 투자로 이어질 것입니다. 시장은 항상 변화하고 있으며, 그 변화 속에서 기회를 찾는 것이 바로 투자자의 임무입니다.

시장 변화에 따라 전략을 짜라

시장은 늘 변합니다. 본인의 어설픈 경험으로 한 가지만 고집하다가는 큰 손실로 이어질 수 있습니다. 주식 투자는 유연성을 갖추어야 합니다. 주식 시장은 변동성이 크고 예측하기 어렵기 때문에, 시장 상황에 맞는 적절한 전략을 구사하는 것이 성공적인 투자의 핵심입니다.

투자자들이 자주 범하는 실수 중 하나는 일관된 전략을 고수하다가 시장 상황의 변화를 놓치는 것입니다. 예를 들어, 시장이 상승세를 보일 때는 공격적인 투자 전략이 효과적일 수 있지만, 경기 침체기에 같은 전략을 고수하면 큰 손실을 볼 위험이 큽니다. 반대로, 하락장에서는 방어적인 전략이 필요합니다. 이처럼 시장의 분위기에 따라 전략을 조정하지 않으면, 시장 변화에 적절히 대응하지 못하고 기회를 놓치거나 손실을 키울 수 있습니다.

이렇게 전략을 바꾸는 것이 어렵게 느껴질 수도 있지만, 시장의 변화에 민감하게 반응하고 유연하게 대처하는 것이 중요합니다. 주식 시장의 흐름을 분석하고, 경제 지표와 뉴스에 귀를 기울여야 합니다. 또한, 과거의 성공적인 전략이 현재와 미래에도 항상 유효하다는 보장은 없으므로, 시장 변화에 맞추어 전략을 재조정하는 것이 필요합니다.

다양한 시장 상황에 맞는 전략을 세우는 것도 중요하지만, 전략을 바꾸는 타이밍을 잘 맞추는 것이 중요합니다. 시장의 전환점을 파악하고, 신속하게 전략을 조정하는 것이 경쟁력을 유지하는 데 도움이 됩니다. 감정적인 결정이 아니라 데이터와 분석에 기반한 판단으로 전략을 조정해야 합니다.

    주식 투자로 성공하려면 시장의 변화에 유연하게 대응해야 합니다. 시장의 흐름과 경제 상황을 잘 이해하고, 이에 맞는 전략을 세워야 성공적인 투자를 할 수 있습니다. 변동성 큰 시장에서 효과적인 전략을 찾기 위해서는 끊임없이 분석하고, 필요에 따라 전략을 조정하는 노력이 필요합니다.

시장에 맞서지 말고
시장의 흐름에 따라 행동하라

시장은 단순히 주가가 오르내리는 곳이 아니라, 복잡한 경제적, 정치적, 사회적 요소들이 얽혀 있는 생태계입니다. 이 흐름을 정확히 파악하고 이에 맞춰 행동하는 것이 주식 투자 성공의 핵심입니다.

시장을 이해하는 것은 단순히 현재의 주가를 보는 수준을 넘어서야 합니다. 시장의 전반적인 분위기와 방향성을 파악하는 것이 중요합니다. 경제 지표, 기업 실적, 정치적 사건 등 다양한 요소들이 시장에 영향을 미치기 때문에, 이러한 요소들을 종합적으로 분석해야 합니다. 예를 들어, 경제 성장이 둔화하거나 금리가 인상될 경우, 주식 시장에 미치는 영향은 클 수 있습니다. 이런 정보를 파악하고 이를 바탕으로 적절한 투자 결정을 내리는 것이 필요합니다.

시장의 흐름을 이해했다면, 그에 따라 행동해야 합니다. 시장의 분위기나 흐름에 따라 투자 전략을 조정하는 것이 중요합니다. 상승장이 지속될 때는 공격적인 전략을 취하여 성장주에 투자할 수 있고, 반대로 하락장이 예상될 때는 방어적인 전략을 세우는 것이 좋습니다. 예를 들어, 최근 기술 주식이 강세를 보인다면, 기술 혁신과 관련된 종목에 투자하는 것이 유리할 수 있습니다. 반면, 경제 불황이 예상되면, 안정적인 배당주나 채권으로 포트폴리오를 재조정할 수 있습니다.

하지만 시장의 흐름을 이해하고 그에 따라 행동하기가 항상 쉬운 일은 아닙니다. 시장은 예측할 수 없는 변수들이 많고, 때로는 감정적인 결정이 개입되기도 합니다. 중요한 것은, 감정적인 반응보다는 철저한 분석과 계획을 바탕으로 시장에 대응하는 것입니다. 과거의 성공적인 투자 전략이 현재에도 유효하다고 단정 짓지 말고, 지속해서 시장 상황을 모니터링하고 필요에 따라 전략을 조정하는 것이 중요합니다.

시장의 패턴을 분석하라

주식 시장은 단기적인 변동과 예측할 수 없는 사건들로 가득 차 있지만, 오랫동안 분석해보면 반복적인 패턴이 드러나는 경우가 많습니다. 이러한 패턴을 인식하고 활용하는 것은 투자에서 성공을 거두는 데 중요한 요소입니다.

시장의 패턴이란 특정한 주가의 움직임이나 거래량의 변화가 반복적으로 나타나는 경향을 말합니다. 예를 들어, 주식이 일정한 패턴을 보이며 상승하거나 하락하는 경향이 있을 수 있고, 특정 경제 지표나 뉴스가 발생했을 때 주가가 비슷한 반응을 보이는 때도 있습니다. 이러한 패턴을 인식하면, 투자자는 시장의 흐름을 더 잘 이해하고, 움직임을 예측한 것을 기반으로 전략을 세울 수 있습니다.

흔한 패턴 중 하나는 '지지선과 저항선'입니다. 주가가 일정한 수준에서 지지받거나 저항에 부딪히는 경향을 보이는 경우가 많습니다. 이를 통해 투자자는 주가가 어느 지점에서 상승할지 하락할지를 예측할 수 있습니다. 예를 들어, 주가가 특정 가격 아래로 하락하지 않고 계속 지지받는다면, 이 지점을 '지지선'으로 인식할 수 있습니다. 반대로, 주가가 특정 가격 이상으로 상승하지 않는다면, 이 지점을 '저항선'으로 인식할 수 있습니다. 이러한 패턴을 활용하면 보다 전략적으로 매수와 매도를 결정할 수 있습니다.

또한, '전고점'이나 '이중 바닥'과 같은 기술적 패턴도 중요한 역할을 합니다. 이러한 패턴들은 주가의 반전 신호를 제공하며, 투자자에게 매매의 타이밍을 알려줍니다. 예를 들어, '쌍바닥' 패턴이 만들어지면, 이는 주가가 상승세로 전환될 가능성이 높습니다. 이러한 패턴을 인식하고 적절히 대응하면, 손실을 줄이고 수익을 극대화할 수 있습니다.

시장의 패턴을 인식하기 위해서는 꾸준한 분석과 학습이 필요합니다. 주식 차트와 거래량, 경제 지표 등을 면밀히 분석하고, 과거의 패턴과 현재 상황을 비교하는 작업이 필요합니다. 이러한 분석을 통해 패턴이 반복되는 이유를 이해하고, 이를 기반으로 예측할 수 있는 능력을 기를 수 있습니다.

하지만, 패턴 인식에만 의존하는 것도 위험할 수 있습니다. 시장은 예상치 못한 사건이나 뉴스에 의해 큰 변동을 겪을 수 있으므로, 패턴 분석과 함께 리스크 관리와 감정적인 결정을 신중하게 고려하는 것이 중요합니다. 패턴을 활용하면서도 항상 최신 정보를 반영하고, 시장의 변화에 유연하게 대응하는 자세가 필요합니다.

주가의 움직임을 분석하고, 기술적 패턴을 배움으로써 보다 전략적으로 투자 결정을 내릴 수 있습니다. 지속적인 분석과 학습을 통해 패턴을 이해하고, 이를 기반으로 더욱 성공적인 투자 전략을 세우는 것이 중요합니다.

주식은 싸게 사서 비싸게 파는 것이다

주식 투자로 돈을 벌기 위해 수많은 투자자가 노력을 해왔습니다. 돈을 벌기 위해 수도 없이 많은 매매법을 만들어냈습니다. 그 많은 매매법을 단 한 줄로 요약할 수 있습니다.

"주식은 싸게 사서 비싸게 파는 것이다."

이 말은 주식 투자에서 가장 기본적이면서도 중요한 원칙을 간결하게 담고 있습니다. 주식 시장에서 '싸게 산다'라는 것은 주식이 저평가되었거나 시장의 과도한 반응으로 인해 가격이 일시적으로 낮아졌을 때 주식을 매수하는 것을 의미합니다. 이는 가치 투자에서 자주 사용하는 전략으로, 장기적으로 볼 때 기업의 본질적인 가치는 주가가 하락할 때도 변하지 않는다고 믿는 접근입니다.

반면, '비싸게 판다'는 것은 주식의 가격이 그 가치를 반영하고 있거나 과도하게 상승했을 때 매도하여 이익을 실현하는 것을 뜻합니다. 주가는 단기적인 시장 심리와 뉴스에 영향을 받아 급등하거나 급락하기 때문에, 주가가 일정 수준 이상으로 상승했을 때 적절한 시점에 매도하는 것이 중요합니다.

이 원칙을 잘 활용하기 위해서는 시장과 기업에 대한 깊은 이해가 필요합니다. 주식을 사기 전에 그 기업의 재무 상태, 성장 가능성, 산업 내 위치 등을 철저히 분석하는 것이 필요합니다. 저평가된 주식이란 단순히 가격이 낮은 것만을 의미하는 것이 아닙니다. 기업의 실적과 미래 전망을 면밀히 분석하여 현재 주가가 기업의 본질적인 가치보다 낮다고 판단될 때, 그 주식을 매수하는 것이 중요합니다.

반면, 주가가 급등할 때는 그 상승세를 면밀히 분석해야 합니다. 주가가 단기적인 투자자들의 열광적인 매매로 상승할 때, 실제 기업의 가치와 괴리가 크다면, 그 시점에 매도하여 이익을 실현하는 것이 좋습니다. 또한, 주가의 기술적 지표를 활용하여 가격이 과매도 또는 과매수 상태인지 파악하는 것도 중요한 전략입니다.

단순히 저렴하게 사서 비싸게 파는 것이 아니라, 이를 실행에 옮기기 위해서는 깊은 분석과 전략이 필요합니다. 감정적으로 대응하거나 단기적인 뉴스에 휘둘려 결정하면 큰 위험을 초래할 수 있습니다. 냉철한 분석과 계획된 매매가 필요합니다.

주식이 저평가되었을 때 매수하고, 가격이 상승했을 때 매도하는 이 단순한 원칙을 따르면서, 철저한 분석과 계획을 통해 실천해야 성공 확률이 더 높아집니다. 시장의 변동성 속에서 이 원칙을 잘 지키는 것이 바로 투자 성공의 열쇠가 될 것입니다.

하락 추세의 종목은 건들지 마라

주식 격언에 "떨어지는 칼날은 잡지 말라"는 말이 있습니다. 주식이 급락하는 상황에서 그 주식을 무작정 사들여서 손해를 보지 말라는 경고입니다. 이 격언은 말 그대로 위험에 뛰어들지 말라는 의미를 담고 있습니다.

주식이 급격히 하락하는 것을 볼 때, 많은 투자자가 '이제는 저점에서 사야 할 때'라고 생각할 수 있습니다. 하지만 가격이 계속 떨어질 것 같지 않다는 생각에 매수 버튼을 눌렀다가 큰 손실을 경험하는 경우가 많습니다. 이렇게 떨어지는 칼날을 잡는 것은 위험을 감수하는 것이 아니라, 위험에 자신을 스스로 내던지는 행동입니다. 주식이 급락할 때는 그 하락의 원인이나 이유를 신중히 분석해야 합니다.

주식이 하락하는 이유는 다양합니다. 회사의 실적 부진, 경영 문제, 산업의 부진, 혹은 세계 경제의 불확실성 등 여러 요인이 복합적으로 작용할 수 있습니다. 이런 상황에서 무작정 주식을 매수하는 것은 매우 위험합니다. 주식의 가격이 내려간다고 해서 자동으로 가치가 높아지는 것은 아니기 때문입니다. 또한, 하락하는 주식에 투자하는 것은 심리적으로도 부담이 클 수 있습니다. 주식의 가격이 계속해서 떨어지면, 투자자들은 더 큰 손실을 감수하게 될 가능성이 큽니다. 결국, 하락세가 계속되면 원래의 투자 계획을 넘어서서 큰 손실을 볼 수 있습니다. 이러한 상황을 피하려면, 주식의 가격 하락이 일시적인 현상인지, 아니면 근본적인 문제가 있는 것인지를 명확히 판단해야 합니다.

주식 투자에서 중요한 것은 철저한 분석과 계획입니다. 급락하는 주식에 대해 무작정 투자하기보다는, 그 하락의 원인을 이해하고, 그 주식의 회복 가능성에 대해 신중히 검토하는 것이 중요합니다. 때로는 손절매를 고려하는 것이 오히려 더 현명한 결정일 수 있습니다. 손실을 더 큰 손실로 이어지게 하지 않도록, 하락하는 주식에 대해 신중하게 접근하는 것이 필요합니다.

필요할 때만 매매하라

주식은 타이밍 싸움입니다. 시장은 끊임없이 변화하며, 가격이 오르고 내리는 속도는 매우 빠릅니다. 이렇다 보니, 올바른 시점에 매매 결정을 내리는 것이 얼마나 중요한지 잘 알 수 있습니다.

시장이 하루에도 수많은 변화가 일어나고, 이 변화에 따라 주가도 요동칩니다. 주식을 사거나 팔 때 그 시점을 잘 맞히면 수익률을 크게 향상시킬 수 있습니다. 예를 들어, 주가가 상승세를 보일 때 매수하면 이후의 상승을 통해 높은 수익을 기대할 수 있지만, 반대로 하락세가 시작된 후에 매도하면 손실을 볼 수 있습니다. 그러니 투자자에게 타이밍은 단순히 한 가지 요소가 아니라 전체 투자 성과를 좌우할 수 있는 중요한 부분이죠.

타이밍을 맞히는 데 도움이 되는 몇 가지 방법이 있습니다. 먼저, 시장의 흐름을 분석하는 것이 필요합니다. 기술적 분석 도구를 활용해 현재의 추세를 파악하고 주가의 움직임을 예측해보십시오.

또한, 경제 뉴스와 지표를 주의 깊게 살펴보는 것도 중요합니다. 경제 성장률, 금리 변동, 실업률 등 주요 경제 지표는 주식 시장에 큰 영향을 미칩니다. 이러한 정보를 신속하게 파악하고 분석함으로써 적절한 매매 시점을 잡는 데 도움이 됩니다.

감정을 통제하는 것도 필수적입니다. 투자자들이 감정적으로 대응하게 되면 종종 잘못된 결정을 내리기 쉽습니다. 시장의 흐름을 냉철하게 분석하고,

감정에 휘둘리지 않는 것이 중요합니다. 또한, 장기 투자와 단기 투자에는 각각 다른 타이밍 전략이 필요합니다. 장기 투자자는 큰 흐름을 보고 결정하는 반면, 단기 투자자는 더 빠르게 반응해야 하니까요.

   시장의 흐름을 잘 이해하고, 적절한 시점에 매매 결정을 내리는 것이 핵심입니다. 궁극적으로 투자 성과를 크게 향상시키기 위해선 타이밍을 잘 맞혀야 합니다.

분산 투자는 정말 중요하다

주식 투자 세계에서 가장 널리 알려진 조언 중 하나가 바로 분산 투자입니다. 한 종목이나 자산에 모든 것을 걸기보다는, 여러 종목이나 자산군에 분산 투자하여 리스크를 줄여야 한다는 것이지요. 분산 투자의 개념은 단순하지만, 투자 성공의 핵심적인 요소로 여겨집니다.

분산 투자란 말 그대로, 포트폴리오를 여러 종목이나 자산군에 나누어 투자하는 전략을 말합니다. 이를 통해 특정 자산의 가격이 급격히 변동할 때 전체 자산의 리스크를 줄이는 것이 목표입니다. 예를 들어, 한 기업의 주식이 하락하더라도, 포트폴리오 내 다른 종목이 상승하거나 안정세를 유지하면 손실을 어느 정도 상쇄할 수 있습니다. 이처럼 분산 투자 전략은 포트폴리오의 변동성을 줄이고, 더욱 안정적인 수익을 추구하는 데 도움을 줍니다.

투자에서 리스크는 언제나 존재하는 요소입니다. 시장의 불확실성, 경제적 변화, 정치적 사건 등 다양한 변수들이 자산의 가치를 갑작스럽게 변화시킬 수 있습니다. 이러한 리스크를 최소화하기 위해서는 단일 자산에 집중하기보다는, 다양한 자산에 분산 투자하는 것이 필수적입니다. 만약 한 종목에만 투자했다면, 그 종목이 큰 손실을 보았을 때 전체 자산이 큰 타격을 받을 수 있습니다. 반면, 여러 종목에 분산 투자하면 특정 종목의 손실을 다른 종목의 이익으로 어느 정도 보완할 수 있습니다.

분산 투자의 개념은 단순히 여러 주식에 투자하는 것을 넘어, 다양한 자산군에 걸쳐 투자하는 것으로 확장될 수 있습니다. 주식, 채권, 부동산, 원자재, 외환 등 여러 자산군에 투자하는 것은 포트폴리오의 안정성을 높이는 데 유용한 전략입니다. 예를 들어, 경제가 호황일 때는 주식이 좋은 성과를 낼 수 있지만, 경기 침체기에는 채권이나 금과 같은 안전 자산이 상대적으로 더 나은 성과를 보일 수 있습니다. 이처럼 각 자산군이 서로 다른 시장 상황에서 다르게 반응하기 때문에, 포트폴리오 전체의 변동성을 줄이고 보다 나은 위험 대비 수익을 기대할 수 있습니다.

물론, 분산 투자에도 한계는 존재합니다. 지나치게 많은 자산에 분산 투자하게 되면, 각 자산에 대한 깊이 있는 분석과 관리가 어려워지고, 수익률이 희석될 수 있습니다. 또한, 모든 자산군이 동시에 부진한 성과를 보일 경우, 분산 투자로도 손실을 피할 수 없는 상황이 발생할 수 있습니다.

분산 투자는 개별 자산의 리스크를 줄이고, 전체 포트폴리오의 안정성을 높이는 데 중요한 역할을 합니다. 그러나 이 전략은 단순히 자산을 나누어 투자하는 것에 그치지 않고, 각 자산에 대한 철저한 분석과 이해가 필요합니다. 투자자들은 이 격언을 마음에 새기고, 자신의 투자 전략에 분산 투자를 적절히 반영하여 더 안정적이고 지속 가능한 성과를 추구해야 합니다.

돈을 벌면 현금화하라

투자에서 목표 수익에 도달했을 때 그 이익을 즉시 확정하십시오. 이 말은 단순하지만, 깊은 의미가 있습니다. 주식 시장의 변동성과 예측 불가능성을 생각할 때, 목표를 달성했을 때 이익을 확정하는 것이 정말 중요합니다.

주식 투자를 하면서 많은 투자자는 종종 목표 수익에 도달했을 때의 선택에서 고민합니다. 주가가 목표 가격에 도달했을 때, "조금 더 오를 수도 있으니 기다려보자"라는 마음이 생길 수 있습니다. 하지만 이런 결정은 종종 위험을 동반합니다. 시장은 예측할 수 없고, 작은 변화가 큰 영향을 미칠 수 있으므로, 목표에 도달했을 때 이익을 확정하는 것이 안정적인 투자 전략이 될 수 있습니다.

이익을 확정하는 것은 투자자의 전략을 강화하는 중요한 부분입니다. 목표 수익에 도달했을 때 이익을 실현하면, 잠재적인 손실을 예방하고, 현재의 성과를 보장할 수 있습니다. 예를 들어, 주식이 예상보다 빠르게 상승하여 목표 수익에 도달했다면, 더 이상의 상승을 기대하며 기다리기보다는 현재의 이익을 실현하는 것이 좋습니다. 그렇게 함으로써, 시장의 변동성에 대비하고, 이익을 안정적으로 확보할 수 있습니다.

물론, 이익을 확정하기가 항상 쉬운 일은 아닙니다. 투자자들은 종종 감정에 휘둘리거나 더 큰 이익을 기대하게 됩니다. 그러나 이런 감정적인 결정은 종종 실수를 초래할 수 있습니다. 목표에 도달했을 때는 객관적인 판단을 기반으로 이익을 확정하는 것이 중요합니다. 시장의 흐름을 잘 분석하고, 설정한 목표에 도달했을 때는 그 성과를 인정하고 이익을 확정하는 것이 바람직합니다.

또한, 이익을 확정하는 것도 전략적으로 접근할 수 있습니다. 모든 이익을 한 번에 확정하기보다는, 일정 부분을 확보하고 나머지는 계속 보유하는 방법도 있습니다. 이럴 경우, 시장이 예상과 다르게 움직일 때 일부 이익을 확보한 상태에서 더 많은 이익을 추구할 수 있는 유연성을 가질 수 있습니다.

목표 수익에 도달했을 때 그 이익을 실현함으로써, 현재의 성과를 보호하고, 시장의 변동성에 대응할 수 있습니다. 투자자는 감정에 휘둘리지 않고, 목표를 달성했을 때 이익을 확정하는 전략을 통해 더 안정적이고 성공적인 투자를 이룰 수 있을 것입니다.

매수보다 어려운 것이 매도다

주식을 사는 것은 상대적으로 간단하지만, 적절한 매도 시점을 결정하는 것은 훨씬 더 복잡하고 어렵습니다. 이익이 나면 더 상승할 것 같은 마음에, 하락하면 이제 반등할 것 같은 마음에 매도 시기를 놓치는 경우가 허다합니다.

매도의 어려움은 여러 가지 요인에서 비롯됩니다. 첫째, 투자자들은 종종 감정적으로 판단합니다. 주가가 상승하면, 투자자들은 그 주식이 더 오르리라 믿고 계속 보유하려 합니다. 그러나 이런 감정적 결정은 손실을 초래할 수 있습니다. 주가가 계속 상승할지, 아니면 갑자기 하락할지는 예측하기 어렵기 때문입니다.

둘째, 시장의 변동성과 뉴스에 의해 주가가 영향을 받을 때, 매도 시점을 놓치기 쉽습니다. 경제 뉴스, 기업의 실적 발표, 정치적 사건 등 외부 요인들은 주가에 큰 영향을 미칩니다. 이러한 요인들을 빠르게 분석하고 적절한 매도 시점을 찾기는 어렵습니다.

셋째, 매도 전략을 세울 때의 기준이 흔들리는 경우가 많습니다. 목표 수익을 설정하거나, 주가의 기술적 지표를 분석하는 것처럼, 매도 기준을 정해놓는 것이 도움이 됩니다. 하지만 이러한 기준을 유지하는 것이 쉽지 않습니다. 주가의 변동성에 따라 그 기준을 조정해야 하는 상황이 많기 때문입니다.

주식의 매도 시점을 정확히 잡기 위해서는 감정에 휘둘리지 않고, 명확한 기준과 분석을 바탕으로 결정을 내려야 합니다. 이 과정을 통해 투자자는 더 안정적이고 성공적인 투자 결과를 이룰 수 있을 것입니다.

주식 투자는 위험을 먹고 산다

주식 시장은 본질적으로 변동성이 큰 곳입니다. 주가는 여러 가지 외부 요인에 의해 급변할 수 있고, 예측할 수 없는 사건들이 자주 발생합니다. 따라서, 투자에서 리스크는 불가피한 요소입니다. 아무리 분석을 잘하고, 시장을 예측하려 해도 리스크를 완전히 제거할 수는 없습니다. 이렇듯 위험이 내재한 투자 환경에서 중요한 것은 그 리스크를 어떻게 감수하고 관리하느냐입니다.

리스크를 감수한다는 것은 단순히 무모하게 투자하는 것을 의미하지 않습니다. 오히려, 충분한 분석과 전략적 계획을 통해 위험을 관리하고, 가능한 한 리스크를 줄이면서 투자 결정을 내리는 것을 말합니다. 예를 들어, 포트폴리오를 다양화하여 리스크를 분산시키거나, 손절매와 같은 리스크 관리 기법을 활용하는 것이 이에 해당합니다. 이렇게 하면, 개별 투자에서의 손실을 최소화하고 전체적으로 안정적인 성과를 추구할 수 있습니다.

또한, 리스크를 감수하는 것은 투자에서 적절한 이익을 얻기 위한 필수적인 과정입니다. 고수익을 추구하기 위해서는 일정 정도의 리스크를 감수해야 합니다. 안정적인 투자처는 비교적 낮은 수익률을 제공하기에, 높은 수익을 기대하는 투자에는 더 큰 리스크가 따릅니다. 따라서, 높은 수익을 목표로 할 때는 그에 상응하는 리스크를 감수해야 하며, 이 과정에서 철저한 분석과 계획이 필요합니다.

성공적인 투자를 하려면, 자신이 감당할 수 있는 리스크를 명확히 이해하고 그에 맞는 투자 전략을 세워야 합니다. 자신의 투자 성향과 목표를 바탕으로 적절한 리스크를 설정하고, 그 리스크를 관리하는 방법을 모색하는 것이 중요합니다. 이 과정에서 중요한 것은 리스크를 감수하면서도 신중하게 접근하는 것이며, 무작정 도전하는 것이 아닙니다.

준비 없이 기회도 없다

주식 시장은 기회와 위험이 뒤섞여 있는 복잡한 장소입니다. 따라서, 기회를 포착하고 성공적인 투자로 이어지기 위해서는 사전에 충분한 준비가 필요합니다. 시장이 급격히 변동할 때, 많은 투자자가 단기적인 정보나 흐름에 휘둘려 즉흥적으로 결정하는 경향이 있습니다. 그러나, 이러한 즉흥적인 접근은 종종 실패로 이어질 수 있습니다. 반면, 철저하게 준비된 투자자는 시장의 변동성을 보다 잘 관리하고, 유리한 상황을 기회로 바꾸는 능력을 갖추게 됩니다.

준비된 투자자란 단순히 주식을 사는 것을 넘어, 시장을 분석하고, 기업의 실적을 점검하며, 경제 전반의 동향을 파악하는 사람을 말합니다. 그들은 다양한 정보를 수집하고, 이를 바탕으로 투자 전략을 세우며, 시장의 흐름을 예측합니다. 이러한 준비 과정은 단순히 이론적인 지식에 그치지 않고, 실제로 투자 결정을 내리기 위한 실용적인 데이터와 분석을 포함합니다.

예를 들어, 새로운 기술 주식이 상승할 조짐을 보인다면, 그 기술의 미래 전망이나 경쟁력, 관련 산업의 동향 등을 깊이 있게 분석해야 합니다. 단순히 뉴스나 소문에 의해 투자 결정을 내리는 것이 아니라, 자신만의 분석과 판단을 바탕으로 행동하는 것이 중요합니다. 이런 준비가 되어 있을 때, 시장에서 기회가 나타났을 때 신속하고 효과적으로 대응할 수 있습니다.

또한 준비는 실패를 줄이는 데 중요한 역할을 합니다. 주식 투자는 언제나 리스크를 동반하지만, 사전에 준비가 잘되어 있으면 리스크를 먼저 예상하고 대비할 수 있습니다. 비상 계획을 세우고, 포트폴리오를 다양화하며, 손절매 기준을 설정하는 등의 준비가 이러한 역할을 합니다. 이런 준비가 부족할 경우, 예기치 못한 상황에 대비하지 못해 큰 손실을 볼 수 있습니다.

시장의 변화에 신속하게 대응하고, 기회를 제대로 활용하기 위해서는 충분한 정보와 분석이 필요합니다. 준비가 잘되어 있는 투자자는 기회가 왔을 때 자신감을 가지고 올바른 결정을 내릴 수 있으며, 이는 결국 성공적인 투자로 이어질 것입니다.

성공하기 전까지 포기하지 마라

투자에서 중요한 요소 중 하나는 인내와 지속적인 노력입니다. 많은 투자자가 주식 시장의 변동성과 단기적인 손익에 흔들리기 쉽지만, 진정한 성공은 이러한 순간들을 넘어서 지속적인 인내와 꾸준한 노력을 통해 이루어집니다.

주식 시장은 본질적으로 예측하기 어려운 곳입니다. 경제의 변화, 정치적 사건, 기업의 실적 등 다양한 요소들이 복합적으로 작용하여 주가를 결정짓기 때문에, 모든 투자가 항상 순조롭게 진행되지는 않습니다. 때로는 투자한 주식이 예상과 다른 방향으로 움직일 때가 있습니다. 이런 상황에서 많은 투자자가 불안감에 휘둘려 조급하게 매도하거나 포기하는 경우가 많습니다. 하지만 성공적인 투자자는 이런 순간에도 흔들리지 않고, 자신의 전략과 목표를 고수하며 인내하는 자세를 유지합니다.

투자의 세계에서 인내는 단순히 손실을 견디는 것을 넘어서, 장기적인 비전과 계획을 세우고 그것을 유지하는 것을 의미합니다. 주식이 일시적으로 하락하더라도, 그 기업의 장기적인 성장 잠재력을 믿고 꾸준히 투자하는 것이 필요합니다. 이러한 인내는 단기적인 성과에 흔들리지 않고, 장기적인 목표를 달성하기 위한 중요한 자세입니다.

또한, 지속적인 노력은 투자 성공의 핵심 요소입니다. 시장은 끊임없이 변화하고, 새로운 정보와 데이터가 계속해서 쏟아집니다. 투자자는 이러한 정보를 지속해서 분석하고, 자신의 투자 전략을 조정하며, 끊임없이 학습하고 성장해야 합니다. 성공적인 투자자는 이러한 과정을 소홀히 하지 않고, 변화하는 시장에 맞추어 적절히 대응하면서 자신만의 투자 노하우를 쌓아갑니다.

예를 들어, 고수익을 추구하는 투자자는 단순히 좋은 주식을 찾는 것을 넘어서, 시장의 트렌드와 경제 지표를 분석하고, 위험을 관리하는 전략을 수립합니다. 그리고 이러한 노력을 지속해서 이어가며, 실패와 손실을 경험하더라도 다시 일어나서 목표를 향해 나아갑니다. 성공적인 투자자들은 일시적인 실패에 좌절하지 않고, 이를 배움의 기회로 삼아 자신의 투자 능력을 향상합니다.

투자자는 단기적인 결과에 흔들리지 않고, 장기적인 목표를 위해 꾸준히 노력하며, 어려운 시기에도 포기하지 않는 자세를 유지해야 합니다. 이런 자세가 결국 성공적인 투자로 이어지며, 어려운 시장 환경 속에서도 승리를 거둘 수 있는 비결이 됩니다.

손절을 일상화하라

　주식 고수들이 일관되게 하는 말이 '손절할 줄 모르면 주식 투자하지 말라' 입니다. 손절매는 주식 투자에서 손실을 관리하는 데 있어서 필수적입니다. 손절매는 주식이 예상과 다르게 하락할 때 손실을 제한하고, 더 큰 피해를 예방하는 중요한 도구입니다. 하지만 많은 투자자가 손절매를 두려워하거나 꺼리는 경향이 있습니다.

　손절매는 단순히 손실을 감수하는 것이 아닙니다. 오히려, 손절매는 감정적인 결정을 방지하고, 투자 전략을 체계적으로 유지하는 방법입니다. 주식 시장은 예측할 수 없는 변동성과 리스크를 동반하기 때문에, 모든 투자가 항상 계획대로 진행되지는 않습니다. 이럴 때, 손절매를 활용하여 손실을 미리 설정한 수준에서 제한하면, 예상보다 큰 손실로부터 자신을 보호할 수 있습니다.

　손절매를 두려워하는 가장 큰 이유는 손실을 인정하는 것이 불편하기 때문입니다. 많은 투자자는 주식이 하락할 때, 더 나아질 것이라는 희망을 품고 계속 보유하려고 합니다. 그러나 희망만으로 투자 결정을 내리는 것은 매우 위험할 수 있습니다. 시장은 감정에 의해 움직이지 않기 때문에, 손실이 커지기 전에 적절히 대응하는 것이 필요합니다. 손절매를 통해 손실을 빠르게 확정하고, 그 자금을 다른 유망한 투자 기회로 재배치하는 것이 더 효과적인 전략일 수 있습니다.

　손절매는 투자 전략의 일환으로, 리스크를 관리하는 데 중요한 역할을 합니다. 모든 투자에는 리스크가 따르기 때문에, 손절매를 통해 미리 리스크를 제한하고, 포트폴리오 전체의 안정성을 유지하는 것이 중요합니다. 예를 들어, 주식이 특정 가격 이하로 하락하면 자동으로 매도되도록 설정하는 것은 투자자가 감정에 휘둘리지 않고 일관된 전략을 유지할 수 있게 도와줍니다.

    손절매를 적절히 활용하면, 장기적인 투자 성공에 도움이 될 수 있습니다. 손실을 최소화하고, 자금을 효과적으로 관리하여, 더 나은 투자 기회를 추구할 수 있습니다. 따라서 손절매는 단순히 손실을 인정하는 것이 아니라, 전략적인 투자 관점에서 중요한 역할을 하는 것입니다. 이를 통해 시장의 변동성에 대응하고, 더 안정적인 수익을 추구할 수 있습니다.

    주식 시장에서의 성공은 손절매를 통해 안정적인 투자 전략을 유지하고, 감정적인 결정을 피하는 것에서 시작됩니다. 손절매를 전략적으로 활용하여 손실을 효과적으로 관리하고, 장기적인 투자 목표를 달성하는 것이야말로 성공적인 투자로 가는 길입니다.

3장

기본 차트 읽는 법

앞서 우리는 차트 분석이 왜 중요한지, 그리고 주식 시장에서 살아남기 위해 어떤 마음가짐과 태도가 필요한지를 살펴보았습니다. 투자라는 긴 여정 속에서 결국 수익을 가져다주는 것은 운이 아니라 실력이고, 그 실력은 기본에 충실한 사람에게 쌓입니다. 이제 그 기본 위에 차곡차곡 실전 기술을 더해나갈 차례입니다.

이번 장에서는 본격적인 차트 분석으로 들어가기 전에, 반드시 이해하고 넘어가야 할 핵심 개념들부터 짚어보려 합니다. 그중에서도 가장 먼저 살펴볼 것은 바로 '캔들'입니다. 주식 차트에서 가장 기본적인 구성 단위인 캔들은 단순한 선이나 막대가 아니라, 시장에서 벌어진 수많은 매수·매도 심리의 압축된 결과물입니다. 하루 동안 어떤 일이 있었는지를 한눈에 보여주는 가장 직관적인 시각 자료이자, 트레이더의 언어라고 해도 과언이 아닙니다.

이 장에서는 대표적인 캔들의 형태와 그 해석법을 소개하고, 실제 차트를 통해 이러한 캔들이 어떤 맥락에서 등장하는지를 함께 살펴볼 것입니다. 무심코 지나쳤던 한 줄의 막대가 사실은 시장의 방향성을 암시하고 있었던 것이라면, 지금부터 그것을 읽을 수 있는 눈을 갖추는 것이 바로 첫걸음이 될 것입니다.

차트란 무엇인가

주식 투자에서 성공하기 위해서는 주가 분석이 필수적입니다. 주가 분석 방법에는 기업 가치에 중점을 두고 분석하는 가치 분석과 차트를 분석하는 기술적 분석이 있습니다. 가치 분석에서는 저평가된 종목을 찾아 장기적으로 보유하여 기업 가치가 인정받는 가격대까지 상승하기를 기대합니다. 하지만 주식 시장은 생물과 같아서 기업 가치를 분석한다고 해서 반드시 돈을 벌 수 있는 것은 아닙니다.

예를 들어, 기업 자산이 주가에 제대로 반영되지 않더라도 미래에 반영되리라는 보장은 없습니다. 기업이 청산되더라도 현재 주가가 낮더라도 주가는 쉽게 오르지 않을 수 있습니다. 시장에 매수자가 없다면 주가는 상승하지 않습니다. 저평가된 기업 가치에도 불구하고 주가가 오르지 않는 이유는 성장성이 필요하기 때문입니다. 기업 자산이 크더라도 성장성이 결여된 기업의 경우 주가는 저평가 상태에서 오르지 않을 수 있습니다.

따라서 성장성이 있는 기업을 찾는 것이 최선의 투자 방법으로 보입니다. 그러나 성장성은 확정되지 않은 미래의 일이며, 외부 변수나 기업의 변화로 인해 예상한 성장에 도달하지 못할 수도 있습니다. 이처럼 불확실한 미래를 확인하기 위한 방법으로 차트 분석이 등장했습니다. 주가가 현재 어느 위치에 있는지, 누가 매수하고 있는지, 얼마나 거래되고 있는지를 차트로 시각화하여 한눈에 파악할 수 있게 합니다.

차트를 매일 연결하여 분석하다 보면 일정한 패턴이 발견되며, 통계적으로 특정한 차트 모습이 나타날 때 주가가 어떻게 움직였는지에 대한 경험이 축적됩니다. 이러한 이유로 많은 투자자들은 복잡한 기업 분석보다는 일정한 패턴을 가진 차트를 통해 매매를 진행하게 됩니다.

결론적으로, 주식 투자에서 성공하기 위해서는 가치 분석과 기술적 분석을 적절히 활용하는 것이 중요하며, 차트 분석을 통해 주가의 움직임을 예측하고 매매 전략을 세우는 것이 효과적일 수 있습니다.

주식 투자에서 차트 분석을 우선순위에 두는 접근법은 많은 투자자들 사이에서 논란이 되고 있습니다. 특히, 주식 시장의 복잡성 때문에 차트 분석에 대한 의견은 다양합니다. 기업 가치를 중시하는 투자자들은 차트가 후행적이라는 이유로 회의적인 반면, 차트를 중시하는 투자자들은 특정 패턴이 발생할 때 주가가 상승하는 경향이 많다고 주장합니다. 이들은 과거의 데이터와 가격 움직임을 통해 미래의 주가를 예측할 수 있다고 믿습니다. 차트가 단순히 가격 변동을 나타내는 것이 아니라, 기업의 가치, 시장의 심리 그리고 투자자의 행동을 반영하기 때문입니다.

주식 투자에서 가장 중요한 것은 결국 수익입니다. 가치 투자든 기술적 분석이든, 투자자가 실제로 수익을 낸다면 그것이 가장 효과적인 분석 방법이라 할 수 있습니다. 이는 어떤 방식으로 접근하든, 주식 투자는 궁극적으로 돈을 벌기 위한 수단이기 때문입니다. 따라서 초보 투자자라면 가치 투자와 기술적 분석을 동시에 배우고 실전에 적용해보는 것이 중요합니다. 다양한 투자 방법을 경험함으로써 자신에게 가장 적합한 투자 전략을 찾아내고, 그에 숙달함으로써 수익을 올리는 것이 목표입니다. 투자 방법을 배우는 과정에서 자신의 성향과 투자 목표를 명확히 하는 것이 중요하며, 이를 통해 보다 효과적으로 시장에 접근할 수 있습니다.

특히 개인 투자자에게 차트는 매우 유용한 도구입니다. 현재 주가의 위치와 매매 동향을 한눈에 파악할 수 있도록 도와주기 때문에 주식 투자에서 필수적인 요소라 할 수 있습니다. 차트 분석은 투자자가 시장의 흐름을 이해하고, 매매 시점을 결정하는 데 큰 도움이 됩니다. 가치 분석이 부족하더라도 차트 분석만 잘 해도 충분히 수익을 올릴 수 있습니다. 실제로 차트 분석을 통해 부자가 된 투자자들도 많습니다. 차트를 잘 읽고 주가의 흐름을 이해하는 능력을 갖추게 된다면, 주식 투자에서 성공할 가능성이 높아질 것입니다.

이제 차트에 대해 자세히 알아보도록 하겠습니다. 차트 분석의 기본 개념과 주요 패턴, 그리고 주가의 흐름을 읽는 방법에 대해 배워보는 것이 중요합니다. 차트의 종류와 각각의 특징을 이해하는 것도 중요하며, 이를 통해 보다 효과적인 투자 전략을 세울 수 있습니다. 예를 들어, 캔들 차트나 이동평균선과 같은 다양한 차트 유형을 활용하여 시장의 변동성을 분석할 수 있습니다. 이러한 분석을 통해 투자자는 시장의 상황을 파악하고, 더 나아가 안정적인 수익을 올릴 수 있을 것입니다. 차트 분석을 통해 얻은 인사이트는 투자 결정을 내리는 데 있어 중요한 역할을 하며, 따라서 철저한 학습과 실습이 필요합니다.

캔들 배우기

캔들의 종류

차트의 구성 요소에는 세 가지가 있습니다. 캔들, 이동평균선, 거래량입니다. 이 세 가지는 주식 시장에서 차트를 해석할 때 매우 중요한 역할을 하며, 투자자와 트레이더가 시장의 흐름을 이해하는 데 필수적입니다. 그중에서 먼저 캔들에 대해 자세히 알아보겠습니다.

캔들이란 하루 동안의 주가 움직임을 봉으로 표시한 것으로, 주식 거래에서 가장 기본적인 시각화 도구입니다. 오전 9시에 장이 시작되면 주가는 본격적으로 움직이기 시작합니다. 이때 주가는 다양한 요인에 의해 영향을 받아 상승하기도 하고 하락하기도 합니다. 장중에는 최고가로 올라가기도 하고, 반대로 최저가로 내려가기도 합니다. 이러한 모든 가격 변동은 투자자들에게 중요한 정보로 작용합니다.

캔들은 이러한 정보를 하나의 봉으로 집약하여 시각적으로 보여줍니다. 즉, 캔들 하나로 시가, 종가, 고가, 저가를 알 수 있게 되는 것입니다. 캔들의 몸통 부분은 시가와 종가의 차이를 나타내며, 윗꼬리와 아랫꼬리는 각각 고가와 저가를 나타냅니다. 이러한 구조 덕분에 투자자들은 하루 동안의 주가 흐름을 한눈에 파악할 수 있으며, 이를 바탕으로 다음 거래 결정을 내릴 수 있습니다. 캔들은 단순히 숫자로 표현된 데이터가 아닌, 시장의 심리를 반영하는 중요한 지표로 자리 잡고 있습니다.

① 캔들 기본형

캔들 기본형입니다. 음봉일 경우는 시가와 종가가 바뀝니다. 캔들은 일반적으로 빨간색과 파란색으로 표시됩니다. 주가가 시가 대비 상승했다면 빨간색으로 표시하며, 이를 '양봉'이라고 부릅니다. 반면, 시가 대비 주가가 하락했다면 파란색으로 표시하고, 이를 '음봉'이라고 합니다.

여기서 중요한 점은 양봉과 음봉의 차이가 시가를 기준으로 한다는 것입니다. 즉, 캔들의 색깔은 종가가 아닌 시가를 기준으로 결정됩니다.

② 장대양봉

장대양봉은 주가가 시가에서 시작하여 종가까지 상승했다는 것을 의미합니다. 즉, 시가에 이 종목을 매수한 투자자는 무조건 수익을 올릴 수 있었다는 뜻입니다. 따라서 주식 투자에서 수익을 내기 위해서는 지금 배우고 있는 양봉, 특히 장대양봉을 잘 포착하는 것이 중요합니다.

장대양봉은 장중에 주가의 힘이 매우 강하다는 것을 나타냅니다. 이는 매도세를 모두 이길 만큼 강력한 매수세가 존재해야만 형성되는 것입니다. 따라서 주식 투자에서 장대양봉을 놓쳤더라도, 장대양봉이 발생한 종목은 주의 깊게 살펴볼 필요가 있습니다. 이러한 종목은 향후 추가적인 상승 가능성이 높기 때문에, 투자 전략을 세우는 데 있어 중요한 신호로 작용할 수 있습니다.

③ 장대음봉

장대음봉은 장대양봉과 정반대의 의미를 가집니다. 장대음봉은 장이 시작하자마자 주가가 하락하기 시작하여, 장 마감 때까지 하락세를 지속했다는 것을 의미합니다. 이는 장중 내내 강한 매도세가 이 종목을 누르고 있었다는 것을 나타냅니다. 일반적으로 장대음봉은 악재가 발생했거나, 주가가 크게 상승한 후 급격히 하락하는 경우에 자주 나타납니다.

실전에서 보유하고 있는 종목에서 장대음봉이 나왔다면, 이는 큰 손실로 이어질 수 있습니다. 따라서 실제 매매를 할 때는 장대음봉을 피하기 위해 최선을 다해야 합니다. 이를 위해 매매에 숙달되지 않았을 경우, 거래량이 적거나 시가총액이 낮은 종목은 피하는 것이 좋습니다. 이러한 종목은 변동성이 크고 예측하기 어려운 경우가 많기 때문에, 초보 투자자에게는 더 위험할 수 있습니다.

④ 망치형

망치형 캔들은 캔들 아래쪽에 긴 꼬리가 달린 형태를 말합니다. 이 패턴은 시가부터 매도세에 의해 주가가 하락하다가, 장중에 강한 매수세가 유입되면서 매도세에 의해 장중 저가에 머물러 있던 주가가 장 마감 시점에는 강한 장대양봉과 비슷한 모습으로 반등하게 되는 것을 의미합니다.

망치형 캔들은 보통 시장 상황이나 악재로 인해 약세를 보이던 종목이 장 상황이 호전되거나 호재가 발생했을 때 종종 형성됩니다. 모두가 매도세의 공포에 짓눌려 있을 때 강한 매수세가 등장했다는 것은 매우 큰 의미가 있을 수 있습니다. 이는 매도세의 물량을 충분히 소화하고도 남을 만큼의 강력한 매수세가 나타났음을 의미하기 때문입니다. 따라서 망치형 캔들이 발생한 종목은 향후 상승 가능성이 높아질 수 있으므로 체크해둘 필요가 있습니다.

⑤ 교수형

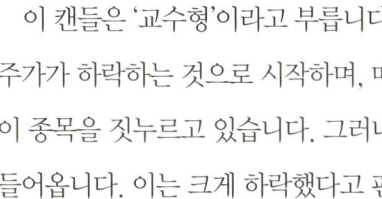

이 캔들은 '교수형'이라고 부릅니다. 교수형 캔들은 시가부터 주가가 하락하는 것으로 시작하며, 매도세가 강하게 장중 내내 이 종목을 짓누르고 있습니다. 그러나 장중에는 저가 매수세가 들어옵니다. 이는 크게 하락했다고 판단한 투자자들이 저가 매수를 시도한 결과입니다. 형태는 망치형과 유사하지만, 그 의미는 다릅니다. 매수세가 등장했음에도 불구하고 시가를 넘지 못했습니다. 이는 주가를 돌릴 만큼 강력한 매수세가 아니라, 주가가 많이 하락했으니 이 정도면 매수할 만하다는 소극적인 저가 매수세에 불과합니다. 이러한 소심한 저가 매수세는 단단하지 않기 때문에, 만약 주가가 다시 밀린다면 자신이 매수한 물량을 정리하기 위해 매도세로 돌아설 가능성이 큽니다. 따라서 교수형 캔들이 발생한 종목은 더욱 주의 깊게 살펴볼 필요가 있으며, 향후 주가의 방향성을 신중하게 판단해야 합니다.

⑥ 샅바형

위에 꼬리가 달린 양봉은 '샅바형'이라고 부릅니다. 샅바형은 시가부터 주가가 상승하기 시작하여 장중에 크게 오르지만, 주식을 보유하고 있던 투자자들이 고점으로 판단하고 매도하여 결국 고점에 밀려서 마감하는 경우를 의미합니다. 끝까지 고점을 유지하는 캔들이 장대양봉이라면, 고점에서 매도 물량을 받아 밀린 모습이 바로 샅바형이라고 할 수 있습니다.

하지만 샅바형은 시가를 깨고 내려갈 만큼 큰 매도세가 등장한 것이 아니라,

고점에서 일부 매도 물량만 받아 상승세를 유지한 캔들이라는 점에서 장대양봉처럼 1등 캔들은 되지 못합니다. 그러나 여전히 2등 캔들로 판단할 수 있으며, 이는 주가의 상승세가 여전히 유효하다는 신호로 해석될 수 있습니다.

⑦ **유성형**

유성형 캔들은 장이 시작하자 주가가 상승하기 시작하여 장 중에는 장대양봉으로 향하지만, 매물이 쏟아지면서 시가를 깨고 주가가 내려가는 경우를 의미합니다. 시가를 깨고 내려갈 정도로 매물이 많이 쏟아지고 있음을 나타내며, 시가를 깨는 데 그치지 않고 장중 저가로 주가가 하락하는 경우도 있습니다. 즉, 종가가 최저가가 되는 상황이 발생하는 것입니다.

이는 강한 매도세가 등장했음을 뜻합니다. 유성형 캔들은 악재가 발생하거나 급등한 종목에서 매물이 쏟아지면서 종종 형성됩니다. 이러한 캔들은 주의가 필요하며, 고점에서 유성형이 나타난다면 매도로 대응하는 것이 좋을 때가 많습니다. 이는 향후 주가가 하락할 가능성이 크기 때문에, 투자자들은 신중하게 대응해야 합니다.

⑧ **비석형**

비석형 캔들은 시가부터 주가가 상승하다가 강력한 매도 세력이 등장하면서 당일 상승분을 모두 반납하고, 시가와 종가가 동일해진 경우를 의미합니다. 이 경우에도 강한 매도세가 등장한 것으로 해석됩니다. 특히 상승 추세에서 비석형이 나타난다면 하락으로 전환할 가능성이 높으므로 매도로 대응하는 것이 좋습니다. 반면, 주가 바닥에서 비석형이 형성된다면 바닥에서의 반전 가능성을 시사할 수 있기 때문에, 추가적인 신호를 고려하여 판단하는 것이 중요합니다.

⑨ 잠자리형

잠자리형 캔들은 비석형과 반대의 형태를 가집니다. 이 캔들은 시가에서 매도 세력이 등장하여 주가가 하락하지만, 장중에 매수세가 유입되면서 종가는 시가에서 끝나는 경우를 의미합니다. 저가에서 매수 세력이 등장했다는 것은 향후 추가 상승을 의미할 수 있습니다. 그러나 급등주에서 발생하는 잠자리형 캔들은 조심해야 할 신호가 될 수 있습니다. 급등 후의 조정 과정에서 나타날 수 있기 때문에, 이러한 상황에서는 매수에 신중해야 합니다.

⑩ 십자형

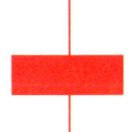

십자형 캔들은 시가와 종가가 거의 같은 위치에서 마감되는 경우를 의미합니다. 이 캔들은 몸통이 짧고 위아래 꼬리가 길게 달린 형태가 특징입니다.

이러한 캔들은 보통 장중에 매수세와 매도세가 팽팽하게 힘겨루기를 하다가 나타나는 경우가 많습니다. 특히 반전을 이루는 시점에서 십자형 캔들이 발생하면 추세 전환이 이루어질 가능성이 높기 때문에, 투자자들은 조심해서 살펴볼 필요가 있습니다. 이러한 캔들은 향후 가격 움직임에 중요한 신호가 될 수 있습니다.

⑪ 팽이형

팽이형 캔들은 위아래 꼬리가 짧고 몸통이 어느 정도 있는 캔들을 의미합니다. 이 캔들은 매수세와 매도세가 팽팽하게 대치하다가 마감되지만, 약간의 몸통이 남아 있는 것이 특징입니다. 이러한 캔들은 시장에서의 균형을 나타내며, 매수와 매도세가 거의 동일한 힘으로 작용하고 있음을 보여줍니다. 따라서 팽이형 캔들이 발생하면 다음 가격 움직임에 대한 주의가 필요하며, 향후 시장의 방향성을 판단하는 데 중요한 역할을 할 수 있습니다.

캔들
실전사례

📊 **차트 1**

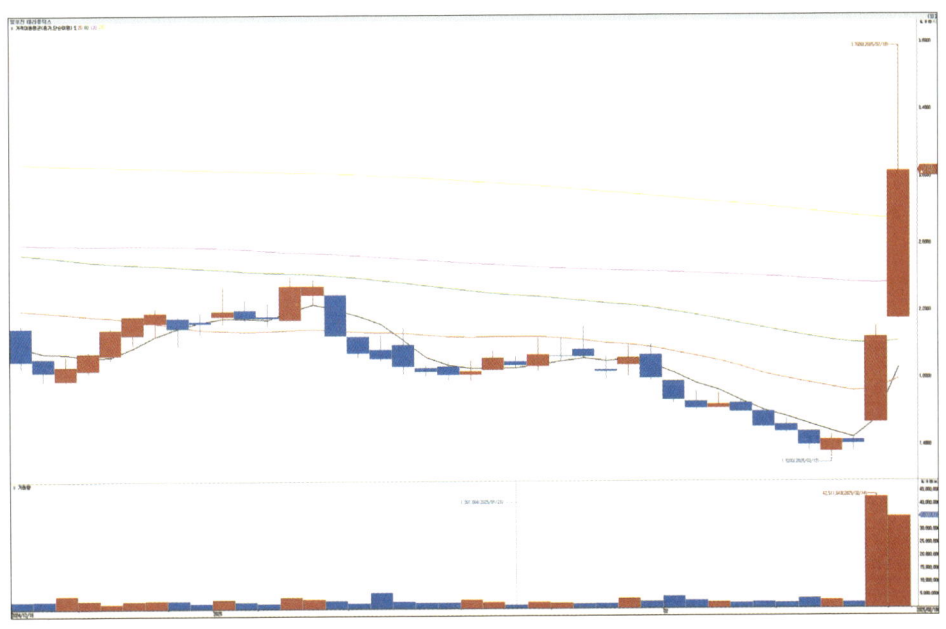

 이 종목에서 오늘 장대양봉이 나왔습니다. 여러분은 어떤 생각이 드나요? 그냥 '오늘 주가가 올랐구나' 하고 지나칠 건가요? 그렇지 않습니다. 오늘 차트에 찍힌 빨간색 캔들 하나만으로도 계좌에 수천 달러, 수만 달러의 수익을 낸 투자자들이 있습니다. 단 하루 만에 엄청난 돈을 번 사람들이 있다는 것이죠.
 장대양봉은 강한 주가 상승을 의미합니다. 어제 종가에 매수한 투자자라면,

오늘 장대양봉의 길이만큼 무조건 수익을 올릴 수 있는 구조입니다. 만약 여러분이 어제 이 종목을 매수했다면 어땠을까요?

이 종목은 최고 84%까지 상승했습니다. 만약 1만 달러를 투자했다면, 하루 만에 8,400달러의 수익을 얻은 셈입니다. 이렇게 돈이 쏟아지는 기회를 그냥 지나칠 건가요? 이제부터는 마인드를 바꿔야 합니다. 장대양봉을 무심코 지나치는 것이 아니라, 기회로 보는 눈을 가져야 합니다.

📊 **차트 2**

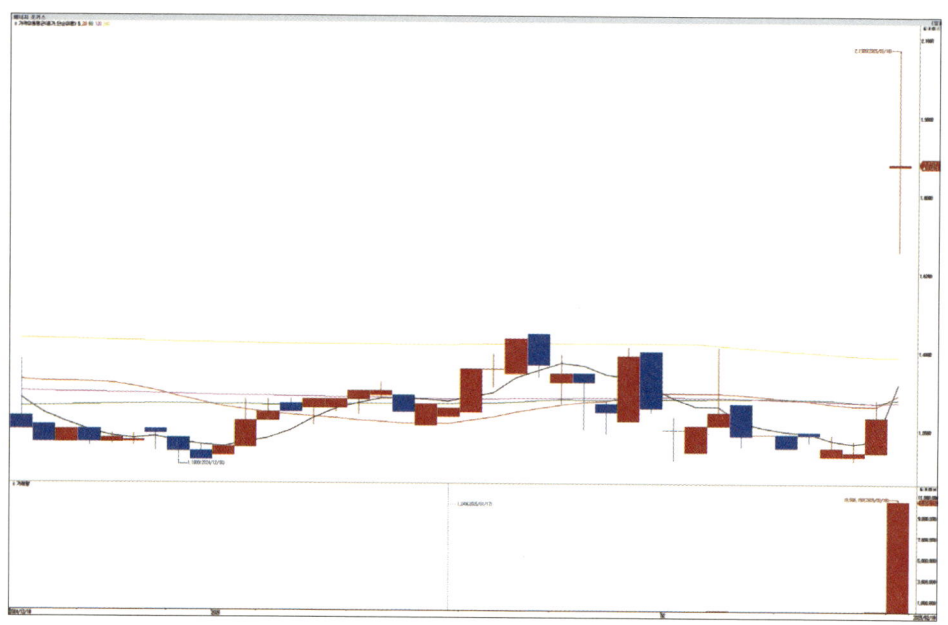

바닥에서 움직이던 주가가 갑자기 급등합니다. 그런데 캔들을 보면 몸통은 거의 없고, 위아래로 긴 꼬리를 달고 있습니다.

이 종목은 44% 상승으로 출발했지만, 장중 저가는 +29%, 고가는 +71%까지 치솟았습니다. 즉, 장중 저점에서 매수한 투자자는 큰 수익을 얻었지만, 고점에서 따라 들어간 투자자는 큰 손실을 입었을 것입니다.

　이런 현상은 가격 제한폭이 없는 미국 주식 시장에서 자주 나타납니다. 주가가 바닥에서 양봉이 나온 것 자체는 긍정적인 신호이지만, 변동성이 크기 때문에 신중하게 접근해야 합니다. 특히 미국 주식은 상한가, 하한가 제한이 없어 급등락이 심한 종목이 많습니다. 따라서 급등락하는 종목은 무조건 따라가는 것이 아니라, 신중하게 투자 전략을 세워야 합니다.

차트 3

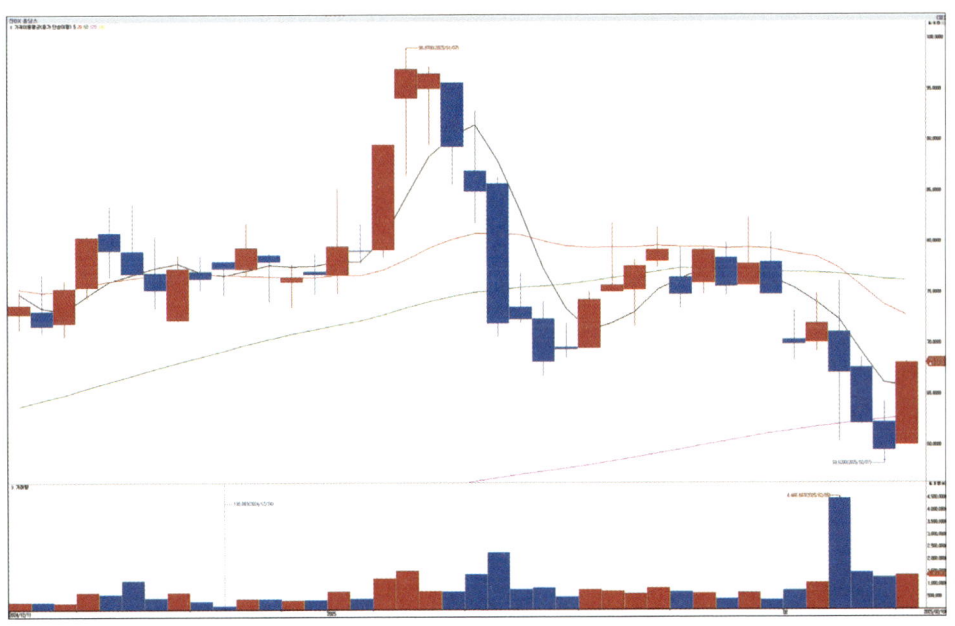

　차트에서 장대양봉만 있다면 얼마나 좋을까요? 그렇다면 굳이 로또를 살 필요도 없겠지요. 하지만 현실은 그렇지 않습니다. 때때로 강한 장대음봉이 등장하며 투자자들을 괴롭힙니다. 음봉은 길면 길수록 손실도 커집니다. 평소에는 교촌 치킨 한 마리도 비싸다고 고민하지만, 주식을 잘못 사서 장대음봉이 나오면 순식간에 수백, 수천 달러가 빠져나갑니다.

주식 투자에서 가장 중요한 것은 양봉을 잡는 것이지만, 그만큼 중요한 것이 음봉을 피하는 것입니다. 매수한 종목이 음봉으로 전환될 수도 있는데, 빠르게 대응해야 합니다. 특히 장대음봉이 나올 때까지 물량을 끝까지 끌고 가는 실수는 절대 해서는 안 됩니다. 빠른 손절과 대응이 장기적으로 계좌를 지키는 핵심 전략이 됩니다.

차트 4

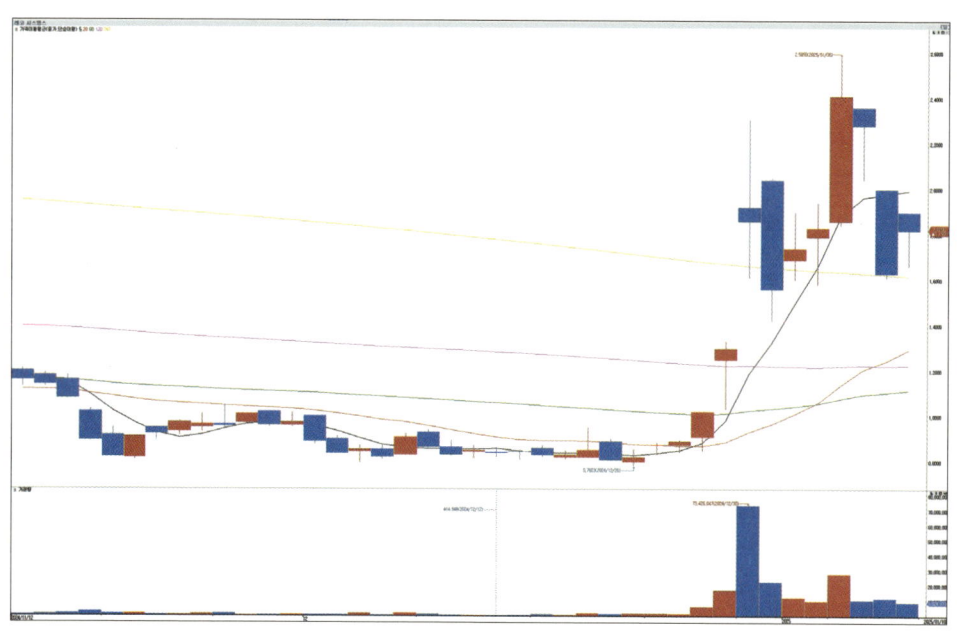

가격 제한폭이 없는 미국 주식은 주가 변동이 크고, 그로 인해 위아래 꼬리가 긴 캔들이 자주 발생합니다.

· **밑꼬리**: 주가가 하락했지만 다시 끌어올려진 모습 → 긍정적인 신호

• 윗꼬리: 매물이 많아 주가가 눌린 모습 → 주의가 필요

특히 주가가 이미 상승한 후 고점에서 길게 달린 윗꼬리 캔들은 매물 출회의 신호일 가능성이 높으므로 각별한 주의가 필요합니다.

📊 **차트 5**

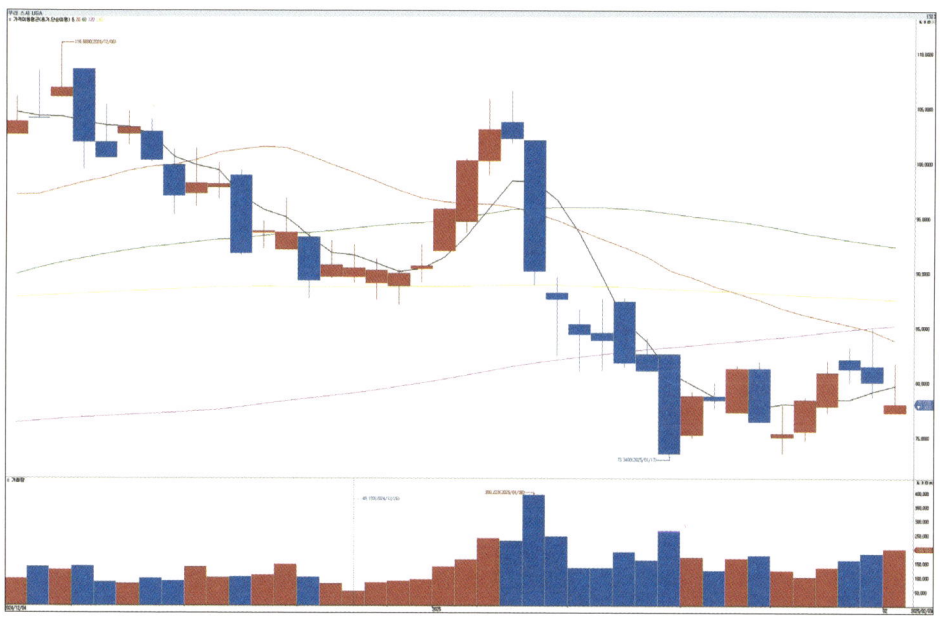

주가가 급락하며 장대음봉이 나온 종목은 이후에도 추가 하락할 가능성이 큽니다. 대부분의 장대음봉은 악재로 인해 발생하며, 동작이 빠른 투자자들은 첫날 바로 매도합니다.

하지만 예상치 못한 손실을 본 투자자들은 망설이다가, 다음 날부터 본격적으로 손절을 시작하는 경우가 많습니다. 악재는 하루 만에 끝나지 않는 경우가 많으므로, 그 여파가 완전히 사라질 때까지 주가는 지속적으로 하락할 가능성

이 높습니다. 따라서, 급락한 종목을 섣불리 매수하는 것은 매우 위험한 전략이 될 수 있습니다.

📊 **차트 6**

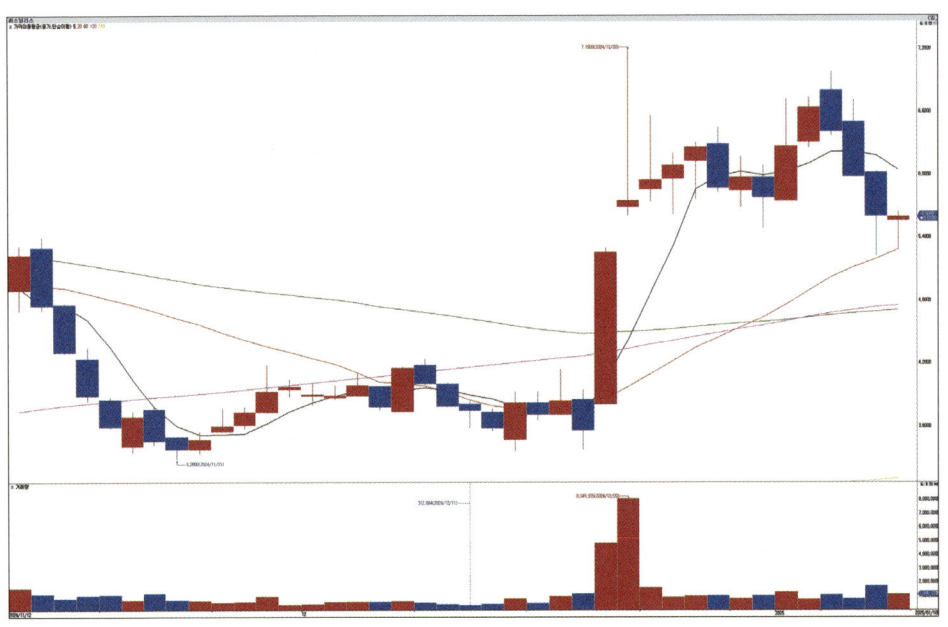

주식 차트에서 장대양봉은 강력한 상승 신호입니다. 잡기만 하면 계좌에 달러가 쏟아지는 순간이 될 수도 있죠. 그러나 장대양봉만 맹신해서는 안 됩니다.

- **첫 번째 장대양봉**: 저점에서 처음 발생 → 긍정적 신호
- **두 번째 장대양봉**: 장중에는 강한 상승이었지만, 윗꼬리가 길어지면서 매물이 출회됨 → 고점에서 매수한 투자자는 손실 가능성

결국, 장대양봉은 매수를 하고 수익을 실현해야 의미가 있는 것이지, 이미

장대양봉이 나온 후 무작정 따라 매수하는 것은 위험할 수 있습니다.

📊 **차트 7**

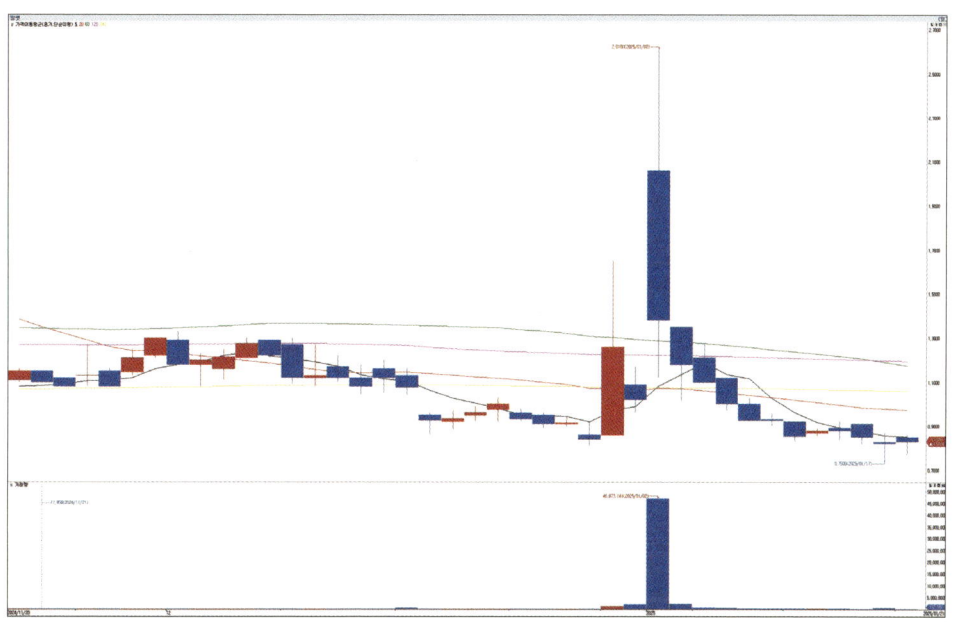

장대음봉은 반드시 피해야 할 위험 신호입니다. 특히 윗꼬리가 달린 장대음봉이라면 더욱 주의해야 합니다. 장중에는 강한 상승으로 보였지만, 결국 매물이 쏟아지며 급락한 것이기 때문입니다. 장중에 상승을 보고 따라 들어간 투자자는 큰 손실을 입을 가능성이 큽니다.

이러한 상황에서 중요한 것은 대응 전략입니다. 주가가 밀리기 시작하면 즉시 손절하는 것이 현명한 판단이며, 끝까지 버티다가는 계좌가 회복 불가능한 상태가 될 수도 있습니다. 장대음봉은 달러 박스가 아니라 '달러 삭제기'가 될 수 있습니다. 따라서 음봉이 예상되는 흐름에서는 빠르게 회피하는 것이 최선의 전략입니다.

이동평균선 배우기

① 이동평균선

　이동평균선은 주식 시장에서 주가의 평균값을 일정 기간 동안 계산하여 이를 그래프에 선 형태로 나타낸 것입니다. 이 기술적 지표는 주가의 변동성을 줄이고, 보다 명확한 추세를 파악하는 데 큰 도움을 줍니다. 일반적으로 사용되는 이동평균선의 기간에는 5일, 10일, 20일, 60일, 120일, 240일 등이 있으며, 각 이동평균선은 특정 기간 동안의 주가 흐름을 반영하여 그 기간의 평균적인 흐름을 보여줍니다. 예를 들어, 5일 이동평균선은 최근 일주일간의 거래일 수를 반영하여 단기적인 가격 변동을 보여주고, 20일 이동평균선은 1개월간의 거래일 수를 반영하여 보다 안정적인 중기적 관점을 제공합니다. 60일 이동평균선은 3개월, 120일 이동평균선은 6개월, 그리고 240일 이동평균선은 1년 동안의 평균 주가를 나타내며, 이처럼 기간에 따라 주가의 흐름을 다양한 시각에서 분석할 수 있습니다.

　이동평균선은 보통 5일선, 20일선, 60일선 등으로 간단히 표현되며, 5일선은 가장 빠르게 반응하기 때문에 단기 매매에 적합한 지표로 분류됩니다. 반면, 20일선은 이동평균선의 중심 역할을 하여 '생명선'이라고도 불리며, 시장의 중간 흐름을 나타냅니다. 60일선과 120일선은 중기선으로 분류되어 중장기 투자자들이 주로 활용하며, 240일선은 장기선으로 장기 투자자에게 중요한 지표가 됩니다.

단기 매매를 할 때는 5일선과 20일선을 가장 중요하게 고려하는 것이 일반적이며, 이는 빠른 매매 결정을 내리는 데 필수적입니다. 반면, 장기 투자자들은 주로 60일선, 120일선, 240일선을 활용하여 보다 안정적이고 지속적인 투자 결정을 내리는 경향이 있습니다. 이동평균선은 주가의 추세를 명확히 파악하고, 매매 결정을 내리는 데 중요한 도구로 작용하여 투자자들이 시장의 흐름을 이해하고, 전략적으로 접근하는 데 큰 도움이 됩니다. 이를 통해 투자자들은 보다 합리적이고 데이터에 기반한 결정을 내릴 수 있습니다.

차트 1

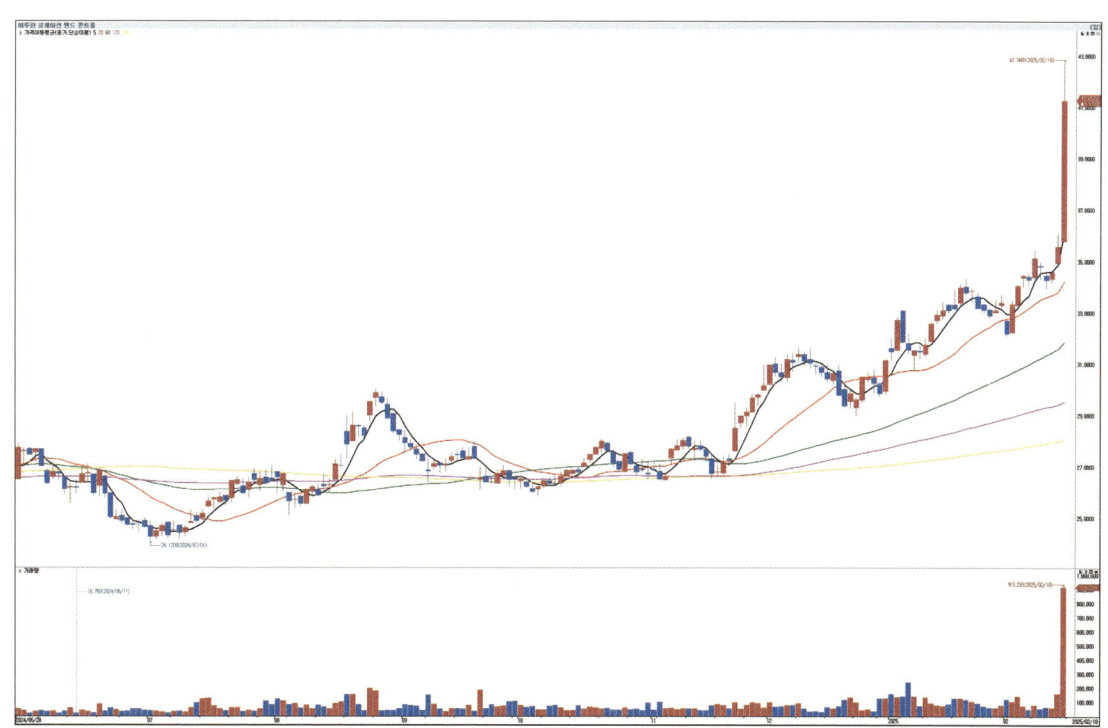

차트에 보이는 이동평균선은 각각의 설정에 따라 기간이 정해지며, 이 이동

평균선들은 각기 다른 의미를 지닙니다. 투자자들은 이 선들을 통해 주가의 흐름과 추세를 분석하고, 매매 결정을 내리는 데 도움을 받을 수 있습니다.

이동평균선의 색깔은 대부분의 HTS(홈 트레이딩 시스템)에서 사용자 설정이 가능하여, 각 투자자가 선호하는 방식으로 차트를 꾸밀 수 있습니다. 예를 들어, 단기 이동평균선인 5일선은 빨간색으로 설정하고, 중기 이동평균선인 20일선은 파란색으로 설정하는 식으로, 각 선의 특성을 시각적으로 구분할 수 있습니다.

각각의 이동평균선은 특정 기간의 주가 변동을 부드럽게 나타내며, 이를 통해 시장의 추세를 파악할 수 있습니다. 5일선은 빠른 반응을 보여 단기적인 매매 신호를 제공하며, 20일선은 상대적으로 안정적인 흐름을 나타내어 중기적 관점에서의 매매 전략 수립에 도움을 줍니다. 60일선, 120일선, 240일선은 각각 중기 및 장기 투자자에게 중요한 지표로 작용하여, 시장의 전반적인 방향성을 이해하는 데 중요한 역할을 합니다.

이동평균선의 교차 또한 중요한 신호로 작용합니다. 예를 들어, 단기선이 중기선을 상향 돌파할 경우 이는 매수 신호로 해석될 수 있으며, 반대로 단기선이 중기선을 하향 돌파할 경우 매도 신호로 해석될 수 있습니다. 이러한 교차점은 주가의 추세 변화를 시사하는 중요한 지표가 됩니다.

이동평균선은 차트를 분석하는 데 있어 핵심적인 도구로 작용하며, 각 선의 의미와 특성을 잘 이해하고 활용한다면 보다 효과적인 매매 전략을 수립할 수 있습니다. 따라서 투자자들은 이동평균선을 잘 활용하여 시장의 흐름을 파악하고, 성공적인 투자를 할 수 있도록 노력해야 합니다.

② 5일 이동평균선

📊 **차트 2**

　5일 이동평균선, 줄여서 '5일선'이라 불리는 이 지표는 최근 일주일간의 거래일 수를 평균하여 산출됩니다. 주식 시장은 주로 5일 동안 열리기 때문에, 5일선은 주식 보유자들의 평균 단가를 반영하고 있습니다. 즉, 최근 5일 동안 주식을 보유했던 투자자들의 평균 투자 비용을 나타내는 것입니다. 이를 통해 우리는 단기적으로 이 종목을 보유한 투자자들의 심리 상태를 파악할 수 있습니다.

　만약 최근 5일 동안 주가가 상승세를 보였다면, 5일선은 상향으로 전환될 것입니다. 이 경우, 해당 종목을 보유하고 있는 투자자들은 수익을 내고 있어 기분이 좋을 것입니다. 반대로, 주가가 하락했다면 5일선은 하향으로 움직이게 되고, 이 경우 투자자들은 손실을 경험하면서 불안한 마음을 가질 가능성이 높습니다. 주가가 상승하면 투자자들의 매수세가 몰리고, 하락할 경우 매도 물량이 쏟아지는 경향이 있습니다.

5일선이 상향으로 전환되면 주가가 추가적으로 상승할 가능성이 높고, 반대로 하향으로 전환되면 추가적인 하락이 우려됩니다. 이는 5일선이 단기적인 시세 파동을 예측할 때 중요함을 의미합니다. 5일선이 상승하는 경우, 매수세가 몰리며 추가 상승을 기대하게 되고, 하향하는 경우에는 투자자들이 관망세를 보이며 추가 하락을 우려하게 됩니다.

따라서, 5일선의 방향은 단기 추세를 결정짓는 중요한 요소로 작용합니다. 5일선이 상승세를 보이면 단기 투자자들에게 긍정적인 신호로 작용하고, 하락세를 보이면 부정적인 신호로 작용하여 투자자들이 주의 깊게 시장을 관찰하도록 유도합니다. 이러한 이유로 5일선은 단기 투자자들에게 매우 중요한 나침반과 같은 역할을 하며, 주식 시장에서의 매매 전략 수립에 큰 도움을 줍니다.

③ 20일 이동평균선

📊 **차트 3**

    1개월간의 평균 가격인 20일선은 생명선, 또는 추세선이라 부릅니다. 20일선은 한 달 거래일 수를 평균한 값이며 심리적인 면에서 볼 때 1개월간 투자자의 심리 상태를 볼 수 있습니다.

    20일선의 기울기는 중기 추세를 판단하는 데 있어 매우 중요한 지표가 됩니다. 20일선이 상향으로 기울어져 있다면, 이는 추가적인 상승 가능성이 남아 있다는 신호로 해석될 수 있습니다. 이 경우, 투자자들은 저점에서 조금 상승한 주가에 대해 매수 관점을 가질 수 있으며, 이는 긍정적인 시장 분위기를 반영합니다.

반면, 20일선이 하향으로 기울어져 있다면, 이는 매도세가 우위에 있다는 신호로 작용합니다. 이럴 경우, 투자자들은 매매를 관망하는 경향이 있으며, 추가 하락에 대한 우려가 커지게 됩니다. 따라서 20일선의 방향성과 기울기는 투자자들의 매매 결정을 크게 좌우하게 됩니다.

이처럼 20일선은 단순한 가격 평균을 넘어서, 투자자들의 심리와 시장의 전반적인 흐름을 이해하는 데 중요한 역할을 합니다. 중기적인 관점에서 20일선을 활용하면, 주식의 추세를 파악하고 보다 전략적인 투자 결정을 내리는 데 도움을 받을 수 있습니다.

④ 60일 이동평균선

📊 차트 4

    60일 이동평균선은 3개월간의 주가 평균 가격을 나타내며, '수급선'이라고도 불립니다. 이는 기업의 실적 발표 주기와 밀접한 관련이 있기 때문입니다. 대부분의 기업은 3개월마다 실적을 발표하고, 이 실적에 따라 기관 투자자나 외국인 투자자들이 매수 또는 매도 결정을 내립니다.

    실적 발표 후 긍정적인 결과가 나온다면, 투자자들은 해당 기업의 미래 성장 가능성을 높게 평가하게 되어 매수세가 몰리게 됩니다. 반대로 실적이 부정적이거나 다음 분기 실적에 대한 전망이 좋지 않다면, 매도세가 우세하게 됩니다. 이러한 투자자들의 심리는 60일선의 기울기에 직접적인 영향을 미치게 됩니다. 긍정적인 전망이 우세하면 60일선은 상향으로 전환되고, 부정적인 전망이 우세하면 매수세가 빠져나가면서 60일선은 하향으로 전환됩니다.

따라서 60일선은 수급 동향을 나타내며, 중기적인 주가 추세를 예측하는 데 중요한 역할을 합니다. 기술적 분석을 주로 하는 투자자들은 60일선의 방향성을 통해 매매 결정을 내릴 수 있습니다. 60일선이 상향으로 움직인다면 매수 신호로 해석하고, 하향으로 움직인다면 매도 신호로 해석할 수 있습니다.

이처럼 60일선은 복잡하게 기업 분석을 하지 않고도 주가를 분석할 수 있는 효율적인 도구로 작용합니다. 매수세가 강해지면 60일선은 상승세를 보이고, 매도세가 우세하면 하락세를 보이는 경향이 있어, 투자자들은 이 지표를 통해 보다 간편하게 시장의 흐름을 이해하고 대응할 수 있습니다.

⑤ 120일 이동평균선

📊 **차트 5**

120일 이동평균선은 중기선으로 분류되며 '경기선'이라고도 불립니다. 이는 60일선과 마찬가지로 기업들의 반기 결산과 밀접한 관련이 있습니다. 기업들은 6개월마다 실적 발표와 함께 반기 결산을 진행하므로, 120일선은 중장기적인 자금 유입을 결정짓는 중요한 지표가 됩니다.

120일선의 위치는 투자자들에게 중요한 신호를 제공합니다. 주가가 120일선을 하향 이탈할 경우, 이는 메이저 투자자들이 해당 기업에 대해 부정적으로 전망하고 있다는 신호로 해석됩니다. 이 경우, 많은 투자자들은 매도하거나 관망하는 경향을 보이게 됩니다. 중장기 자금 투자자들은 기업 실적의 개선이 최소 6개월 이상 걸릴 것으로 판단하기 때문입니다.

반대로, 주가가 120일선 위에 위치한다면 이는 기업이 지속적으로 성장하고 있거나, 최근 실적이 좋지 않았더라도 향후 실적 개선 가능성이 있다고 판단하는 신호로 해석됩니다. 이런 상황에서는 중장기 투자자들이 긍정적인 시각을 가지고 추가적인 매수를 고려할 수 있습니다.

⑥ 이동평균선 활용법

이동평균선은 주식이나 금융 자산의 가격 변동을 분석하는 데 매우 유용한 도구입니다. 이 선은 일정 기간 동안의 가격 평균을 계산하여 시장의 전반적인 추세를 파악하는 데 도움을 줍니다. 그러나 이동평균선의 해석은 각각의 위치에 따라 다르게 나타나며, 이는 투자 결정을 내리는 데 중요하게 작용합니다.

특히 서로 다른 이동평균선들이 어떻게 배열되어 있는지에 따라 투자자의 판단이 크게 달라질 수 있습니다. 예를 들어, 단기 이동평균선이 장기 이동평균선 위에 위치할 경우, 이는 상승세를 나타내며 매수 신호로 해석될 수 있습니다. 반대로, 단기 이동평균선이 장기 이동평균선 아래에 위치하면 하락세를 의미하며, 이때는 매도 신호로 간주할 수 있습니다.

이러한 이동평균선의 방향 또한 중요합니다. 상승하는 이동평균선은 강한 매수 신호를 나타내고, 반대로 하락하는 이동평균선은 매도 신호로 해석됩니다. 따라서 투자자는 이동평균선의 위치와 방향을 면밀히 분석하여 시장의 추세를 읽고, 그에 따라 적절한 투자 전략을 수립해야 합니다.

⑦ 이동평균선 밀집

차트 분석에서 가장 중요하게 생각하는 요소 중 하나가 바로 이평선 밀집입니다. 이평선이 밀집했다는 것은 과연 어떤 의미를 내포하고 있을까요? 이평선 각각은 투자자들이 특정 주식에 대해 평균적으로 지불한 단가를 나타내며, 이는 시장에서의 투자 심리를 반영하는 중요한 지표입니다. 이평선이 밀집해 있다는 것은 최근에 많은 투자자들이 유사한 가격대에서 주식을 보유하고 있다는 것을 의미합니다.

즉, 이평선 주변에서 거래되는 주가가 일정 범위 내에서 유지되고 있다는 뜻인데, 이는 투자자들 사이에 가격에 대한 공감대가 형성되었음을 나타냅니다. 이처럼 비슷한 가격에 주식을 보유하고 있는 상태에서는 이익을 보고 있는 투자자도, 손실을 보고 있는 투자자도 없는 중립적인 상황이 됩니다. 이로 인해, 수익을 원하는 에너지가 응집된 상태가 형성되며, 이는 결국 상승세로 전환될 가능성을 높입니다.

따라서, 이평선이 밀집한 종목은 종종 강한 상승세로 이어지며, 급등하는 종목이 탄생하는 경우가 많습니다. 기술적 분석에서는 이평선 밀집 종목을 폭발 전의 에너지가 응집된 것으로 간주합니다. 이러한 분석을 통해 투자자는 향후 주가 상승의 기회를 포착할 수 있으며, 효과적인 투자 전략을 세울 수 있습니다. 이처럼 이평선 밀집은 단순한 차트 패턴 이상의 의미를 지니며, 투자자들에게 매우 중요한 참고 자료가 됩니다.

차트 6

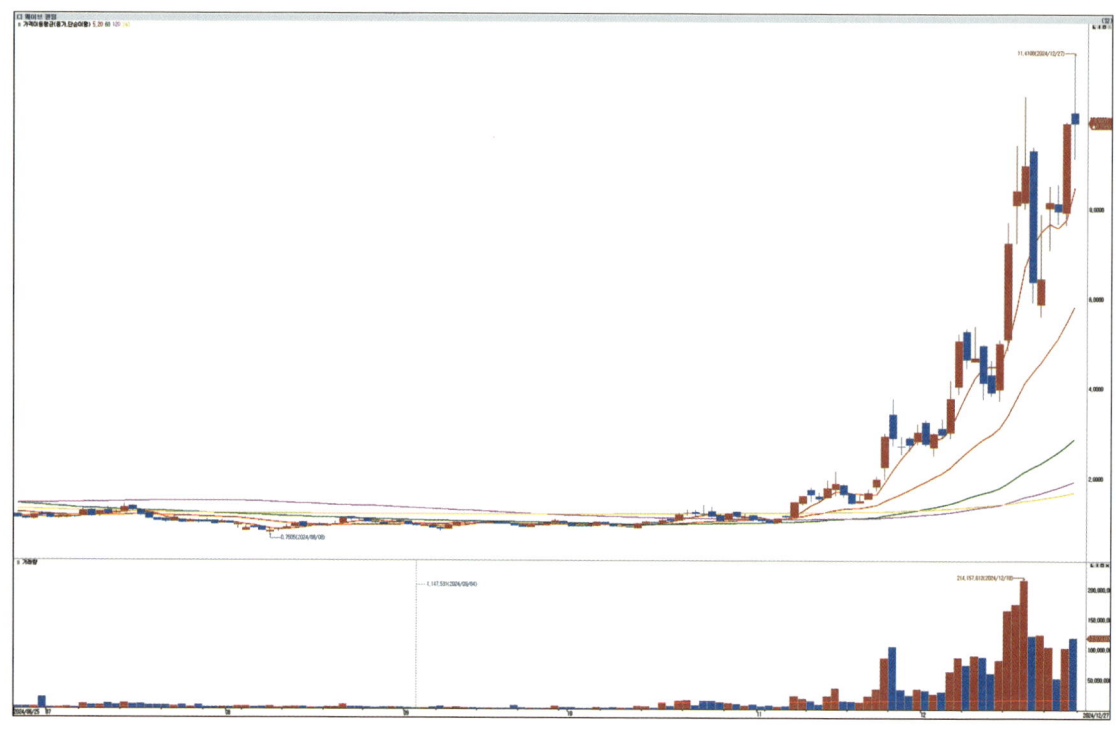

　장기간의 이평선 밀집 후 주가가 폭등하는 모습을 종종 볼 수 있습니다. 이 종목은 주가가 오랜 기간 비슷한 가격대에서 움직이며 이평선이 밀집하는 현상을 보였습니다. 이평선이 오랫동안 밀집하게 되면, 그만큼 에너지가 크게 응집되어 있는 상태가 형성됩니다. 마치 도화선에 불이 붙으면 폭발하는 것처럼, 이러한 응집된 에너지가 특정한 계기로 인해 한순간에 방출될 수 있습니다.

　실제로 이 종목 역시 장기간의 이평선 밀집 후 주가가 폭등했습니다. 이 종목을 보유하고 있던 투자자들은 엄청난 시세 차익을 얻을 수 있었을 것입니다. 이러한 종목을 잘 포착하기만 해도 큰 수익을 올릴 가능성이 있으며, 이는 주식 투자에서 매우 중요한 전략이 될 수 있습니다.

결국, 주식 투자는 생각보다 어렵지 않을 수 있습니다. 이평선 밀집 현상을 이해하고 이를 통해 주가의 향후 움직임을 예측할 수 있다면, 투자자들은 유망한 종목을 찾아낼 기회를 가질 수 있습니다. 따라서, 차트 분석과 같은 기본적인 기법을 잘 활용하는 것이 성공적인 투자로 이어질 수 있는 중요한 열쇠가 됩니다.

⑧ 정배열

기술적 분석에서 중요한 요소 중 하나가 바로 정배열입니다. 정배열이란 무거운 이동평균선이 아래쪽에 위치하고, 가벼운 이동평균선이 위쪽에 나열되어 있는 상태를 의미합니다. 예를 들어, 120일 이동평균선이 가장 아래에 위치하고, 그다음으로 60일선, 20일선, 그리고 가장 위에 5일선이 배치되어 있는 모습을 말합니다.

이러한 정배열이 중요한 이유는 주가가 매물이 없음을 나타내기 때문입니다. 즉, 주가가 이러한 배열을 하고 있다는 것은 매도 압력이 낮고, 따라서 주가가 가벼운 상태라는 것을 의미합니다. 매물이 존재하지 않기 때문에 주가는 쉽게 상승할 수 있는 여지를 가지고 있습니다. 이는 투자자들에게 긍정적인 신호로 작용할 수 있으며, 주가의 상승 가능성을 높이는 요소로 작용합니다.

정배열 종목을 찾아 매매 종목으로 삼는 경우도 많습니다. 이러한 종목들은 기술적 분석에 의해 매수 신호로 해석될 수 있으며, 투자자들은 이러한 패턴을 활용하여 효과적인 거래 결정을 내릴 수 있습니다. 정배열은 주가 상승의 기초가 되는 구조적 요소로, 이를 파악하는 것은 성공적인 투자 전략을 세우는 데 매우 중요합니다. 정배열은 기술적 분석에서 주가가 상승할 가능성을 나타내는 중요한 지표이며, 이를 활용하여 매매 전략을 수립하는 것은 투자자에게 큰 도움이 될 수 있습니다.

📊 **차트 7**

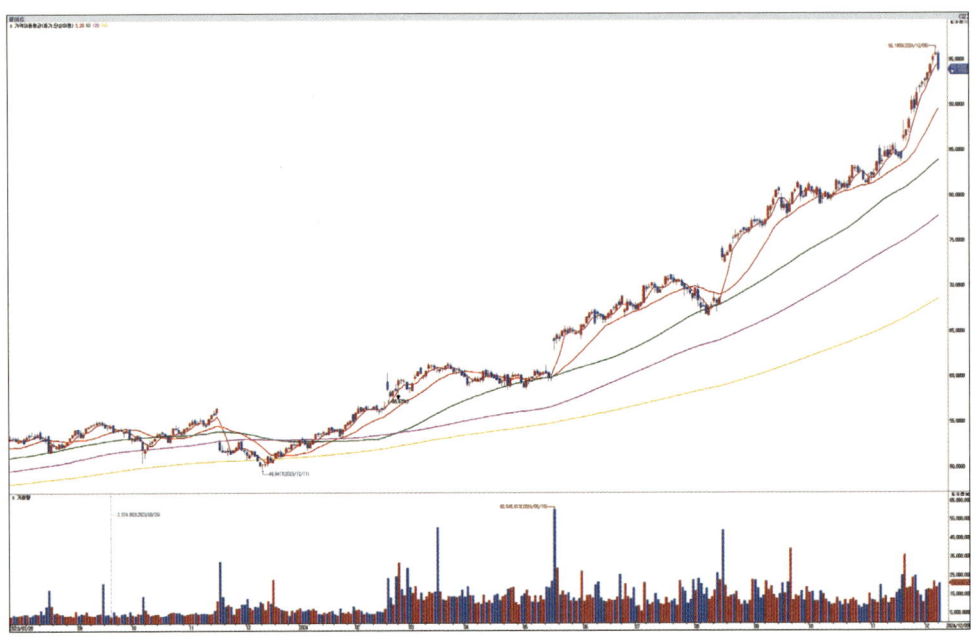

　차트가 밀집된 후 상승으로 전환되면서 이평선들이 위로 펼쳐지고 있습니다. 처음 보는 사람은 마치 여러 색깔의 선들이 위로 그려져 있는 것처럼 보일 수 있지만, 주식을 아는 투자자라면 이 차트를 보고 깜짝 놀랄 것입니다.

　이 주식을 보유한 투자자는 이제 부자가 되어 계좌에 달러가 넘쳐날 것입니다. 반면, 이 종목을 놓친 투자자는 '왜 이 기회를 놓쳤을까' 하고 후회할지도 모릅니다.

　이 차트는 당신을 부자로 만들어줄 가능성이 큽니다. 그런 기회를 그냥 지나친다는 것은 정말 말이 되지 않습니다. 꼭 연구하고 공부한 후, 반드시 이런 기회를 잡으세요.

⑨ 역배열

역배열은 정배열과는 반대입니다. 역배열은 무거운 장기 이동평균선이 맨 위에 위치하고, 그 아래에 중기선과 단기선이 반대로 배열된 상태를 의미합니다. 이러한 배열은 주가가 대세적인 하락세를 겪고 있을 때 자주 나타납니다.

역배열은 이평선마다 매물이 쌓여 있는 모습을 보여주기 때문에, 호재가 발생하거나 매물이 더 이상 쏟아지지 않을 때까지 역배열 상태에서 벗어나기 어렵습니다. 즉, 주가가 하락세를 지속하는 동안 매도 압력이 강하게 작용하게 되며, 이는 무거운 하락 흐름을 나타냅니다.

따라서, 역배열 상태에 있는 종목은 매매를 해서는 안 됩니다. 이러한 종목은 투자자들에게 위험 신호로 작용할 수 있으며, 하락세가 지속될 가능성이 높으므로 신중한 접근이 필요합니다. 역배열 패턴을 인지하고 이를 피하는 것은 성공적인 투자 전략을 세우는 데 중요한 요소입니다.

📊 **차트 8**

이 종목을 보유하고 있는 투자자는 아마 고통의 시간을 보내고, 방구석에 소주병이 굴러다닐 수도 있습니다.

역배열 종목을 보유한다는 것은 사실상 지옥문 앞에 서 있는 것과 같다는 의미입니다. 주식 투자에서는 정배열 종목만을 사랑해야 하며, 역배열까지 사랑한다면 그건 결국 잘못된 선택이 될 수 있습니다.

역배열 종목은 주식 투자에서 절대 피해야 하는 종목입니다. 만약 내가 매수한 종목이 역배열로 향하고 있다면, 그때는 즉시 매도하고 다음 기회를 준비하는 것이 현명한 대응입니다.

거래량

차트 1

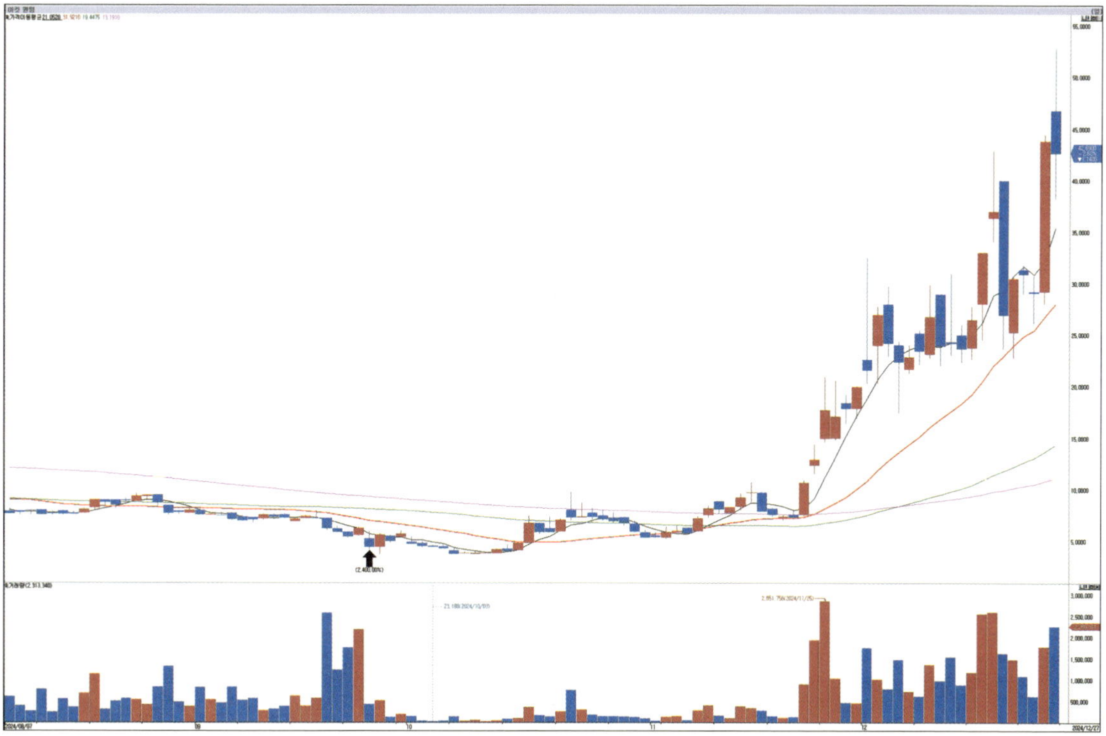

거래량은 주식 시장에서 매우 중요한 지표로, 주가의 움직임을 분석하는 데 필수적인 요소입니다. 상장 종목의 발행주식 수는 대주주, 기관 투자자, 개인

투자자 등 다양한 주체가 보유하고 있는 주식의 총합을 나타냅니다. 예를 들어, 1,000만 주가 발행된 주식이라도 하루에 거래되는 주식 수는 10만 주에서 2,000만 주까지 다양할 수 있습니다. 이처럼 거래량은 발행주식 수와 상관없이 실제로 거래된 물량만을 차트에 표시하는 것입니다.

주식의 거래량은 시장의 관심과 매수세, 매도세의 강도를 나타내므로 시장의 움직임을 파악하는 데 중요한 역할을 합니다. 만약 매수세가 많다면 주가는 상승하고, 반대로 매도세가 많다면 주가는 하락할 것입니다. 특히 양측의 공방이 치열할수록 거래량은 증가하게 됩니다. 이는 해당 종목에 대한 투자자들의 관심이 높다는 신호입니다.

예를 들어, 발행주식이 1,000만 주인 종목의 거래량이 하루에 10만 주도 안 된다면, 이는 투자자들의 관심에서 벗어난 종목으로 볼 수 있습니다. 반면, 100만 주가 발행된 종목이 하루에 100만 주에 육박하는 거래량을 기록한다면, 이는 많은 투자자들이 해당 종목에 관심이 있다는 것을 의미합니다.

거래량은 특정 종목의 관심도와 매수·매도 세력을 파악하는 데 중요한 지표입니다. 하지만 어느 정도의 거래량이 많다고 표현할 수 있는지는 종목마다 발행주식 수와 평균 거래량이 다르기에 일률적으로 정의하기 어렵습니다. 투자자들은 이러한 거래량 데이터를 분석하여 보다 나은 투자 결정을 내릴 수 있습니다.

하루 거래량은 일반적으로 비슷한 패턴을 보일 수 있지만, 특정 상황에 따라 갑자기 폭증하거나 감소할 수 있습니다. 이러한 거래량의 변동은 해당 종목의 당일 뉴스, 이벤트, 또는 시장의 전반적인 흐름에 따라 달라집니다. 거래량이 급증한 후 다시 평균 수준으로 돌아가는 경우도 흔히 발생하며, 이는 투자자들의 심리와 시장의 반응을 반영합니다.

"주가는 속여도 거래량은 속이지 못한다"라는 말은 선도 세력이 주식을 매집할 때 주가를 올리지 않고도 물량을 쌓을 수 있다는 점을 강조합니다. 이들은 주가를 횡보시키면서 매집을 진행할 수 있지만, 거래가 이루어져야 하므로 거래량은 증가하게 됩니다. 따라서 주가가 안정적으로 유지되더라도 거래량의 증가가 관찰된다면, 이는 주식의 매집이 진행되고 있다는 신호일 수 있습니다. 이러한 상황을 주의 깊게 살펴보는 투자자들이 많습니다.

초보 투자자들은 종종 주가의 움직임에만 집중하는 경향이 있지만, 경험이 풍부한 투자자들은 거래량을 포함하여 차트를 종합적으로 분석합니다. 거래량은 주가의 방향성과 강도를 확인하는 데 중요한 역할을 하기 때문입니다.

또한, 거래량은 위치에 따라 다르게 해석될 수 있습니다. 예를 들어, 주가 바닥에서 대량 거래가 발생하면 이는 상승 신호로 해석될 수 있습니다. 반면, 주가 고점에서 대량 거래가 발생하면 이는 매도 신호로 읽혀야 합니다. 이는 저가에서 매집한 세력이 이제는 물량을 정리하려는 의도로 볼 수 있습니다.

거래량은 투자자들의 유입과 이탈을 나타내는 중요한 지표입니다. 거래량을 분석함으로써 주가의 흐름을 보다 잘 이해하고, 시장의 움직임을 예측하는 데 도움이 됩니다. 따라서 투자자들은 주가와 함께 거래량을 면밀히 분석하여 전략적인 투자 결정을 내릴 수 있습니다.

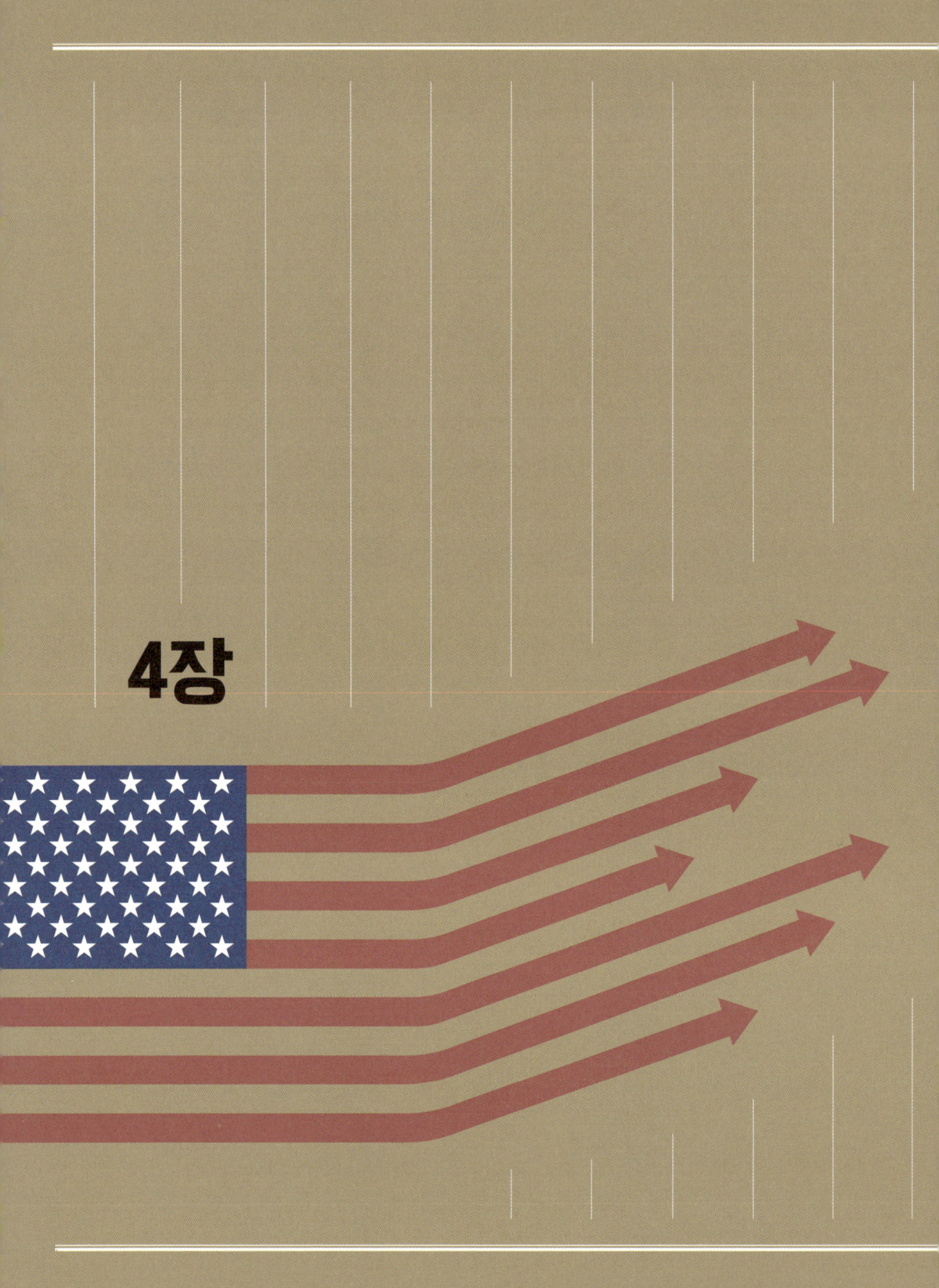

4장

미국 주식 급등주 타점 분석법

많은 투자자들이 차트를 공부할 때 흔히 하는 실수가 있습니다. 바로 주가가 이미 상승한 후에야 매수 지점을 찾는 것이죠. 하지만 이미 급등한 차트를 보고 "여기서 샀으면 대박이었겠네"라고 생각하는 것은 아무 의미가 없습니다. 중요한 것은 그 상승이 시작되기 전, 차트가 어떤 신호를 보였는지를 파악하는 것입니다.

　사실 차트를 매수 타점으로 되돌려서 보면, 같은 종목이라도 전혀 다른 모습으로 보일 때가 많습니다. 이미 급등한 후의 차트는 명확해 보이지만, 실제 투자 상황에서는 불확실한 요소들이 많기 때문입니다. 따라서 상승 이후 차트만 보고 매매 전략을 짜는 것은 실전 매매에서 크게 도움이 되지 않습니다.

　상승 전에 주가를 보면서 세력의 매집 흔적, 저점에서의 거래량 변화, 박스권 돌파 시그널 등을 찾는 연습을 해야 제대로 된 공부라 할 수 있겠습니다. 또한 이런 연습을 반복하면 고점 추격 매수를 피하고, 상승 초기에 유망한 차트를 찾아 매매하는 감각을 기를 수 있습니다.

　이번 장에서는 주가가 급등하기 전에 차트가 보낸 신호들을 집중적으로 분석해보겠습니다. 과연 주가는 어떤 패턴을 만들었고, 투자자들은 어떤 타이밍에 매수해야 했을까요? 이제부터 그 답을 찾아보겠습니다.

초기 상승 시
물량 소화 음봉을 주목하라

솔리드 파워(Solid Power Inc, 티커: SLDP)는 전기차(EV) 및 기타 에너지 저장 솔루션을 위한 전고체 배터리 기술을 개발하는 미국의 선도 기업입니다. 2011년에 설립되어 콜로라도 주 루이빌에 본사를 두고 있으며, 전고체 배터리 셀과 고체 전해질 소재의 개발 및 상용화에 주력하고 있습니다.

차트 1

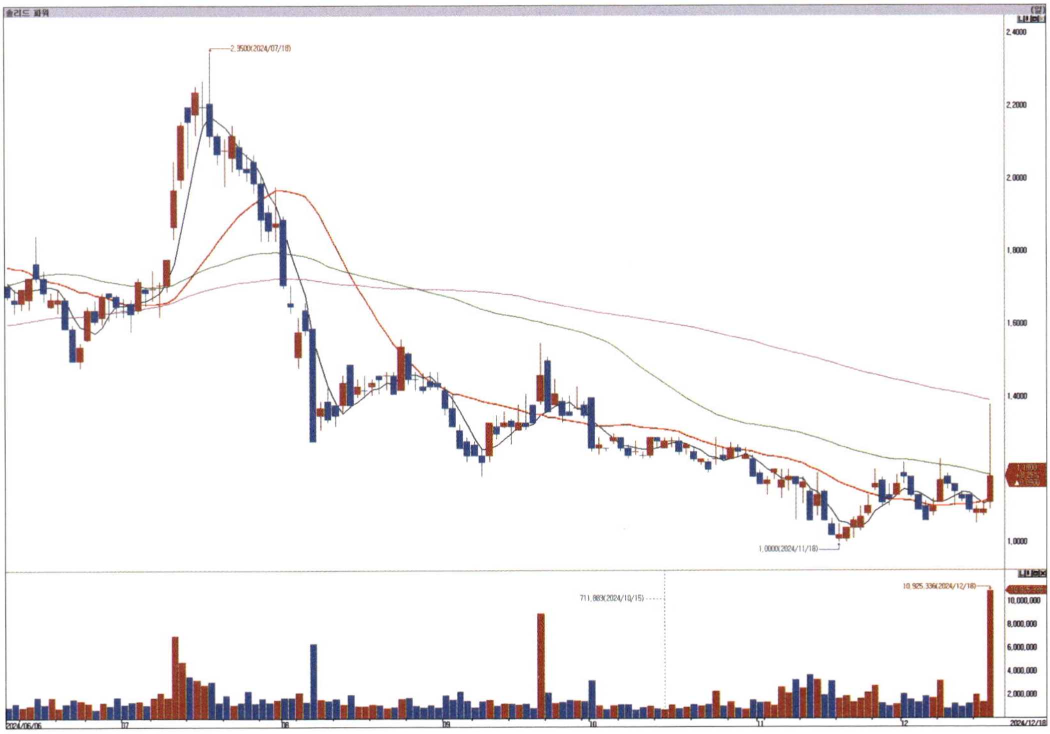

차트의 초반을 보면, 주가가 급등한 후 갑작스럽게 급락하며 하락세로 접어듭니다. 이후 5개월 동안 2.3달러에서 1달러까지 지속적으로 하락하며 결국 주가는 반토막이 났습니다.

국내 주식뿐만 아니라 미국 주식도 마찬가지로, 하락 추세에 있는 종목을 섣불리 매매해서는 안 됩니다. 하락하는 종목에서는 수익 구간을 찾기가 어렵고, 반등을 기대하며 매수하더라도 지속적인 하락으로 인해 손실을 볼 가능성이 높기 때문입니다. 따라서 차트를 분석할 때 주가가 명확한 하락 추세에 있다면 함부로 진입하지 않는 것이 중요합니다.

그러다 오늘, 이전과 비교할 수 없을 정도로 강력한 거래량이 발생했습니다. 물론, 과거에도 대량 거래와 함께 반등을 시도한 적이 있었지만, 결국 다시 하락 추세로 이어졌습니다. 하지만 이번에 나타난 대량 거래와 함께 등장한 강한 양봉은 주목할 만한 캔들입니다.

먼저, 주가는 5개월 동안 충분한 하락 조정을 거쳤고, 이번 거래량은 과거 대량 거래보다 더욱 강력하게 터졌습니다. 또한, 주가가 하락을 멈추고 바닥을 다지는 과정에서 이러한 대량 거래가 발생했다는 점도 긍정적인 요소입니다. 일반적으로 재료가 터지면 나오는 패턴으로 이러한 차트는 이후 연속적인 상승이 나타나는 경우가 많으므로, 신중하게 지켜볼 필요가 있습니다.

📊 **차트 2**

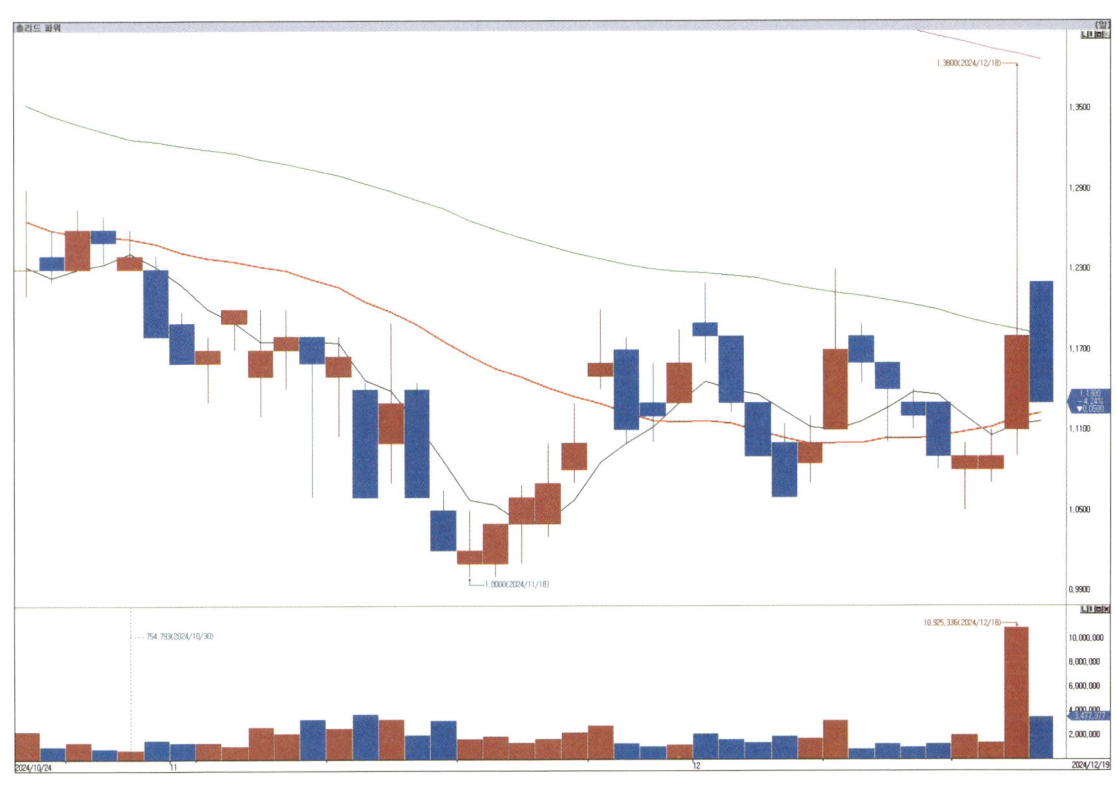

바닥권에서 대량 거래와 함께 역망치형 캔들이 나타났을 때 다음 날 윗꼬리의 매물대를 소화하고 추가 상승하는 종목이 있는 반면, 다시 하락하는 종목도 있습니다. 이 종목의 경우 갭 상승으로 출발했지만 결국 하락하면서 마감되었습니다. 단순히 차트만 놓고 본다면, 상승이 끝난 종목으로 판단할 수 있으며 굳이 관심을 가질 필요가 없는 종목처럼 보일 수도 있습니다.

그러나 5개월 동안 지속된 하락으로 인해 주가가 충분히 바닥을 형성한 상태에서 대량 거래를 동반한 장대양봉이 출현한 뒤 나온 음봉이라면, 성급히 포기하기에는 아직 이르다고 볼 수 있습니다. 우선, 거래량이 줄어들었다는 점을 눈여겨볼 필요가 있습니다. 또한, 양봉-음봉-양봉 패턴(양음양 패턴)이 나타날 가능성을 염두에 두고 접근하는 것이 중요합니다.

이러한 패턴은 보통 특정 재료(뉴스, 호재 등)에 의해 장대양봉이 발생한 후, 뒤따라 들어온 단기 투자자들을 따돌리기 위해 의도적으로 음봉이 형성되는 경우가 많습니다. 즉, 주가가 급등하자 이에 편승한 단기 매수자들이 몰려들었고, 이후 주가가 하락하면서 불안감을 느낀 투자자들이 매도하도록 유도하는 페이크 음봉이 연출된 것입니다. 이렇게 단기 매수자들의 손절 매물이 정리된 후 다시 상승하는 경우가 많으므로, 오늘 음봉이 나왔다고 섣불리 포기할 필요는 없습니다.

따라서, 내일 양봉이 나올 가능성을 염두에 두고 신중하게 대응하는 것이 바람직합니다. 하루 더 지켜보는 것은 그리 어려운 일이 아닙니다. 만약 내일 다시 거래량이 증가하며 매수세가 강하게 유입된다면 매수 기회로 삼을 수 있습니다. 반대로, 매수세가 전혀 유입되지 않고 거래량이 줄어든다면 미련 없이 포기하고 다른 종목으로 갈아타면 됩니다.

📊 **차트 3**

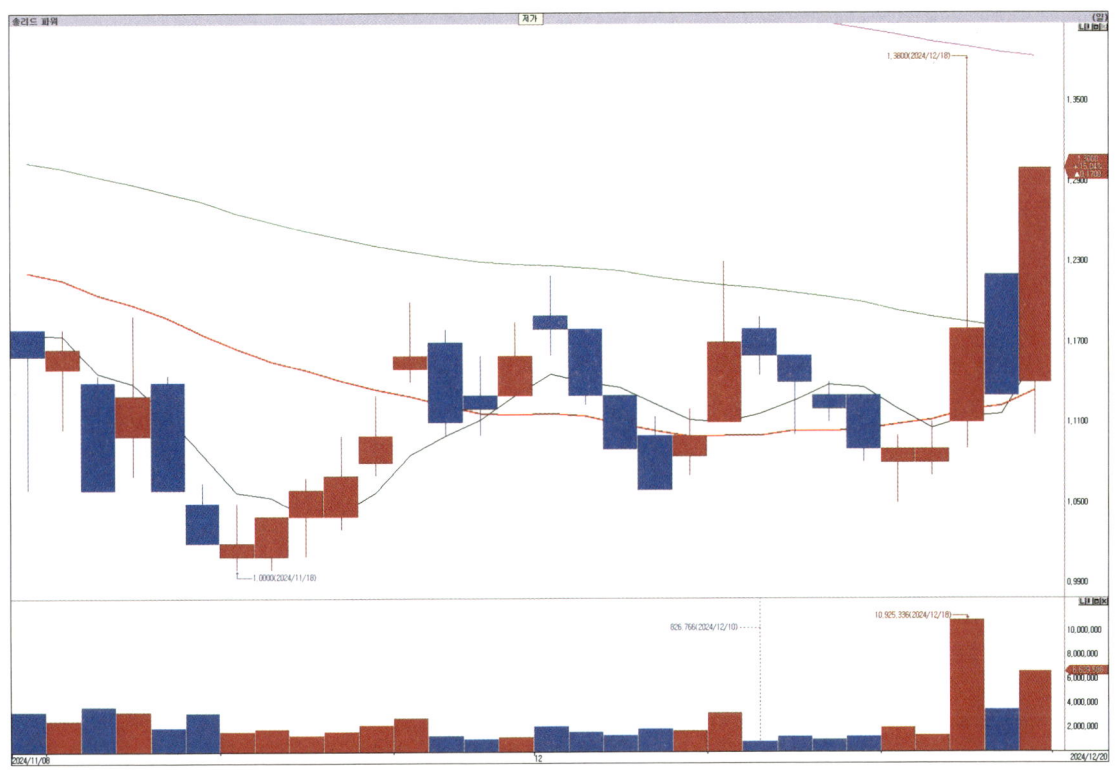

    예상대로 오늘 양봉이 형성되었습니다. 전일 시가 부근에서 상승 출발했으며, 이 과정에서 매수세가 유입되는 흐름을 확인하면서 접근했다면 충분히 공략할 수 있었을 것입니다.

    특히, 오늘의 양봉을 자세히 살펴보면 윗꼬리가 전혀 없는 형태로 마감되었습니다. 이는 첫 번째 양봉에서 형성된 윗꼬리 매물대를 극복했음을 의미하며, 추가 상승 가능성이 충분하다는 신호로 해석할 수 있습니다.

    또한, 지금까지 이 종목을 매매한 투자자들 중에서 특별히 큰 수익을 거둔 사람이 많지 않다는 점도 중요한 포인트입니다. 만약 이 종목의 재료를 미리 파악하고 선제적으로 투자한 선도 투자자가 존재한다면, 오늘의 상승만으로 주가 상승이 마무리될 가능성은 낮아 보입니다.

　더 나아가, 현재 주가 위치가 바닥권이라는 점을 고려하면 추가 상승도 충분히 기대할 수 있습니다. 여기에 강력한 재료(호재)까지 더해진다면, 더욱 큰 상승 흐름이 나올 가능성이 높아질 것입니다.

　따라서, 오늘 매수하여 이미 수익을 내신 투자자분들은 더 보유하는 전략을 고려해볼 수 있으며, 아직 매수하지 않으신 분들도 추가 상승을 기대하며 신규 매수를 검토해볼 만한 구간이라고 볼 수 있습니다.

　이 종목에서 가장 중요한 핵심 포인트는 바닥권에서 의미 있는 주가 움직임이 발생했다는 점입니다. 이 원리를 잘 이해하고 적용하신다면, 앞으로 다른 종목에서도 유사한 패턴을 보이는 좋은 투자 기회를 포착하실 수 있을 것입니다.

차트 4

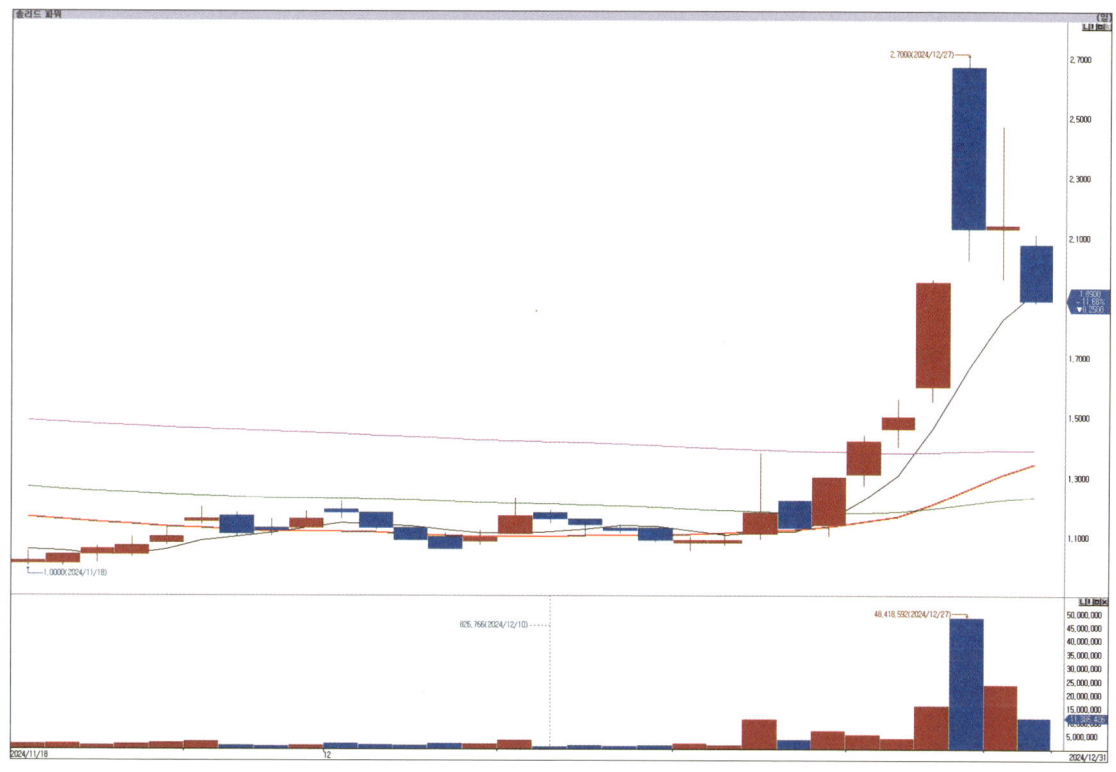

역시 예상했던 대로 주가가 강하게 급등하고 있습니다. 불과 1달러였던 주가가 2.7달러까지 상승하며 5개월 전의 주가 수준을 회복한 모습입니다. 불과 며칠 만에 원래의 주가를 되찾았지만, 그동안 이 종목을 보유했던 수많은 투자자들은 5개월 동안 고통스러운 시간을 보내야 했습니다.

항상 주의할 점은 하락 추세에 있는 종목을 매매해서는 안 됩니다. 주가가 지속적으로 하락하는 동안에는 저점이라고 판단한 종목이라도 추가 하락 가능성이 높으므로 성급하게 매수에 나서는 것은 위험합니다. 하지만 기다리다 보면 반드시 기회가 찾아오고, 그 기회를 잘 포착하면 단기간에 큰 수익을 얻을 수도 있습니다.

　수익 구간을 찾을 수 없는 하락 추세의 종목을 매매하는 것이 아니라, 수익이 날 가능성이 높은 종목을 찾아서 단기적으로 공략하는 것이 성공적인 투자로 가는 지름길입니다. 무조건 바닥에서 매수하려 하기보다는, 상승이 확인된 후 전략적으로 접근하는 것이 훨씬 안전하고 효율적입니다.

　이번 종목 역시 초기 매수를 하지 못했다고 하더라도, 첫 번째 양봉의 윗꼬리를 돌파하는 시점에서 매수에 나설 수 있었습니다. 즉, 단순히 주가가 바닥에서 반등했다는 이유만으로 섣불리 진입하는 것이 아니라, 차트에서 중요한 돌파 지점을 미리 설정해두고, 실제로 그 지점을 강하게 돌파하는 흐름이 나왔을 때 매수하는 전략이 매우 중요합니다.

　현재 주가는 지속적인 상승을 이어가며 5개월 전 고점까지 도달한 상황입니다. 그런데 이 시점에서 갭 상승 후 음봉이 출현하며 주가가 하락하고 있습니다. 거래량을 보면 대량 거래가 터지고 있습니다. 이는 매우 중요한 신호로 해석할 수 있습니다. 보통 이런 대량 거래는 바닥에서 매수했던 선도 투자자들이 차익 실현을 위해 매도를 시작했다는 신호일 가능성이 높습니다.

　국내 주식이든 미국 주식이든, 대량 거래가 터진 갭 상승 음봉이 나오는 경우 이는 매도 신호로 해석됩니다. 따라서, 이런 캔들이 나오면 새로운 매수를 고려하기보다는, 기존 보유자는 매도로 대응하는 것이 바람직합니다.

　중요한 것은 올바른 매매 전략을 세우고, 상승 추세에서 적절한 매수 기회를 포착하는 것입니다. 하락 추세의 종목에 섣불리 접근하는 것이 아니라, 수익이 가능한 종목을 찾아 적절한 타이밍에 매매하는 것이 성공적인 투자로 이어지는 핵심적인 방법임을 다시 한 번 강조하고 싶습니다.

자주 나오는 바닥 탈출 패턴

> **휴스턴 아메리칸 에너지**(Houston American Energy Corporation 티커: HUSA)는 미국 텍사스 주 휴스턴에 본사를 둔 독립 석유 및 가스 회사로, 주로 텍사스 퍼미안 분지와 루이지애나 걸프만 연안 지역에서 천연가스, 원유 및 콘덴세이트의 탐사, 개발 및 생산에 종사하고 있습니다.

"바닥에서 세력들은 어떻게 물량을 매집할까요?" "따라붙은 단기 투자자는 어떻게 떨쳐내는 걸까요?" 주가가 급등하기 위해서는 바닥에서 물량 매집이 제대로 돼야 합니다. 이 과정을 이해하는 것이 매우 중요하기 때문에 자세히 여러 번 설명하겠습니다.

미국 주식은 국내 주식과는 달리 가격 제한폭이 없기 때문에 윗꼬리가 없는 장대양봉보단 윗꼬리가 있는 장대양봉이 많습니다. 바닥에서 나오는 장대양봉에 윗꼬리가 있으면 이를 극복할 수 있는지 살펴보는 것이 중요합니다.

또한 주가가 오래 하락 추세에 있던 종목은 매물이 많습니다. 기본적으로 이를 어떻게 극복하는지 배워둘 필요가 있습니다.

차트 1

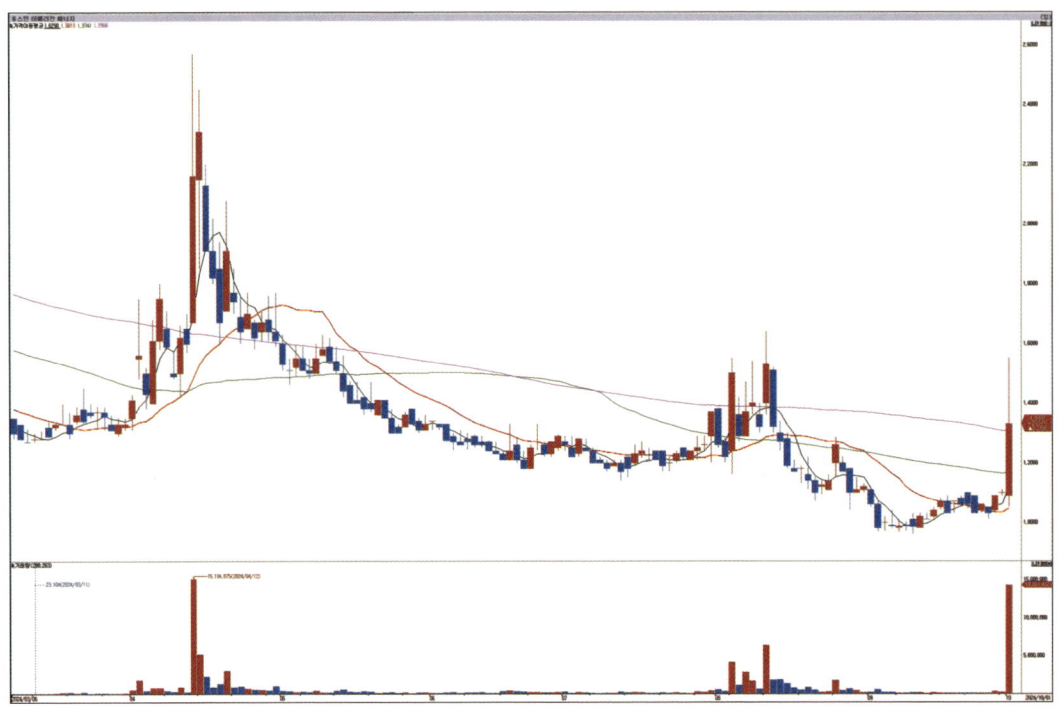

　미국 주식의 특징 중 하나는 20일선 근처에서 장대양봉이 발생할 때, 주가 상승 가능성이 높다는 점입니다. 특히 이 시점에서 역망치형 패턴이 자주 나타납니다. 장대양봉은 주가가 급등하면서 나타나는 캔들로, 그 자체만으로도 강력한 상승 신호입니다. 그러나 이때 주의할 점은 주가가 크게 상승하기 때문에 고점에서 매도 물량이 나와 주가가 밀리는 현상 즉, 역망치형이 발생할 수 있다는 것입니다. 하지만 바닥에서 나오는 윗꼬리는 미국 주식의 특징으로, 이후 주가 흐름에 따라 추가 상승할 가능성이 크다는 점을 생각하고 지켜봐야 합니다.

　또한, 역망치형 캔들과 함께 거래량이 이전에 비해 엄청나게 증가하는 경우도 흔히 발생합니다. 거래량 급증은 그 주식에 대해 강력한 재료가 발표되었음을 의미하는데, 이는 시장에서 큰 관심을 받고 있다는 신호입니다. 이 정도의 강한 모멘텀이 발생했을 경우, 주가 상승은 단기적인 현상이 아니라, 하루 만에 끝나지 않고 지속될 가능성이 높습니다. 하지만 당일 크게 상승한 종목이기 때문에 바로 매수에 나서기보다는, 관심 종목에 넣고 관찰하는 편이 좋습니다.

차트 2

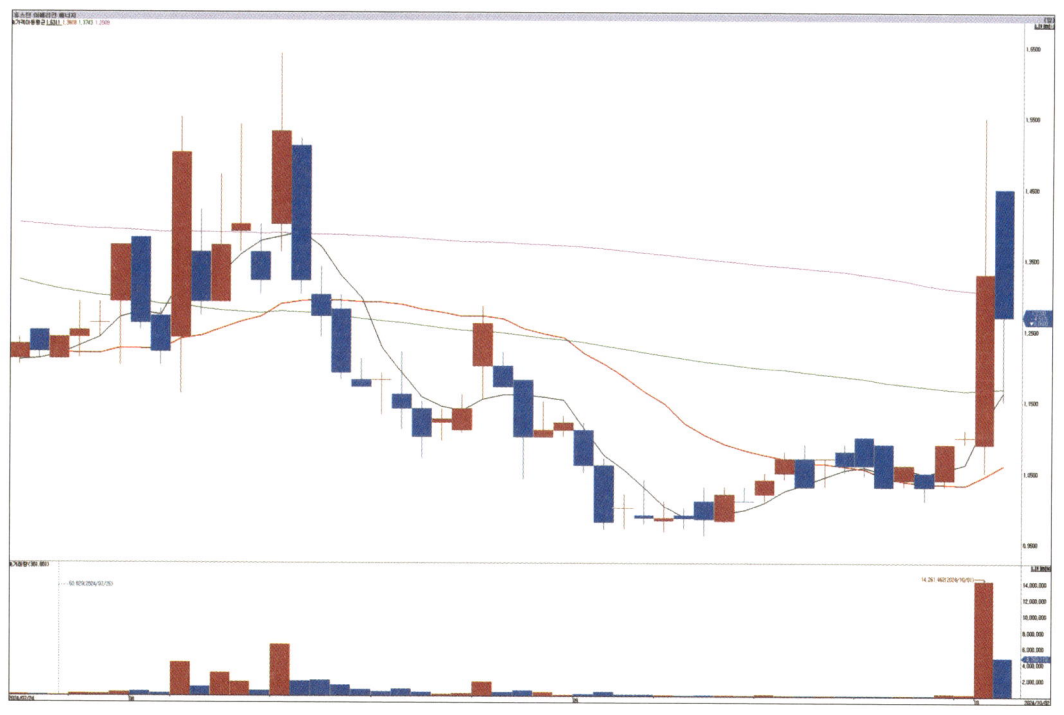

차트를 확대해서 살펴보면, 주가는 직전의 고점을 돌파할 것처럼 상승을 시작했습니다. 하지만 갭 상승으로 출발한 이후, 예상보다 더 이상 상승하지 못하고 장중에 급격히 하락하는 모습을 보였습니다. 이후 주가는 다시 회복하면서 급락을 어느 정도 면했지만, 오늘 하루만 보면 전체적으로는 좋지 않은 차트 패턴을 형성한 것이 사실입니다.

그럼에도 불구하고 차트 전체를 볼 때는, 오늘의 하락을 다른 관점에서 해석할 수 있습니다. 장대양봉이 등장했을 때, 주가는 강력한 단기 매수세의 유입을 경험했습니다. 그리고 오늘은 그 매수세를 음봉이 떨쳐내며 주가를 하락시킨 모습인데, 이는 단기 매수세가 시장에 과도하게 들어오는 것을 조절하는 과정으로 볼 수 있습니다. 즉, 어제의 강력한 재료에 의해 유입된 매수세를 음봉이 흡수하며 주가를 하락시켜, 시장에 겁을 주고 투자자들로 하여금 매도하도록 만든 것으로 해석할 수 있습니다.

오늘의 거래량을 살펴보면, 거래량이 크게 줄어든 것을 알 수 있습니다. 이는 어제 발생한 장대양봉에서 들어온 강한 매수세는 여전히 시장에 남아 있고, 급하게 유입된 단기 매수세를 정리하는 과정에서 일어난 것임을 나타냅니다. 즉, 이번 재료가 단기적인 상승으로 끝나지 않고, 더 큰 상승 가능성이 내포된 것으로 시장 참가자들이 판단하고 있다는 신호입니다. 단기 세력만 빠져나가고, 본격적인 상승세는 여전히 유지될 가능성이 있다는 뜻입니다.

이러한 상황에서 중요한 점은 내일의 주가 흐름입니다. 내일 양봉이 나온다면, 오늘의 음봉은 단기적인 조정으로 해석할 수 있으며, 주가가 다시 상승할 가능성이 높습니다. 이를 확인하기 위해서는 내일의 차트에서 양봉이 형성되어야 하는데, 양봉이 나타난다면 이는 곧 주가가 더 상승할 수 있는 강력한 신호로 받아들여질 수 있습니다. 따라서, 내일 양봉이 나올 가능성을 염두에 두고 매매 준비를 하는 것이 중요합니다. 만약 내일 예측대로 양봉이 나온다면, 이는 수익으로 전환할 좋은 기회가 될 것입니다. 현재의 시장 상황을 고려해보면, 이번 상승이 하루 만에 끝나지 않고 더 큰 상승세를 이어갈 가능성이 높아서, 이 흐름을 놓치지 않도록 준비하는 것이 중요합니다.

📊 **차트 3**

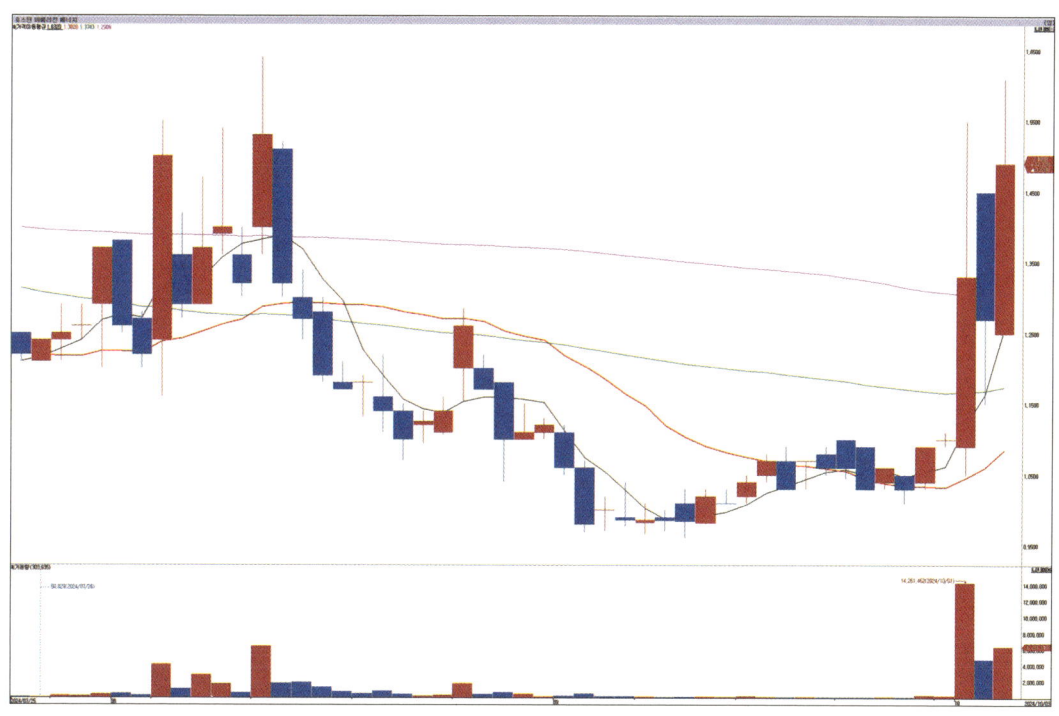

　전일 갭 상승 후 음봉이 출현하면서, 많은 투자자들이 '이 종목은 단기 상승이 끝난 것이 아닐까?'라고 생각했을 수도 있습니다. 특히, 갭 상승 후 음봉이 나온 경우, 매수세가 한계를 드러내고 조정이 시작될 가능성이 크기 때문에 이러한 우려가 나오는 것은 자연스러운 일입니다.

　그러나 오늘 장 초반부터 주가가 다시 상승하기 시작하더니, 결국 전일 음봉의 고점까지 돌파하며 음봉을 완전히 극복하는 모습이 나타났습니다. 이는 단순한 반등이 아니라, 시장에서 강한 매수세가 유입되고 있다는 신호로 해석할 수 있습니다.

　특히, 전일 음봉의 길이가 상당히 길었음에도 불구하고 이를 단 하루 만에 극복했다는 점은 매우 중요한 의미를 가집니다. 일반적으로 긴 음봉이 발생하면, 해당 구간에서 많은 투자자들이 매수에 나섰다가 손실을 입고 물리게 됩니다. 그런데도 불구하고 오늘 하루 만에 그 매물대를 모두 소화하며 상승했다는 것은 이 종목에 강한 상승 의지를 가진 선도 투자자가 존재한다는 강력한 증거라고 볼 수 있습니다.

그렇다면, 오늘 이 매물대를 소화해준 투자자들은 과연 어떤 목적을 가지고 있을까요? 단순히 주가를 띄우는 것이 목적이 아니라, 내일 이후의 추가 상승을 기대하며 주식을 매집하고 있는 것으로 해석할 수 있습니다. 상승 의지가 강한 투자자들이 있다면, 주가는 단기 조정이 있더라도 다시 상승 흐름을 이어갈 가능성이 높습니다.

차트를 보면, 양봉-음봉-양봉이 연속해서 나타났습니다. 즉, '양음양 패턴'이 형성된 것입니다. 이 패턴은 주가가 바닥권에서 상승할 때 자주 나타나는 흐름으로, 주가를 끌어올린 뒤 뒤따라 들어온 개인 투자자의 물량을 음봉으로 흔들어 털어낸 후 다시 상승하는 전형적인 방식입니다.

최근 시장에서는 이런 패턴이 자주 등장하지 않지만, 투자자들이 특정 방식으로 물량을 소화해나가는 원리를 이해하는 것이 중요합니다. 단순히 '양음양 패턴이 나왔다'는 사실을 아는 데서 그치는 것이 아니라, 그 과정에서 매매 주체들이 어떤 의도를 가지고 있는지, 매수세와 매도세가 어떻게 형성되고 있는지를 분석하는 것이 핵심입니다.

결국, 패턴 자체를 기계적으로 적용하기보다는, 이러한 원리를 이해하고 이를 실제 차트 해석에 응용할 수 있도록 훈련하는 것이 더욱 중요합니다. 패턴이 나타나면 이를 활용할 수 있고, 설령 동일한 패턴이 나오지 않더라도 이해한 원리를 바탕으로 시장 흐름을 해석하는 능력을 기른다면, 다양한 투자 기회를 포착할 수 있을 것입니다.

차트 4

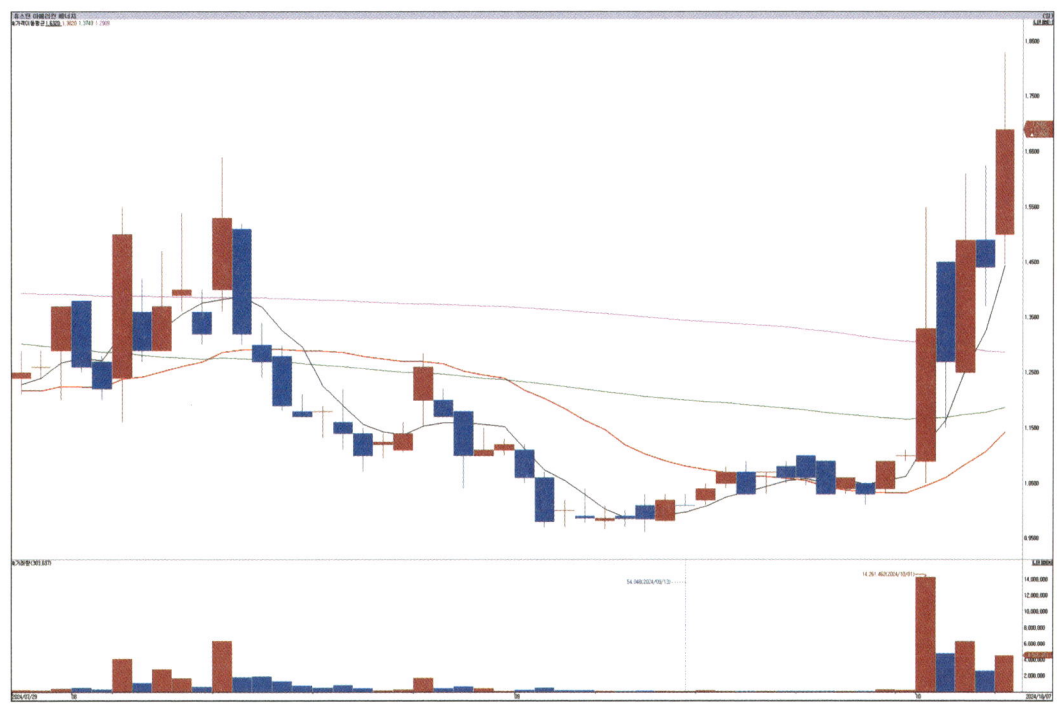

    양음양 패턴이 한 번 나오고 끝나는 것이 아니라, 그 이후에도 다시 한 번 반복해서 등장하고 있습니다. 즉, 양봉-음봉-양봉의 패턴이 계속해서 이어지면서, 주가가 자연스럽게 매물을 소화해가며 상승하는 흐름을 보여주고 있습니다. 이러한 패턴을 반복하면서 결국 주가는 전고점까지 도달하게 되었습니다.

    특히, 고점에서 약 2개월간 하락 조정을 거친 후, 바닥을 다지고 다시 상승하여 결국 전고점을 돌파하는 모습을 보이고 있습니다. 이 과정에서 일부 투자자들은 상승 흐름을 미리 포착하고 수익을 실현했을 것이고, 반면에 차트 흐름을 지켜보기만 하다가 실제로 매매에는 참여하지 못한 투자자들도 있을 것입니다.

이러한 종목은 앞으로도 시장에서 반복적으로 등장할 수 있습니다. 오늘 이 종목의 패턴을 학습했지만, 정작 실전에서 유사한 패턴이 나타났을 때 또다시 구경만 하게 되는 경우도 있을 것입니다. 그러나 모든 종목을 잡을 필요는 없습니다. 오히려 비슷한 종목을 10개 정도 발굴한 후, 그중 단 한 종목만 제대로 잡아도 충분한 성과를 낼 수 있습니다.

중요한 것은 무작정 투자에 나서는 것이 아니라, 주가가 어떻게 움직이는지를 이해하는 것입니다. 차트를 공부하면서 '아, 주가가 이렇게 움직이는구나'라는 흐름을 파악할 수 있게 되면, 자연스럽게 주가 예측 능력도 함께 성장하게 됩니다.

따라서 단순히 '어떤 종목을 사야 하는가'에 집중하기보다는, 차트 분석을 통해 주가의 흐름을 읽고, 상승과 하락의 패턴을 파악하는 능력을 키우는 것이 장기적으로 훨씬 더 중요합니다. 한두 번의 투자 기회를 놓친다고 해서 조급해 할 필요는 없습니다. 대신, 지속적으로 많은 차트를 공부하고 분석하면서 차트 해석 능력을 향상시켜 나간다면, 결국은 더 나은 투자 결정을 내릴 수 있는 힘을 갖게 될 것입니다.

이 종목뿐만 아니라 다양한 차트를 분석하며 주가 예측 능력을 키우는 연습을 계속해나가도록 합시다. 그렇게 하면 앞으로 실전 투자에서 더욱 효과적으로 대응할 수 있을 것입니다.

양음양 이후
윗꼬리 물량 소화 종목

슈퍼컴(SuperCom Ltd., 티커: SPCB)은 1988년에 설립된 이스라엘 기반의 글로벌 IT 기업입니다. 정부 기관, 금융 기관, 의료 기관 등 다양한 산업 분야에 사이버 보안, IoT, 전자 정부 솔루션 서비스를 제공하고 있습니다.

차트 1

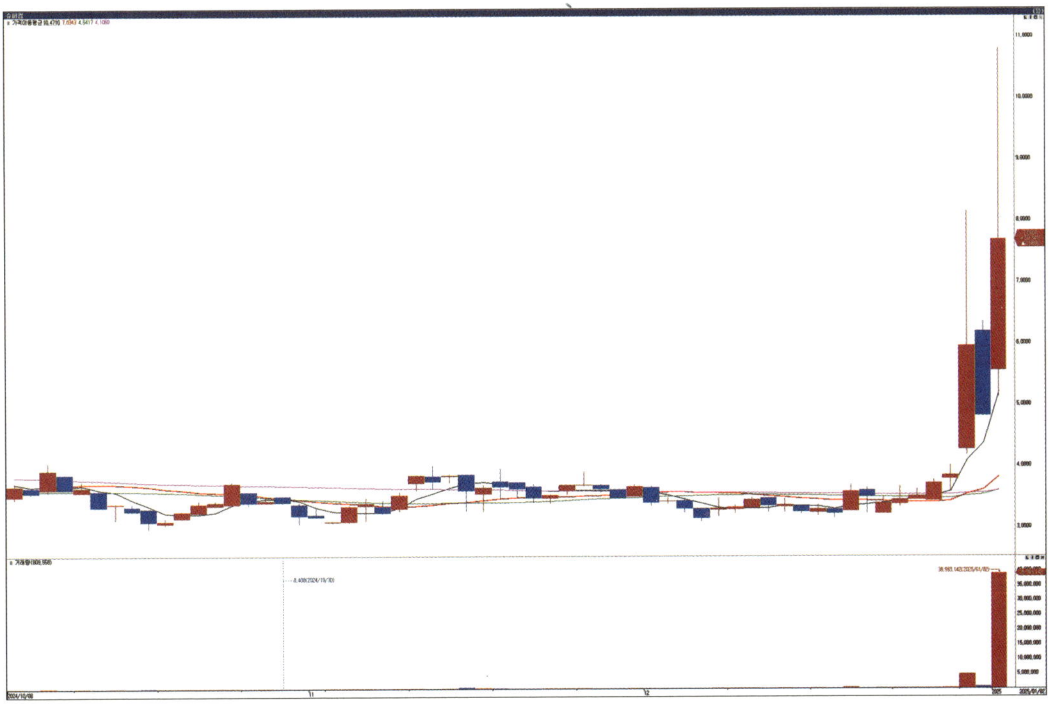

아무런 변화 없이 횡보하던 종목이 갑자기 급등했습니다. 고점 기준으로 무려 112% 상승했으며, 종가는 55% 상승 마감했습니다. 하루 만에 엄청난 시세가 나온 것이죠. 이런 강한 상승이 발생했다면, 기업과 관련된 호재성 재료가 등장했을 가능성이 높습니다. 선도 투자자들이 대거 몰리면서 단 하루 만에 폭발적인 상승이 나왔습니다.

하지만 갑작스러운 급등 이후, 고점에서 차익 실현 매물이 쏟아지면서 주가가 밀렸고, 긴 윗꼬리를 단 캔들이 형성되었습니다. 이는 20일선에서 역망치형 캔들이지만, 고점에서 개인 투자자의 물량을 선도 투자자들이 흡수했다고 보기는 어렵습니다. 매집 과정 없이 나온 갑작스러운 상승이었기 때문입니다.

이러한 상황에서 다음 날 주가 흐름을 확인하는 것이 중요합니다. 장 초반에는 갭 상승으로 출발하는 듯했지만, 곧바로 음봉을 기록하며 하락했습니다. 그러나 주목해야 할 점은 음봉의 거래량이 급감했다는 것입니다. 이는 첫날 역망치형 캔들에서 진입한 선도 투자자들이 여전히 자리를 지키고 있다는 의미이며, 추가적인 호재나 상승을 확신하고 물량을 유지하고 있다고 해석할 수 있습니다. 그렇다면 주가가 음봉을 극복하고 다시 상승할 가능성이 매우 높다고 보고, 매매 준비를 해야 합니다. 예상대로 주가는 갭 상승 출발 후 5일선을 터치한 뒤, 고점 124% 상승, 종가 59% 상승을 기록하며 강력한 상승세를 이어갔습니다. 100% 급등 후 하루 동안 조정을 거친 뒤, 다시 100% 이상의 추가 상승이 나오는 등 매우 강한 흐름을 보였습니다.

여기까지만 봐도 엄청난 상승이지만, 앞으로 더 상승할 가능성은 충분히 남아 있습니다. 단기간에 큰 시세를 기록했지만, 차트만 보면 급등한 지 불과 3일밖에 지나지 않은, 상승 초입의 종목처럼 보이기 때문입니다. 따라서 이 종목을 섣불리 매도하기보다는 추가적인 상승 가능성을 열어두고 지속적으로 지켜볼 필요가 있습니다. 문제는 오늘 나온 윗꼬리입니다.

📊 **차트 2**

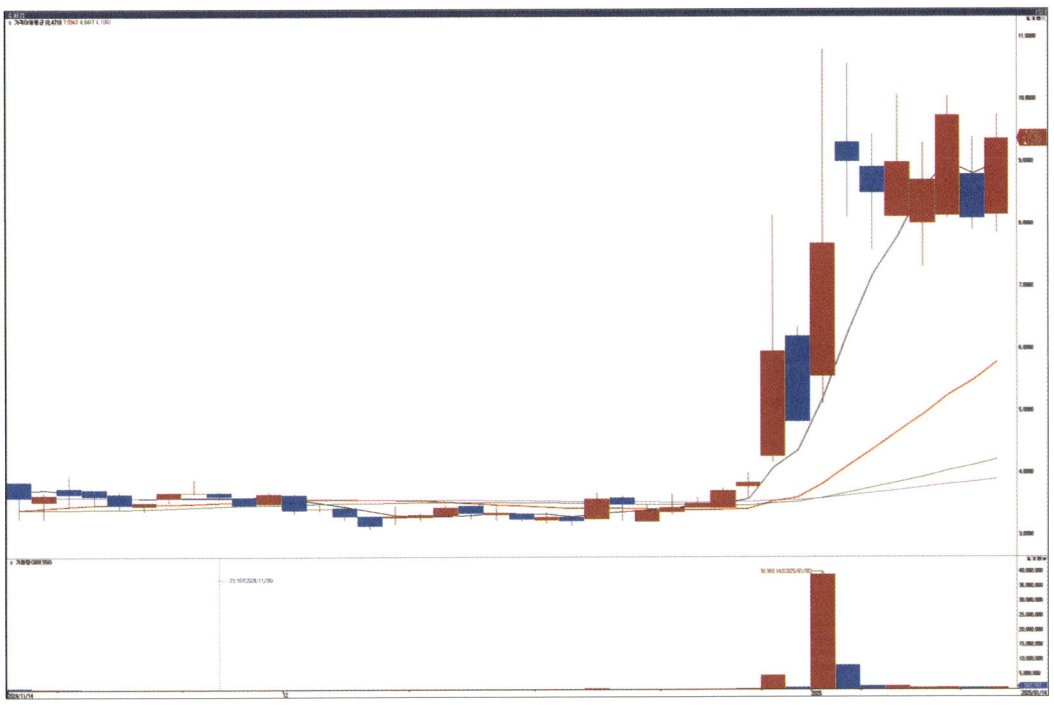

주가가 급등한 후 양음양(양봉-음봉-양봉) 패턴이 나타나며 상승하는 모습입니다. 그런데 마지막 양봉에서 윗꼬리가 길게 형성되었습니다.

캔들의 윗꼬리에 주목해야 합니다. 캔들의 윗꼬리는 상승 흐름을 보고 따라 들어갔다가 물린 투자자들의 매물이 쌓여 있는 곳입니다. 윗꼬리에 물린 투자자는 본전만 되길 간절히 기다리며 주가가 다시 오르면 매도할 준비를 하거나 자신이 매수한 가격에 물량을 걸어놓고 있을 것입니다.

그럼 신규 매수자의 입장에서 생각해볼까요? 이들은 물린 투자자의 물량을 매수하고 나면 본전입니다. 물린 사람도 본전에 팔았지만, 신규 매수자도 본전입니다. 신규 매수자가 바보라서 물린 투자자의 물량을 매수한 것은 아니겠지요. 추가 상승 여력이 있다고 판단하고 매수를 했을 것입니다.

이 종목은 윗꼬리가 나온 후 주가는 어떻게 움직이고 있을까요? 윗꼬리가 형성된 가격 부근에서 횡보하는 모습입니다. 즉, 주가가 일정 범위에서 움직이며 물량을 소화하고 있는 겁니다. 그런데 자세히 보면 매일 특정 가격에서 지지를 받고 있습니다. 시초가는 낮게 시작되지만 종가는 양봉으로 마감하는 흐름이 반복되고 있습니다. 이게 개인끼리 치고받고 해서는 나오지 않는 패턴입니다.

이런 패턴이 나온다는 것은 무엇을 의미할까요?

- 상승 초기에 이런 흐름이 보이면 추가 상승 가능성이 높아집니다.
- 특히 바닥에서 시작하는 종목이라면 더욱 긍정적 신호일 수 있습니다.
- 선도 투자자들이 저점에서 물량을 받아내면서 상승을 준비하는 과정일 가능성이 큽니다.

결국, 시장의 재료가 충분히 무르익고 나올 매물이 정리되면 주가는 상승세로 전환할 가능성이 높아집니다.

차트 3

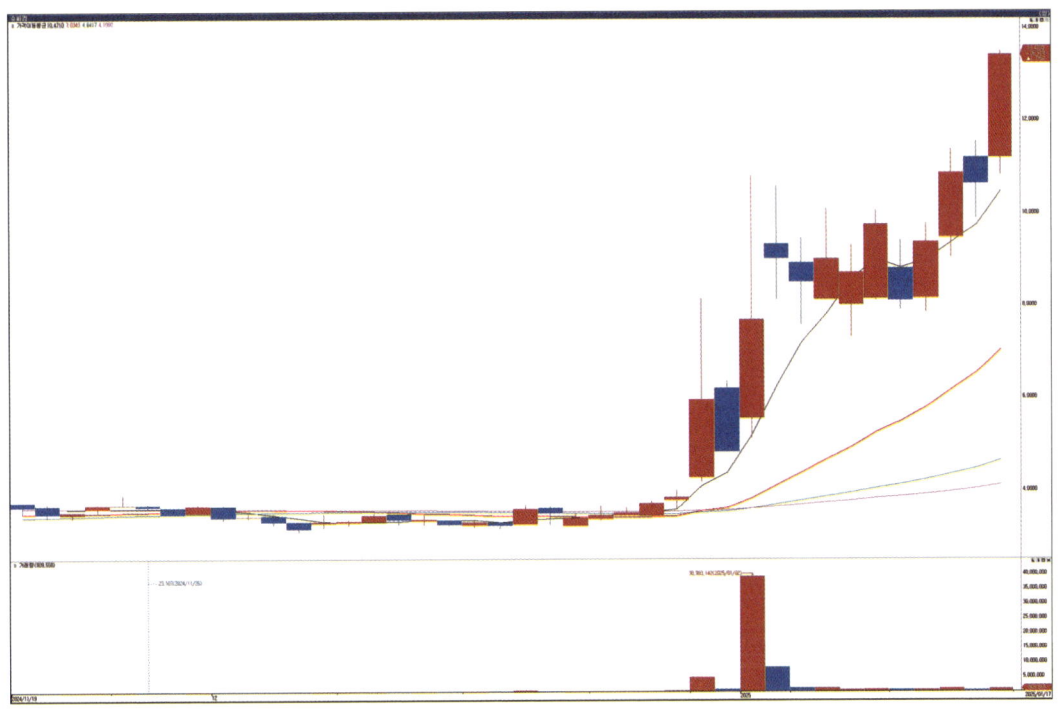

주가가 윗꼬리 부근에서 횡보하다가 마침내 윗꼬리를 돌파하며 상승으로 전환하고 있습니다. 당연히 공략해야겠죠. 특정 지지 가격에서 매수 타이밍을 잡을 수도 있지만, 보다 확실한 매매를 위해서는 윗꼬리의 고점을 돌파하는 시점에서 매수하는 것이 좋습니다.

주가가 고점을 돌파했다는 것은 단기 고점에서 쌓인 매물을 소화했다는 신호이며, 이제 주가를 더 끌어올려도 부담이 없다는 뜻이 됩니다. 이는 선도 투자자들이 본격적으로 상승을 유도할 준비가 되었다는 의미로 해석할 수 있습니다.

상승 초기에는 아직 주가가 바닥에서 완전히 벗어나지 못한 상태입니다. 이

시기에는 선도 투자자들도 충분한 물량을 매집하지 못했고, 대중의 관심도 크게 집중되지 않은 상황이죠. 이런 단계에서는 보유 물량을 가진 투자자들이 주가가 조금만 상승해도 매도를 선택하는 경우가 많습니다.

특히, 이전에 물려 있던 투자자들은 이 종목이 앞으로 크게 오를 것이라고 확신하기보다는, 본전만 되면 빠져나오겠다는 심리가 강합니다. 그렇기 때문에 상승 초기에는 매물이 지속적으로 출회되며, 이를 소화하는 과정이 반복되는 패턴이 나타나곤 합니다.

이 종목은 상승 초기에 나타나는 전형적인 흐름을 보여주는 좋은 사례이므로, 충분히 연구해볼 가치가 있습니다. 주가가 바닥에서 상승으로 전환하기 위해서는 다음과 같은 단계를 거치게 됩니다.

① **재료 발생**: 종목의 상승을 뒷받침할 수 있는 뉴스나 이벤트가 등장
② **선도 투자자 유입**: 저점에서 미리 매수하는 세력이 형성됨
③ **기존 투자자의 물량 소화**: 이전에 물렸던 투자자들의 매도를 받아내는 과정
④ **상승 전환**: 매물이 정리된 후 본격적인 상승 흐름이 시작됨

이 원리를 이해하고 차트를 분석하면 보다 정교하게 매매 타이밍을 포착할 수 있을 것입니다.

갭 상승 지지 패턴이 돈이 된다

> 리게티 컴퓨팅(Rigetti Computing Inc, 티커: RGTI)은 2013년에 설립된 미국의 양자 컴퓨팅 기업으로 캘리포니아 주 버클리에 본사를 두고 있습니다. 이 회사는 양자 컴퓨터와 이를 구동하는 초전도 양자 프로세서를 구축하는 통합 시스템을 개발하고 있으며, 클라우드 기반의 양자 컴퓨팅 서비스를 제공합니다. 양자 컴퓨팅 분야의 선도 기업으로 꼽힙니다.

AI 다음에 양자 바람이 불면서 주가가 급등한 종목입니다. 이 종목이 어떻게 움직였는지 한번 살펴볼까요?

📊 **차트 1**

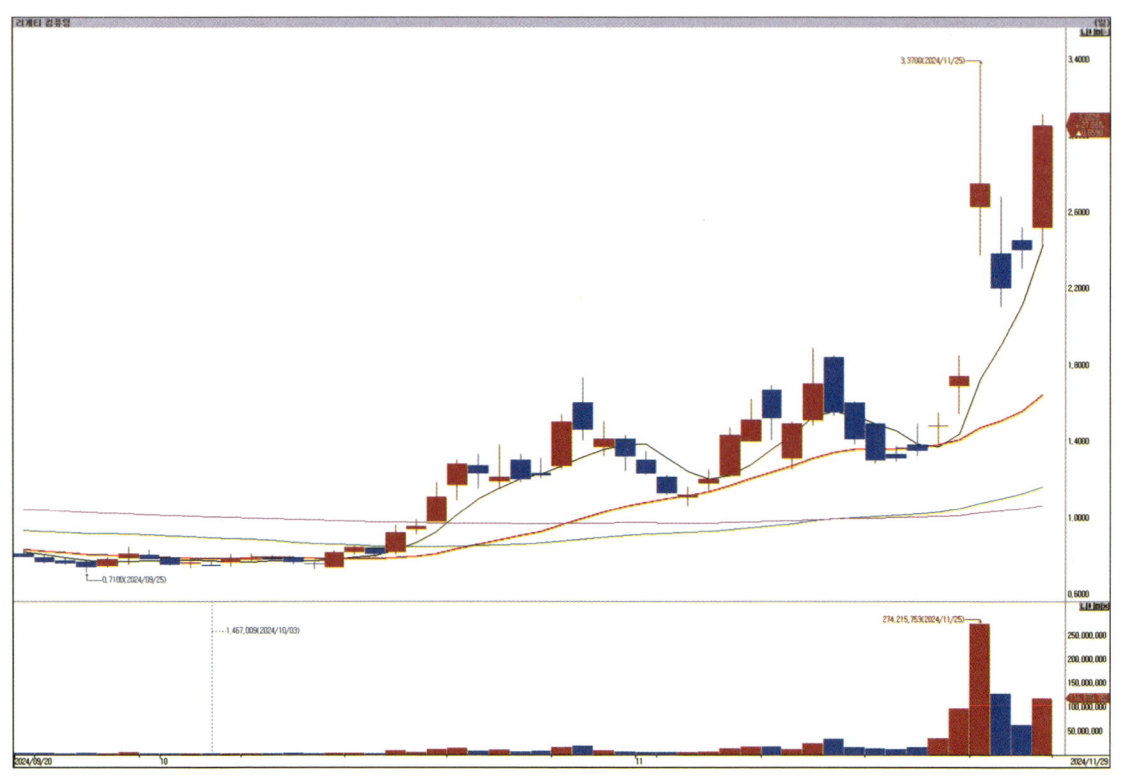

리게티 컴퓨팅의 주가는 완만한 상승세를 보이다가 20일선에서 조정을 받은 후 다시 상승했습니다. 이후 다시 하락했지만, 20일선에서 지지받으며 안정적인 흐름을 유지하던 중, 갑작스럽게 갭 상승이 나타나면서 강한 양봉이 형성되었습니다. 이때 눈에 띄는 점은 이전과 비교할 수 없을 정도로 엄청난 거래량이 동반되었다는 것입니다.

양자 컴퓨터에 대한 관심이 급증하면서 시장에 새로운 테마가 형성되었고, 상승할 만한 종목을 찾는 투자자들의 시선이 리게티 컴퓨팅에 집중되기 시작했습니다. 이에 따라 대량 거래가 터지면서 주가가 급등하기 시작했고, 기존과는 완전히 다른 국면에 접어들었습니다.

　이 종목의 갭 상승이 발생한 날, 주가는 하루 만에 약 100% 가까이 급등했지만, 종가 기준으로는 긴 윗꼬리를 남겼습니다. 이는 단기 차익 실현 매물이 출회되었음을 의미합니다. 이 시점에서는 향후 주가 흐름이 어떻게 될지 확신하기 어려운 상황이었고, 투자자들도 긴가민가하는 분위기였습니다.

　이후 2거래일 연속 음봉이 나타났습니다. 급등 이후 차익 매물이 나오면서 주가가 다소 밀렸지만, 2달러 이상에서 지지선을 형성하며 버텨주는 모습이었습니다. 일반적으로 큰 상승 이후 일정 조정이 나타나는 것은 자연스러운 흐름이기에, 이 단계에서는 아직 방향성을 속단하기 어려운 상태였습니다.

　그런데 오늘, 무려 27% 상승하는 강한 장대양봉이 등장했습니다. 이전 갭 상승 당시 형성된 윗꼬리는 차익 실현을 한 투자자들의 흔적이기도 하지만, 동시에 높은 가격대에서 매수한 투자자들이 손실을 보며 물려 있는 구간이기도 합니다. 이들은 본전 가격이 오면 매도하려는 심리가 강하기 때문에, 해당 구간은 일종의 저항선 역할을 하게 됩니다. 하지만 오늘 나온 강한 양봉은 이러한 매물을 소화하면서 추가 상승 가능성을 열어둔 신호로 해석될 수도 있습니다.

　현재 리게티 컴퓨팅의 주가는 단순한 개별 종목의 흐름이 아니라, 양자 컴퓨터라는 새로운 테마와 맞물려 움직이고 있습니다. 이러한 테마주는 투자자들의 심리에 따라 급격히 변동할 수 있기 때문에, 향후 흐름을 면밀히 지켜볼 필요가 있습니다.

　차트를 볼 때 단순히 가격 변동만 보는 것이 아니라, 흐름을 하나하나 해석해보면 시장의 움직임이 완전히 다르게 보입니다.

　지금 차트를 보면, 이전에 형성된 윗꼬리 부분에서 물려 있던 투자자들의 물량을 신규 매수자가 받아주고 있습니다. 마치 "어? 너 물려 있구나? 내가 본전에서 팔 기회를 줄게. 나한테 팔아." 하는 것처럼 말이죠. 물려 있던 투자자들은 자신의 매도 주문이 체결되니 안도하며 감사한 마음으로 물량을 던집니다.

그런데 여기서 중요한 점이 있습니다. 신규 매수자는 과연 어떤 가격에 매수를 했을까요? 바로 며칠 전까지만 해도 절반 가격이었던 자리에서 매수를 한 것입니다. 여러분이라면 어떨까요? 어제까지 100만 원이던 아이폰이 며칠 만에 200만 원이 되었다고 가정해보세요. 그냥 덜컥 살 수 있을까요? 아마 대부분은 망설일 겁니다. 그런데 지금 이 종목에는 그렇게 높은 가격에서도 적극적으로 매수하는 사람들이 있습니다.

왜 매수를 할까요? 단순히 비싸게 사는 것이 아니라, 200만 원에 사서 300만 원에 팔 수 있다는 확신이 있기 때문입니다. 즉, 앞으로 더 오를 것이라는 기대감이 강하게 작용하는 것입니다. 이런 이유로 갭 상승 이후 윗꼬리를 극복하면서 나타난 강한 장대양봉은 매우 의미가 있습니다. 이는 단순한 반등이 아니라 추가 상승 가능성이 높다는 신호일 수 있습니다.

더욱이, 이번 상승은 단순한 기술적 반등이 아니라 '재료'가 터지면서 시작되었습니다. 만약 이미 몇 달간 상승한 종목이었다면 상황이 다를 수도 있겠지만, 지금은 막 새로운 테마가 형성되면서 투자자들이 몰리고 있는 초기 단계입니다. 마치 신상품이 출시되었을 때 '신상 효과'로 인기가 폭발하는 것과 비슷한 현상입니다.

따라서 실전에서 이런 차트가 나온다면, 단순히 "이미 많이 올랐으니 너무 늦었다"라고 포기하는 것이 아니라, 매수 타이밍을 잡아볼 필요가 있습니다. 지금이 바로 매수 타점이 나오는 순간일 수 있기 때문입니다.

📊 **차트 2**

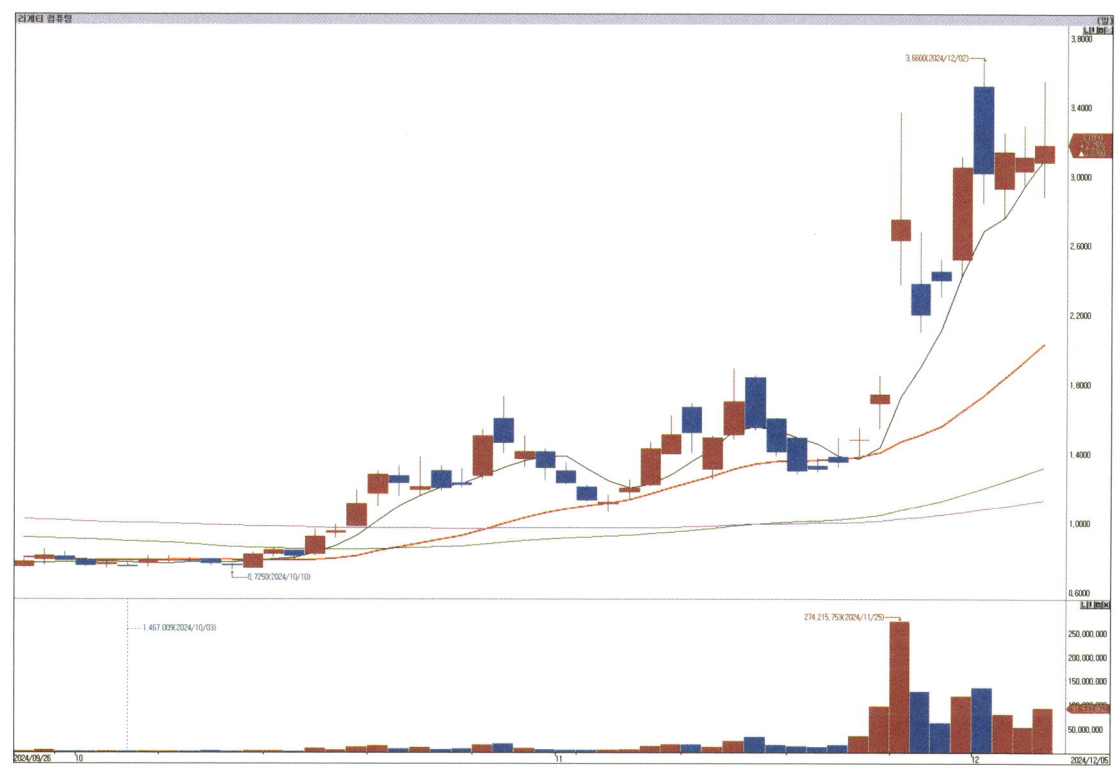

　장대양봉이 나온 후, 다음 날 갭 상승으로 시작했지만 하락하며 음봉이 형성되었습니다. 중요한 점은 이번 갭 상승 음봉이 이전 갭 상승 때 남겼던 윗꼬리보다 높은 가격에서 시작했다는 것입니다.

　차트에서 일반적으로 음봉은 부정적인 신호로 해석되지만, 이번 경우는 다릅니다. 주가는 장중에 큰 변동을 보였지만, 결국 전일 장대양봉의 고가 부근에서 마감했습니다. 즉, 어제와 비교하면 주가 자체는 크게 변하지 않은 상태입니다.

　현재 상황을 보면, 시장은 아직 명확한 방향성을 결정하지 못한 듯합니다. 주가를 곧바로 끌어올리기에는 매물 부담과 재료에 대한 기대감이 충분하지 않고, 그렇다고 여기서 상승 흐름을 완전히 끝내기에는 여전히 추가 상승을 기대하는 심리가 남아 있는 상태입니다.

이런 상황에서는 시장의 긴장감이 팽팽하게 유지됩니다. 투자자들은 "과연 여기서 더 갈 것인가, 아니면 조정을 받을 것인가?"를 두고 신중한 움직임을 보일 가능성이 큽니다. 이럴 때 중요한 것은 다음 날의 움직임입니다. 만약 다시 한 번 강한 양봉이 나온다면 본격적인 추가 상승 신호로 볼 수 있고, 반대로 지지가 무너진다면 조정이 깊어질 수도 있습니다. 지금은 방향성이 정해지지 않은, 중요한 기로에 서 있는 구간입니다.

그런데 이후 연속으로 3일 동안 양봉이 나왔습니다. 장중에는 상승을 시도했지만, 종가 기준으로 보면 주가는 옆으로 횡보하는 모습입니다. 이를 지지 캔들이라고 하는데, 특히 100% 이상 급등한 종목이 이렇게 횡보하는 것은 흔치 않은 일입니다. 보통 이 정도 급등이 나온 종목은 심리적인 불안감으로 인해 매도세가 강하게 나타나기 마련인데, 이 종목은 그런 압력을 이겨내며 주가를 지켜내고 있습니다.

게다가 연속 양봉이라는 점도 중요합니다. 이는 장중에 주가를 계속 끌어올리려는 투자자들이 존재한다는 뜻입니다. 해석하자면, 시장이 활발하게 물량을 소화하고 있다는 것입니다. 재료가 등장한 이후 후속 재료를 기다리는 선도 투자자들이 여전히 이 종목을 주목하고 있다는 신호이기도 합니다.

국내 주식에서도 이러한 패턴의 차트가 자주 등장하며, 실제로 상승 확률이 높은 경우가 많습니다. 즉, 선도 투자자들이 이 종목의 재료 가치를 높게 평가하고 있다는 의미이며, 이는 곧 추가 상승 가능성을 높여주는 요소가 됩니다.

이런 차트가 나타나는 종목은 관심 종목에 추가해두고, 호가창에서 매수세가 강하게 유입되는지 체크하며 공략하는 것이 일반적인 대응 방법입니다. 이 종목 역시 같은 전략으로 접근할 수 있습니다.

📊 **차트 3**

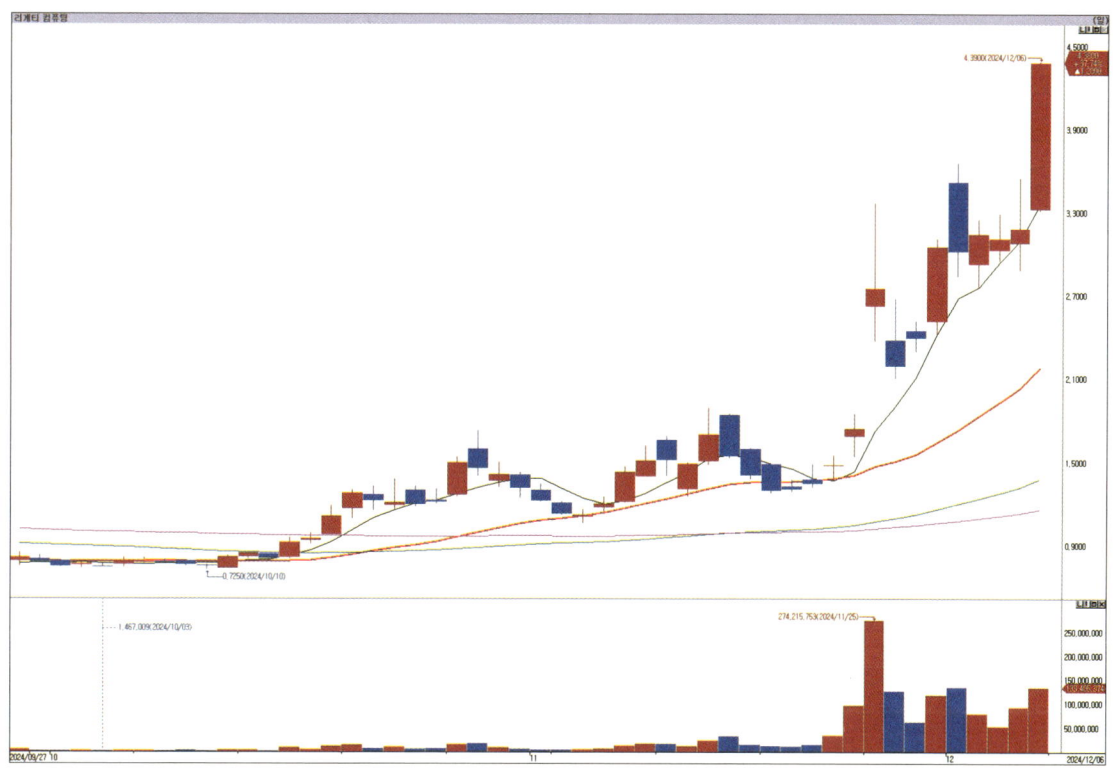

오늘 무려 37% 상승한 장대양봉이 나왔습니다. 주가는 갭 상승 후 하락과 횡보를 반복했지만, 결국 다시 강한 상승이 나타났습니다.

갭 상승 이후의 주가 흐름을 보면 어떤가요? 100% 이상 급등한 상태에서도 주가가 무너지지 않고 지지를 받으며 버텨주고 있습니다. 그것도 강한 흐름을 유지하면서 말이죠. 만약 음봉이 많고 흐름이 약했다면 상승 기대감이 줄어들었을 것입니다. 하지만 현재 차트만 봐도 강한 모습이 느껴지고, 구조적으로도 탄탄해 보입니다.

이렇게 주가가 지지를 받으면서 버틴다는 것은 시장에서 여전히 재료에 대한 기대감이 살아 있다는 뜻입니다. 따라서 이런 차트 흐름이 이어진다면 추가 매수를 고려해볼 상황이라고 볼 수 있습니다.

실전에서도 이런 패턴을 보이는 종목 중에서 추가 상승이 나와 계좌를 여러 번 불려줄 종목이 많습니다. 따라서 지속적으로 연구하고 이러한 패턴을 익히는 것이 중요합니다.

그리고 오늘의 장대양봉을 자세히 보면, 한 가지 더 중요한 점이 있습니다. 양봉 위에 꼬리가 없습니다. 이는 무엇을 의미할까요? 주가가 종가까지 상승을 유지했고, 중간에 물량을 던지는 투자자가 없었다는 뜻입니다. 물론 일부 차익 매물이 나왔겠지만, 그것을 선도 투자자들이 모두 소화해주었다는 해석이 가능합니다.

1달러대였던 주가가 이미 4달러를 돌파했음에도 여전히 추가 상승 가능성이 남아 있다는 신호입니다. 아직 매수를 못 한 투자자들에게도 여전히 기회가 남아 있는 종목이라고 볼 수 있습니다.

📊 **차트 4**

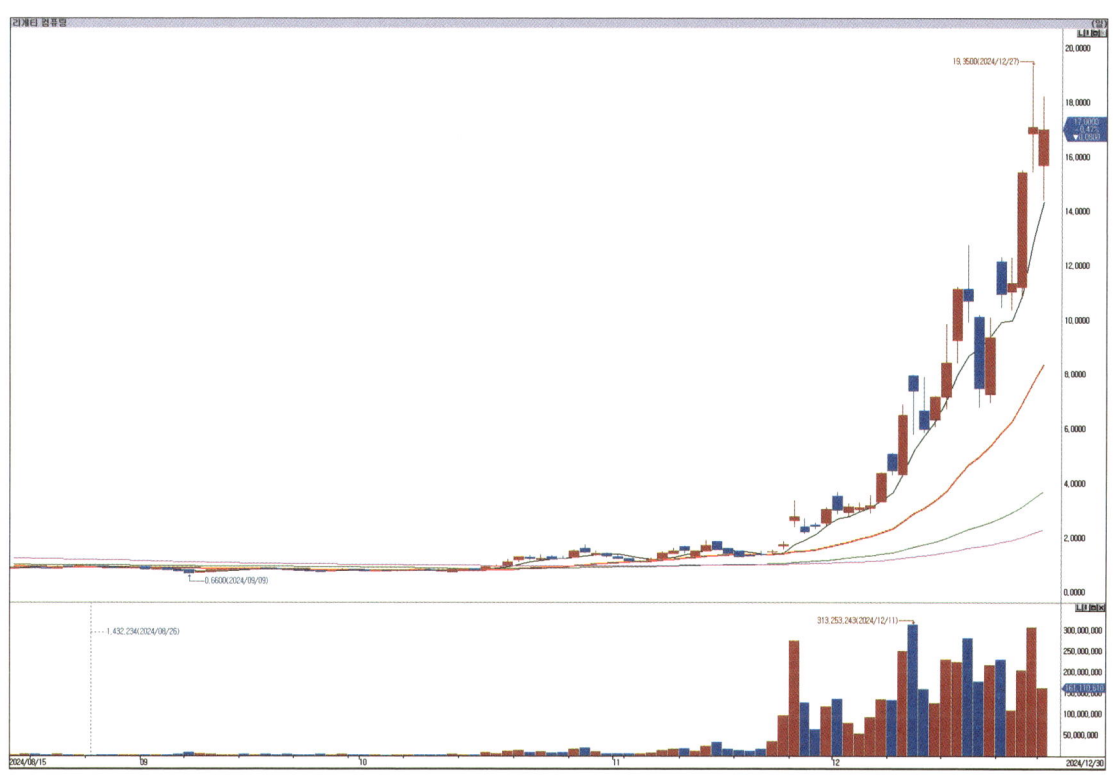

    1달러에서 시작한 종목이 19달러까지 상승했다면, 정말 초대박이라고 할 수 있죠. 예를 들어 1만 달러를 투자했다면, 19만 달러가 되며 1,800%의 수익을 올린 셈입니다. 이는 2억 원 이상을 번 것과 같죠.

    만약 이 종목이 국내 주식이었다면, 1천만 원이 1억 9천만 원으로 변한 셈입니다. 엄청난 상승입니다.

    차트를 보면, 앞에서 설명한 해석 방법을 통해 상승하는 구간마다 타점을 잘 공략했다면, 상당한 수익을 올릴 수 있었을 것입니다. 물론 1달러에서 19달러까지의 상승을 모두 수익으로 가져가는 것은 쉽지 않겠지만, 그 사이에서 매수 타점을 잘 잡을 수 있는 구간은 많이 있었을 겁니다.

만약 타점 공략법을 배우고 익혔다면, 초기에 매수하여 큰 수익을 올릴 수 있었을 것입니다.

주식으로 수익을 내는 것은 분명 쉽지 않습니다. 그러나 상승 가능성이 높은 차트 타점을 알고 있다면 그 어려움은 확실히 줄어듭니다. 물론, 차트를 잘 안다고 해서 무조건 돈을 버는 것은 아니지만, 확률은 훨씬 높아지죠.

다른 사람들이 AI가 뜬다더라, 양자 컴퓨터가 뜬다더라 하며 휩쓸려 다니면서 매매하는 것과는 다릅니다. 자신만의 매매 기준을 가지고 차트를 분석하는 실력을 기른다면, 그 차이는 분명히 나게 될 것입니다.

차트를 배우는 목적은 무조건 돈을 벌기 위함이 아니라, 자신만의 매매 기준을 세우는 도구로 삼는 것입니다. 그렇게 매매하다 보면, 어느새 계좌에 달러가 쌓여 있는 자신을 발견하게 될 것입니다.

상승 초기
갭 상승을 찾아라

버티브 홀딩스(Vertiv Holdings Co, 티커: VRT)는 데이터 센터, 통신 네트워크, 상업 및 산업 시설을 위한 전력, 열 관리, IT 인프라 솔루션을 제공하는 기업입니다.

차트 1

미국 주식에서 자주 나타나는 차트 패턴 중 하나가 바로 '갭 상승'입니다. 여러분이 갭 상승 하나만 배워도 이 책을 보고 감사 인사를 해도 좋을 정도로 미국 주식에서 갭 상승은 정말 중요하고 자주 나옵니다. 내 계좌를 달러 인출기로 만들려면 수백 번 반복해서 익히고 배워야 하는 패턴입니다.

이 종목을 살펴보면, 주가는 17달러를 돌파한 후 하락을 시작했고, 2개월 정도 하락 추세를 이어갔습니다. 그러다 13달러를 이탈하고 11달러까지 떨어진 더 이상 하락하지 않고 지지를 받으며 버티기 시작했습니다. 그리고 갑자기 갭 상승이 발생합니다.

하지만 이 갭 상승은 양봉이 아닌 음봉이었기 때문에, 차트적으로 바닥을 확인한 캔들이라고 보기는 어렵습니다. 상승 추세로 전환되는 신호로 해석하기에도 불확실한 부분이 있죠. 그럼에도 불구하고 주가는 고점에서 버티고 점차 상승하기 시작합니다.

이후 주가는 점진적으로 상승하면서, 하락 전 가격을 야금야금 되돌려 가고 있습니다. 차트에서 전고점이 있는 종목이 점진적으로 상승하면, 추가 상승에 대한 신뢰도가 높아집니다. 그 이유는, 주가가 이전에 물려 있던 매물들을 천천히 소화해가고 있기 때문입니다.

이 상태로 주가가 전고점까지 상승했다면, 전고점을 돌파할 가능성이 높습니다. 그리고 두 번째 갭 상승이 나와주면서 전고점을 돌파해줍니다. 중요한 지점들을 갭으로 돌파해 주고 있어요. 이는 선도 투자자들이 이 종목의 중요 지점에서 강력하게 끌어올리고 있는 것이죠.

첫 번째 갭 상승이 나올 때도 대량 거래량이 터졌고, 전고점을 돌파하는 두 번째 갭 상승 때는 더 많은 거래량이 동반되었죠. 저항 가격을 거래량 터진 강력한 갭으로 돌파한 것은 이 종목이 강력한 재료를 가지고 있고, 강력한 선도 투자자가 있음을 의미합니다.

두 번의 갭 상승으로 이미 바닥에서 큰 상승을 했지만, 여기가 끝이 아닐 수도 있다는 점을 염두에 두고 접근해야 합니다. 이런 차트 패턴은 아직 더 큰 상승 가능성을 알리는 신호일 수 있기 때문입니다.

📊 **차트 2**

갭 상승 이후, 주가는 다시 상승을 시작하며 5일선을 타고 안정적으로 올라갔습니다. 한때 12달러 부근까지 하락했던 주가는 25달러까지 상승했죠. 이렇게 상승하고 있을 때는 5일선을 지지선으로 삼고 지속적으로 보유하는 전략이 좋습니다. 만약 수익이 크다면, 20일선 이탈 시 매도 타이밍을 잡는 것도 좋은 방법입니다.

그런데 5일선을 타고 상승하던 주가가 잠시 조정을 받으면서 20일선을 이탈하려고 하고 있죠. 그런데 여기서도 갑자기 갭 상승 양봉이 나옵니다. 이번에는 더 많은 대량 거래가 동반되었죠.

보통 주가가 저점에서 크게 상승한 상태라면, 갭 상승은 나오기 힘들고 나오더라도 조심해야 하는데, 이 종목은 이미 크게 상승한 상태인데도 갭 상승이 나왔습니다. 그런데 거래량을 보세요. 거래량 앞의 갭 상승보다 더 많아요. 이는 선도 투자자들이 여전히 매수할 준비가 되어 있다는 신호입니다. 이미 크게 상승했지만 여기서 끝내지 않고 더 올리겠다는 신호이니, 대박주 조짐이 보이는 거죠.

세 번째 갭 상승 이후, 주가는 상승 추세를 계속 이어가고 있습니다. 기존 매수자는 보유를 유지하며, 신규 매수자도 접근해도 됩니다.

미국 주식의 특징 중 하나는 상승을 시작한 종목은 매우 오랫동안 상승을 이어간다는 점입니다. 물론 국내 주식에서도 상승 기간이 긴 종목들이 있지만, 미국 주식은 국내 주식보다 상승 기간이 더 긴 종목들이 많습니다. 이런 특성을 잘 이해하고 매매에 활용한다면, 상승 추세에서 안정적인 수익을 기대할 수 있습니다.

📊 **차트 3**

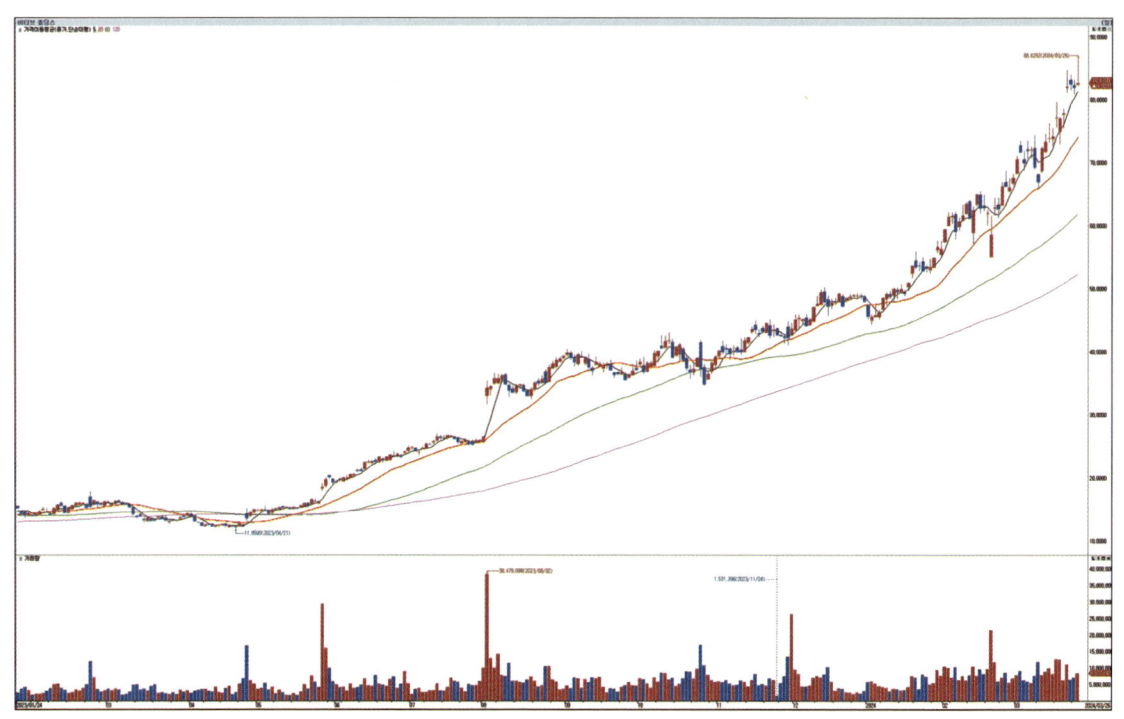

갭 상승 이후, 주가는 12달러에서 86달러까지 상승했습니다. 이는 1년 동안 600% 이상 상승을 의미합니다. 차트를 다시 돌아보면, 이 주식의 상승 초기에 나타난 3번의 갭 상승 양봉이 중요한 매수 기회였음을 알 수 있습니다. 물론 12달러에서 매수할 수는 없었지만, 그 상승 초기에 매수할 기회는 여러 번 존재했습니다. 다만, 그 기회를 놓쳤거나, 매수 타점이 무엇인지 몰랐던 거죠.

여기서 중요한 점은, 만약 차트를 해석할 수 없었다면, 매수 기회는커녕, 매수 타점이 어디였는지 알 수 없었을 것이라는 사실입니다. 단순히 그 종목이 대박주였다는 사실만 알았을 뿐, 정확히 어디서 매수해야 했는지에 대한 판단은 불가능했을 거라는 겁니다. 그저 "이걸 왜 못 잡았을까" 하고 후회만 했을 가능성이 큽니다.

하지만 차트를 배웠다면 매수 기회가 왔을 때 타점을 정확히 인지할 수 있었을 것입니다. 예를 들어, 갭 상승 양봉이 나왔을 때, 이 시점이 매수 타점이라는 것을 알았을 것이고, 그 후에도 후속 매수 기회가 있을 경우 이를 적극적으로 활용할 수 있었겠죠. 또한, 다음에 이런 종목이 나온다면 과거의 경험을 바탕으로 다시 잡을 수 있다는 확신을 가질 수 있었을 것입니다.

결국 중요한 것은 복기 능력입니다. 복기란, 이미 지나간 시장의 흐름을 분석하여 어디에서 기회가 있었는지, 어떻게 대응했어야 했는지 파악하는 것입니다. 복기를 통해 우리는 실수에서 배우고, 차트 분석 능력을 키울 수 있습니다. 그렇지 않으면 매일 "아이고, 아까워, 또 놓쳤네"만 외치면서 후회하게 될 겁니다.

좋은 무기를 가지고 있으면, 적어도 싸워보기라도 할 수 있는 기회가 주어집니다. 그 무기가 바로 차트 분석 능력입니다. 이 능력을 기르면, 앞으로 상승할 종목을 제대로 분석하고, 매수 타점을 정확히 잡을 수 있게 될 것입니다. 결국, 차트를 배우는 이유는 기회를 놓치지 않기 위해서입니다. 수익을 극대화하기 위한 도구로 차트를 삼기 위해서는 연구를 게을리해서는 안 됩니다.

갭 하락과 갭 상승 연속 타점 공략법

> 염 차이나 홀딩스(Yum China Holdings, Inc. 티커: YUMC)는 중국에서 KFC, Pizza Hut, Taco Bell 등 글로벌 외식 브랜드를 운영하는 중국 최대의 레스토랑 회사입니다. 중국 내에서 13,000개 이상의 매장을 운영하고 있으며, 중국 패스트푸드 및 캐주얼 다이닝 시장에서 강력한 입지를 구축하고 있습니다.

미국 주식에서 성공 확률이 매우 높은 캔들 중 하나가 바로 '갭 하락 양봉'입니다.

주식은 상승할 때도 있지만, 하락할 때도 있습니다. 하락 추세에 있는 종목이 일정 수준까지 내려가면 반전을 시도하는데, 이때 갭 하락 양봉이 나오면 실제로 상승 전환으로 이어지는 경우가 많습니다.

이때를 매수 타이밍으로 잡으면 저점에서 주식을 매수할 수 있습니다. 그렇기 때문에 미국 주식에서 갭 하락 양봉이 나타나면 반드시 주목해야 합니다.

📊 **차트 1**

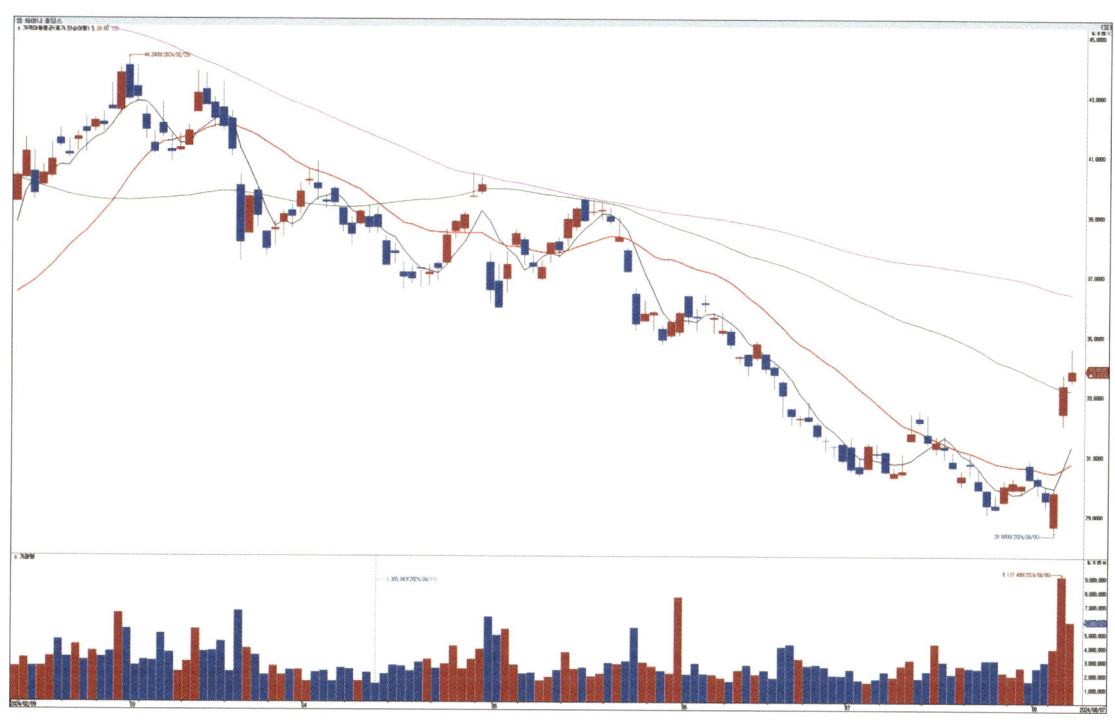

  이 종목은 보유자들에게 극심한 심리적 압박을 주는 하락세를 보이고 있습니다. 5개월 동안 주가는 44달러에서 28달러까지 지속적으로 하락하며, 보유 투자자들에게 큰 스트레스를 안겨주고 있습니다. 이런 상황에서 투자자들은 하루라도 빨리 반등이 나오기를 바라며, 본전이라도 회복하고 싶다는 간절한 마음을 가지게 됩니다.

  이런 고통을 피하려면, 주식을 매수한 후 예상과 다르게 하락세로 전환되면 신속하게 매도로 대응하는 것이 중요합니다. "언젠가는 오르겠지"라는 막연한 기대를 하다 보면 매일 밤 마음고생을 하며 본의 아니게 장기 투자자가 될 수도 있기 때문입니다.

그렇다면 주가가 언제 하락을 멈출지에 대한 신호를 어떻게 찾을 수 있을까요? 최근 차트를 보면, 갭 하락 양봉이 등장하는 것을 확인할 수 있습니다. 갭 하락의 깊이는 크지 않지만, 중요한 점은 대량 거래가 터진 갭 하락 양봉이 나타났다는 것입니다. 미국 주식 시장에서 자주 관찰되는 패턴 중 하나가 바로 갭 하락 양봉이 바닥을 형성하는 신호가 될 가능성이 높다는 점입니다.

더 흥미로운 것은, 갭 하락 양봉이 나온 다음 날 곧바로 갭 상승 양봉이 등장했다는 점입니다. 이는 미국 주식 시장에서 상승 신뢰도가 높은 두 가지 캔들이 연속으로 나타난 것으로, 매우 주목할 만한 흐름입니다. 특히, 이전에는 볼 수 없었던 엄청난 거래량과 함께 갭 상승 양봉이 발생했다는 것은 단순한 반등이 아니라 하락 추세가 마무리되고 상승 추세로 전환될 가능성을 시사합니다.

물론, 주가가 어디까지 상승할지는 누구도 예측할 수 없습니다. 상승세가 이어지지 못하고 다시 하락할 수도 있습니다. 하지만 이런 경우, 기술적 반등이라도 나올 가능성이 높습니다. 따라서 긴 하락세 이후 바닥에서 탈출하는 시점에 이러한 패턴이 나타난다면, 적극적으로 매매를 준비할 필요가 있습니다.

만약 이 패턴이 실제로 상승 전환의 신호라면, 어쩌면 모든 투자자들이 꿈꾸는 최저점에서의 매수가 가능할 수도 있습니다. 따라서 갭 하락 양봉과 갭 상승 양봉이 연속으로 등장하는 패턴이 나오면 이를 주의 깊게 관찰하고, 적절한 매수 타이밍을 찾는 전략이 필요합니다.

차트 2

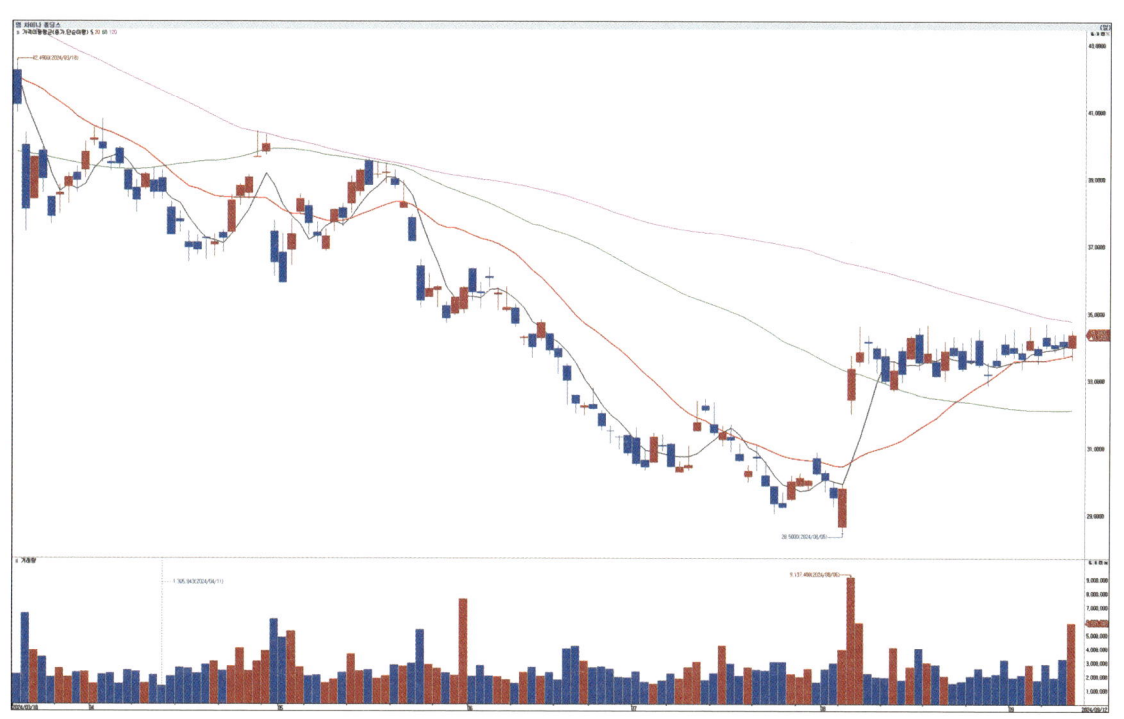

갭 상승 이후 추가 상승을 기대했지만, 주가는 강한 상승 없이 옆으로 횡보하고 있습니다. 일반적으로 갭 상승 후 상승이 이어지지 않으면 실망 매물이 출회되면서 주가가 하락하는 것이 일반적입니다. 하지만 이 종목은 하락하지 않고 일정한 가격대에서 횡보하고 있습니다.

더 흥미로운 점은, 이 횡보가 단순한 시장 논리에 의해 자연스럽게 형성된 것이 아니라 인위적인 차트 움직임처럼 보인다는 것입니다. 만약 특정 세력이 개입하지 않았다면, 이러한 차트 패턴이 나오기는 어렵습니다. 즉, 갭 상승 당시 대량 거래를 통해 진입한 선도 투자자들이 아직 빠져나가지 않고 주가를 일정한 범위 안에서 관리하고 있다고 볼 수 있습니다.

선도 투자자들의 입장에서 볼 때, 현재 이 종목은 추가 상승을 위한 적절한 재료나 신호를 기다리는 단계일 가능성이 큽니다. 그리고 오늘 주가는 큰 움직임 없이 횡보하고 있는데, 갑자기 대량 거래가 터지는 모습을 보입니다. 이런 흐름은 의심스럽죠. 이 시점에서 투자자는 "이거 조만간 한번 올라가겠구나"라는 감을 잡아야 합니다.

물론, 항상 상승만 하는 것은 아닙니다. 주가는 예측할 수 없는 방향으로 움직일 수도 있습니다. 하지만 상승 가능성이 높은 종목을 "혹시 하락하면 어떡하지?"라는 걱정만 하다가 놓쳐버린다면, 결국 어떤 종목에서도 수익을 올리기 어려울 것입니다.

실전에서 돈을 벌려면, 상승 가능성이 높은 종목을 포착하고 기회를 놓치지 않는 것이 중요합니다. 설령 직접 매매하지 않더라도, 공부 차원에서라도 이러한 흐름을 지속적으로 체크하며 시장의 패턴을 익혀야 합니다. 이러한 경험이 쌓이면, 나중에는 더욱 높은 확률로 좋은 매매 기회를 잡을 수 있을 것입니다.

차트 3

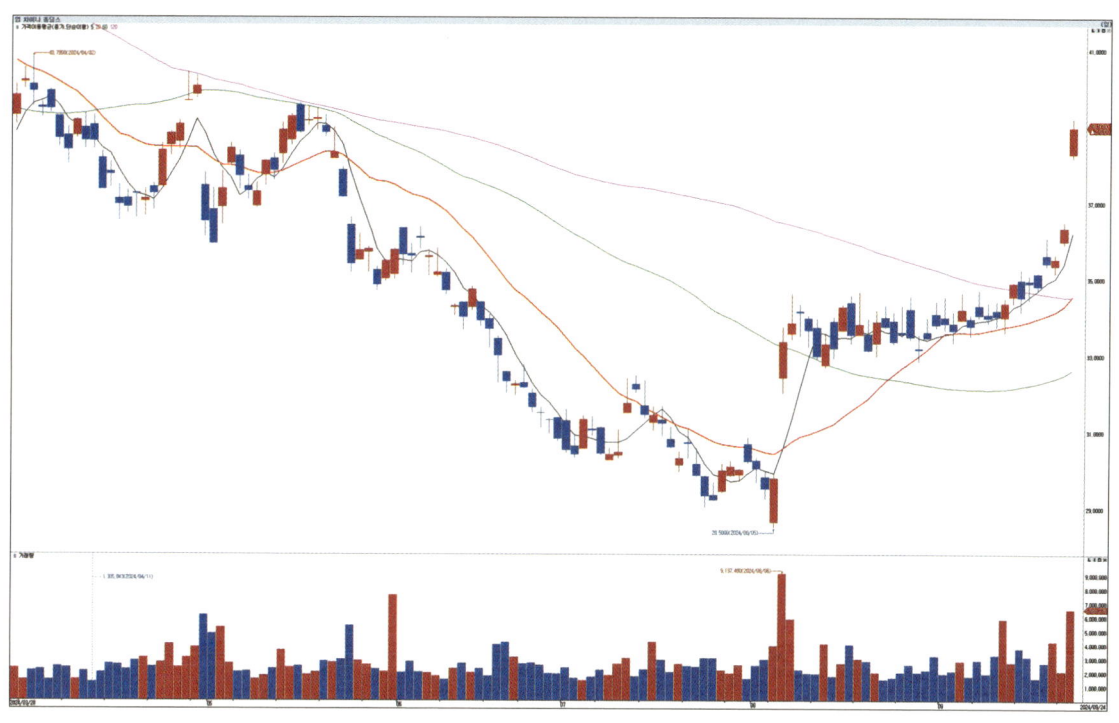

주가가 한동안 횡보하던 끝에 서서히 상승하기 시작하더니, 오늘 다시 갭 상승이 발생했습니다. 특히, 주가가 바닥권에서 첫 번째 갭 상승 이후 횡보한 후, 다시 한 번 갭 상승이 나왔다는 점이 중요합니다.

이러한 흐름이 나타나면 자연스럽게 "앞으로 주가가 상승할 가능성이 높을까, 아니면 하락할 가능성이 높을까?"라는 질문을 하게 됩니다. 차트 흐름을 보면 상승할 가능성이 높아 보이지 않나요? 그렇다면 이 종목에 적극적으로 관심을 가지고 매매 전략을 세워야 합니다.

물론 처음에는 이러한 패턴이 익숙하지 않을 수도 있고, 실제로 투자에 나서는 것이 두려울 수도 있습니다. 하지만 그렇다고 해서 기회를 계속 놓쳐서는 안 됩니다. 처음에는 소액으로 투자하거나, 모의투자를 통해 매매 연습을 해보는 것도 좋은 방법입니다. 이렇게 실전 감각을 익히면서 차트 패턴과 시장 흐름을 이해하게 되면, 점차 자신감을 갖고 적극적으로 대응할 수 있을 것입니다.

결국, 시장에서 성공하려면 높은 확률의 패턴이 나타났을 때 주저하지 않고 행동할 수 있어야 합니다. 갭 상승 이후 횡보하다가 다시 갭 상승이 나왔다면 상승 신호일 가능성이 높습니다. 이럴 때는 주저하지 말고 종목을 면밀히 분석하며 기회를 포착해야 합니다. 숙달되면 더욱 능동적으로 대응할 수 있을 것이며, 결국 이런 경험이 누적될수록 안정적인 수익을 창출할 수 있는 기반이 될 것입니다.

차트 4

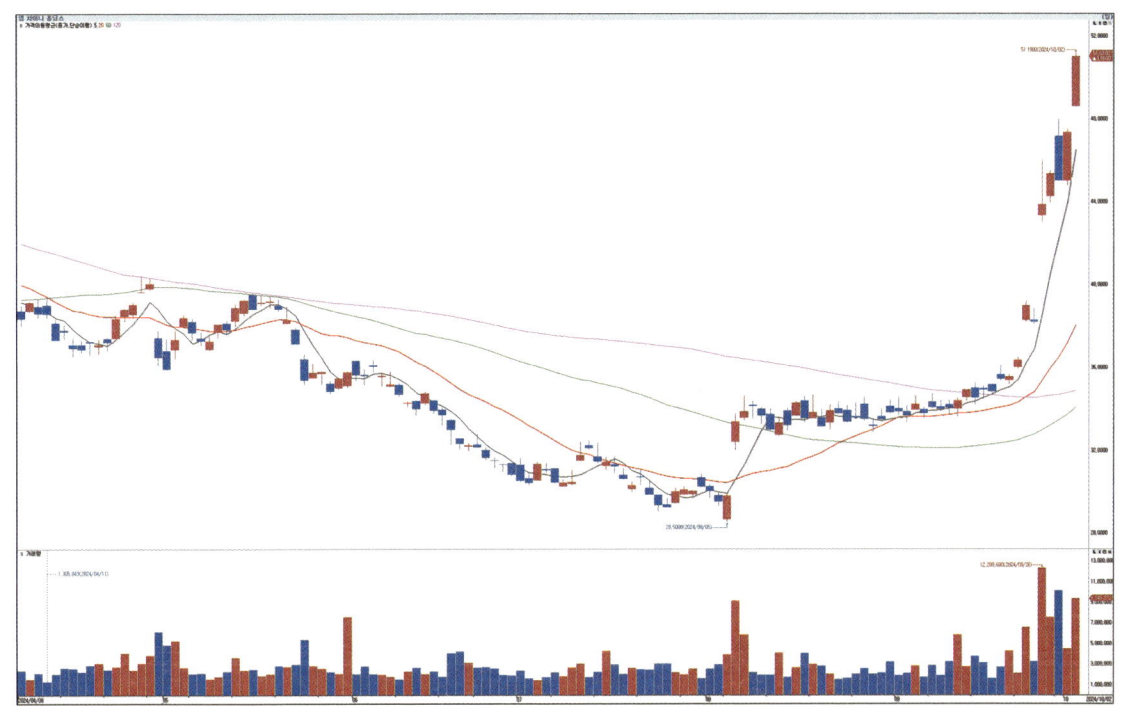

역시 주가는 크게 상승하며 투자자들에게 큰 수익을 안겨주고 있습니다. 갭 상승이 발생한 가격이 어디인지 보이지 않을 정도로 강한 상승 흐름을 보여주고 있으며, 28달러에서 52달러까지 급등하면서 저점에서 매수한 투자자들에게 큰 이익을 선사한 종목입니다.

사실 이 종목을 매매하는 것은 그렇게 어려운 일이 아니었습니다. 주가가 하락하던 종목에서 갭 하락 양봉이 나오면 상승 신호가 될 가능성이 크고, 바닥권에서 갭 상승 양봉이 발생하면 역시 상승 신호가 될 수 있습니다. 이러한 기본적인 패턴만 알고 접근했어도 충분히 수익을 낼 수 있었던 종목이었습니다. 게다가 횡보 후 다시 갭 상승이 나온 것을 보고 진입했어도 마찬가지로 수익을 기대할 수 있는 기회가 있었습니다. 결국, 차트의 기본적인 흐름만 알고 있었다면, 누구나 매수 타점을 여러 번 잡을 수 있는 종목이었습니다.

중요한 것은 앞으로도 이런 종목을 실전에서 발굴하여 수익을 낼 수 있는가 하는 점입니다. 사실 이러한 종목들은 시간을 들여 차트를 면밀히 살펴보면 충분히 찾아낼 수 있습니다. 하지만 단순히 종목을 찾는 것보다 더 중요한 것은, 실제로 매수하여 수익을 실현할 수 있는지입니다.

다시 한 번 강조하지만, 이러한 종목을 과감하게 매수할 수 있는 능력을 기를 때까지 소액 투자나 모의투자를 통해 꾸준히 연습하는 것이 중요합니다. 단순히 다른 투자자들이 수익을 내는 모습을 부러워하기만 해서는 아무런 변화가 일어나지 않습니다. 스스로 차트 분석 능력을 키우고, 자신만의 투자 전략을 확립해야만 실제 시장에서 성공할 수 있습니다.

여러분도 투자 원금을 지키는 데 급급한 계좌가 아닌, 달러가 넘쳐나 인출할 수 있는 계좌로 만들어보시기 바랍니다. 성공적인 투자를 위해서는 끊임없는 학습과 실전 경험이 필수입니다. 결국, 시장에서 꾸준히 돈을 버는 투자자가 되기 위해서는 이런 종목들을 선별하고, 과감하게 매매할 수 있는 능력을 키워야 합니다.

전고점 돌파
갭 상승 타점 공략법

타일러 테크놀로지스(Tyler Technologies, Inc. 티커: TYL)는 공공 부문을 위한 통합 정보 관리 솔루션과 서비스를 제공하는 미국의 기업입니다. 이 회사는 엔터프라이즈 소프트웨어와 평가 및 세금 부문에서 활동하고 있습니다.

 차트 1

미국 주식의 특징 중 하나는 주가가 갭 상승하면 추가 상승 가능성이 높다는 점입니다. 갭 상승은 주가가 전날 종가보다 훨씬 높은 가격에서 시작하는 현상으로, 강한 매수세가 유입되었음을 의미합니다. 특히 거래량이 동반된 갭 상승은 투자자들의 관심이 집중된 신호로 해석될 수 있습니다.

이 종목도 주가가 하락세를 보이다가 갑자기 거래량이 증가하면서 갭 상승이 발생했습니다. 하지만 갭 상승 이후 즉각적인 추가 상승은 나타나지 않았습니다. 오히려 주가가 다소 불안한 모습을 보이며 조정을 받는 듯한 흐름을 보였습니다. 보통 갭 상승 이후 기대했던 상승이 나오지 않으면 실망 매물이 나오면서 주가가 하락하는 경우가 많습니다. 그러나 이 종목은 하락하지 않고 일정 수준에서 버티고 있었습니다.

갭 상승 이후 주가가 일정 구간에서 머물며 횡보하는 것은 중요한 의미를 가집니다. 만약 갭 상승 이후 바로 하락했다면 상승세가 힘을 잃고 단기적인 이벤트로 끝날 가능성이 높았을 것입니다. 하지만 이 종목은 일정 기간 고점 부근에서 주가를 유지하고 있었습니다.

갭 상승이 발생한 이후 약 2개월 동안 주가는 큰 변동 없이 고점 부근에서 횡보했습니다. 이후 소폭 상승하는 모습을 보였지만, 상승세가 오래 지속되지는 못하고 다시 조정을 받으며 하락했습니다. 그러나 중요한 점은, 주가가 6개월 전 형성된 갭 상승의 고점을 이탈하지 않았다는 점입니다.

미국 주식에서 갭 상승 이후 다시 하락하는 종목들이 있지만, 일정한 가격대를 지키며 버티는 종목도 있습니다. 이런 종목들은 주목할 필요가 있습니다. 왜냐하면, 갭 상승이 발생했다는 것은 그 당시 강한 매수세가 유입되었다는 의미이며, 이후 주가가 일정 구간에서 조정을 받더라도 고점을 지키고 있다면 선도 투자자들이 시장에서 주가를 관리하고 있을 가능성이 높기 때문입니다.

이 종목 역시 6개월 동안 고점 부근에서 박스권을 형성하며 가격을 유지한 후, 다시 한 번 갭 상승이 발생했습니다. 그리고 주가가 고점을 돌파하면서 강한 상승 흐름을 보입니다. 이러한 패턴은 단순한 개별 투자자의 움직임이 아니라, 선도 투자자들의 전략적인 매수와 매도 활동이 반영된 결과일 가능성이 큽니다.

따라서, 갭 상승 이후 주가가 일정 수준을 유지하며 조정을 받다가 다시 상승하는 종목들은 예의주시할 필요가 있습니다. 특히, 갭 상승 이후 일정한 기간 고점을 유지하며 버티는 종목이라면, 향후 강한 상승 흐름이 나올 가능성을 염두에 두고 관심 있게 지켜보는 것이 중요합니다.

📊 **차트 2**

두 번째 갭 상승이 발생하면서, 주가는 첫 번째 갭 상승 이후 형성된 박스권의 고점을 돌파하고 추가 상승을 이어가고 있습니다. 미국 주식 시장에서는 이렇게 갭 상승 이후 주가가 조정을 받더라도 일정한 가격대를 유지하며 다시 상승하는 패턴이 자주 발생합니다. 따라서 갭 상승이 발생한 종목은 관심 종목에 추가해두고, 이후 주가 흐름을 살펴보며 상승이 지속될 경우 매수 기회를 노리는 전략이 유효합니다.

이 종목 역시 두 번째 갭 상승 이후 강하게 상승했지만, 최근 들어 주가가 밀리는 모습을 보입니다. 하지만 여기서 중요한 점은, 미국 주식 시장에서 갭 상승이 발생한 이후 조정을 받더라도, 갭 상승 당시의 고점이 지지선 역할을 하며 다시 반등하는 경우가 많다는 것입니다.

이 종목의 흐름을 보면, 두 번째 갭 상승 이후 상승세를 이어가다가 조정을 받으면서 주가가 하락했지만, 갭 상승 당시의 고점 부근까지 내려온 이후 더 이상 밀리지 않고 있습니다. 또한, 주가를 지지하는 양봉이 형성되며 반등의 가능성을 시사하고 있습니다.

이러한 흐름은 선도 투자자들이 일정 가격대에서 주가를 방어하고 있음을 의미할 수 있으며, 이는 다시 상승으로 이어질 수 있습니다. 따라서 단순히 주가가 밀린다고 해서 부정적으로 보기보다는, 갭 상승의 고점이 지지선으로 작용하는지를 확인하는 것이 중요합니다.

📊 **차트 3**

갭 상승의 고점 부근까지 주가가 밀린 후, 매수세가 유입되면서 다시 상승하기 시작합니다. 이러한 흐름이 나타나면 5일선을 지지선으로 삼고 보유하는 전략이 유효합니다. 특히, 주가가 반등하는 과정에서 강한 매수세가 붙으며 상승세를 이어가는 경우가 많습니다.

이번 사례에서도 주가는 360달러에서 반등한 이후 강한 매수세와 함께 상승을 이어가며, 단기간에 590달러까지 급등했습니다. 이 과정에서 두 차례의 갭 상승이 발생했으며, 주가는 갭 상승 가격을 이탈하지 않고 안정적으로 버티면서 큰 시세를 형성했습니다. 갭 상승 이후 주가가 조정을 받더라도 갭 상승 가격을 지지선으로 유지하는 종목은 상승 가능성이 높은 패턴을 보일 확률이 높습니다.

　미국 주식 시장에서는 갭 상승과 강한 양봉이 함께 등장하는 패턴이 자주 나타나며, 비교적 높은 확률로 추가 상승이 이어집니다. 따라서 이러한 종목을 미리 포착하고 관심 종목에 추가해둔다면, 적절한 매수 타점을 찾아 진입하고 수익을 실현할 기회를 가질 수 있습니다.

갭 하락 양봉을 찾아라!

로빈훗 마케츠(Robinhood Markets Inc., 티커: HOOD)는 미국의 금융 서비스 플랫폼을 개발하는 회사로, 주식, 펀드, 옵션 거래를 시작으로 최근에는 암호화폐 거래와 직불카드를 통한 현금 관리 서비스까지 다양한 금융 서비스를 제공합니다.

 차트 1

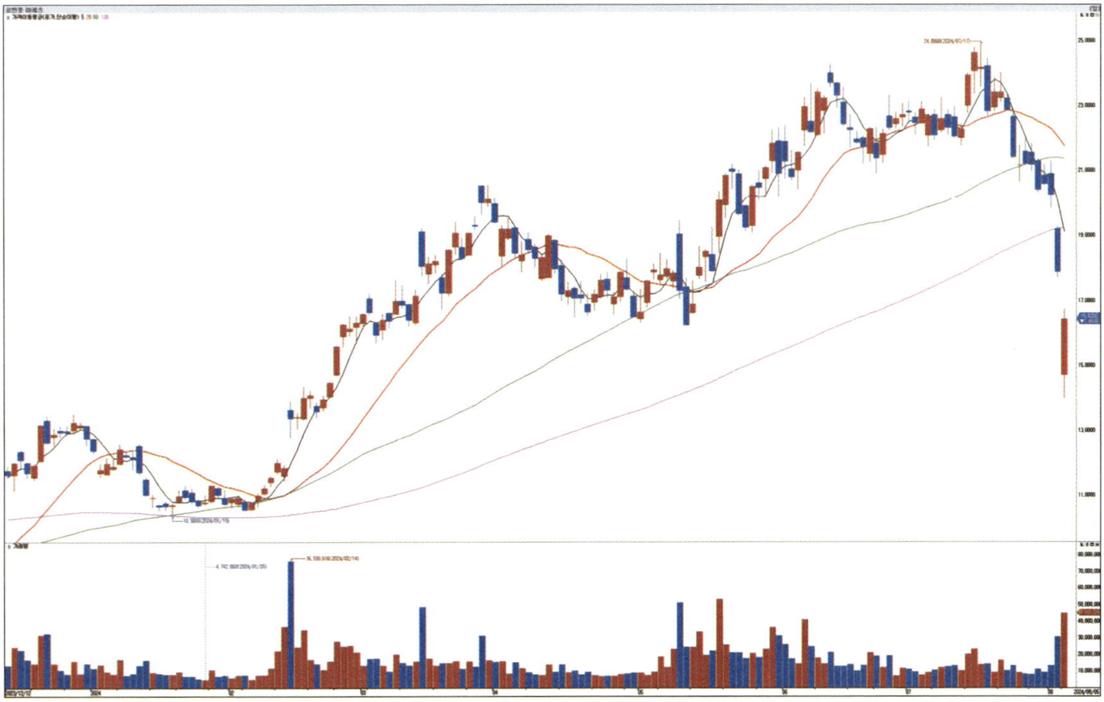

이 종목의 흐름을 살펴보면, 주가는 10달러에서 상승을 시작하여 5개월 동안 꾸준히 오르며 25달러까지 도달했습니다. 상승 과정에서 몇 차례 조정이 있었지만, 전체적으로 안정적인 흐름을 유지하며 우상향을 이어갔습니다. 그러나 어느 순간 주가가 더 이상 상승하지 못하고 급락하기 시작합니다.

이번 하락은 단순한 조정이 아닌 매우 가파른 낙폭을 동반한 급락입니다. 악재나 시장 상황에 의해 강하게 밀리는 모습이며, 단 10거래일 만에 5개월 동안 쌓아온 상승분을 거의 반납하며 15달러까지 이탈했습니다. 이는 단순한 조정이 아니라 시장 심리의 급격한 변화를 의미하는 신호입니다.

하지만 오늘 주가 흐름을 보면 갭 하락 출발 후 장중에 반등하며 양봉을 기록했습니다. 비록 주가는 하락했지만, 캔들은 양봉으로 마무리된 것입니다. 이는 미국 주식에서 흔히 나타나는 패턴으로, 하락 종목에서 갭 하락 양봉이 탄생한 것은 중요한 의미를 가집니다.

갭 하락 후 음봉이 이어지면 추가 하락 가능성이 높다는 신호로 해석되지만, 갭 하락 직후 양봉이 나온다면 상황이 다르게 전개될 수 있습니다. 이는 하락이 마무리되고 반등세로 전환될 가능성을 내포하는 신호로 볼 수 있습니다.

예를 들어 15달러 이하에서 투자자들이 충분한 매수 메리트를 발견하고 적극적으로 매수에 나섰다면, 이는 저점에서 강한 수요가 형성되었음을 의미합니다. 갭 하락 이후 대량 거래가 발생하며 매도 물량을 흡수하는 강한 매수세가 나타난다면, 이는 투자자들이 공포 매물을 받아들이며 바닥을 형성하려 한다는 신호입니다.

이러한 패턴이 나타난 종목은 무조건 관심 종목에 추가해두고, 이후 몇 거래일 동안 주가가 저점을 지켜주는지 면밀히 관찰하는 것이 좋습니다. 만약 추가적인 거래량 증가와 함께 주가가 15달러 부근에서 지지를 확인하면, 이는 저점 형성과 반등 가능성이 높아진다는 강력한 신호로 해석할 수 있습니다. 단, 즉시 매수하기보다는 흐름을 지켜본 후 강한 반등 신호가 나타날 때 본격적인 매수를 고려하는 전략이 바람직합니다.

이와 같이 갭 하락 후 양봉이 나타나는 경우는 주식 시장에서 중요한 전환점이 될 수 있으며, 이를 잘 활용하면 큰 수익 기회를 포착할 수 있습니다.

차트 2

갭 하락 양봉이 나타난 후 주가는 서서히 반등하기 시작하더니 20달러를 돌파한 후 잠시 조정을 거쳤습니다. 이후 다시 상승 흐름을 이어가며 전고점 부근에서 또 한 차례 조정을 받았고, 결국 이를 돌파하며 28달러까지 상승하는 강한 흐름입니다.

차트를 자세히 살펴보면, 갭 하락 양봉이 출현할 당시 대량 거래가 연속으로 터지는 모습을 확인할 수 있습니다. 이는 선도 투자자들이 적극적으로 개입한 신호로 볼 수 있으며, 이후 주가가 반등하여 상승세를 이어간 것은 이러한 매수세가 실질적인 영향을 미쳤다는 것을 의미합니다.

이전에 언급했듯이, 갭 하락 양봉이 나오면 일단 관심 종목에 추가해두는 것이 중요합니다. 이번 종목은 이러한 패턴을 보여준 후 상승에 성공한 좋은 사례입니다.

앞으로도 비슷한 패턴이 나타나면 우선 관심 종목에 추가한 후 주가가 추가 하락 없이 반등하는지를 관찰해야 합니다. 만약 일정 구간에서 지지를 받고 상승하는 흐름이 확인된다면, 적극적인 매매를 고려할 수 있습니다. 갭 하락 양봉 후 반등 패턴은 실전에서 충분히 활용할 수 있는 전략 중 하나이므로, 이런 기회를 놓치지 않도록 차트 분석에 집중하는 것이 중요합니다.

📊 **차트 3**

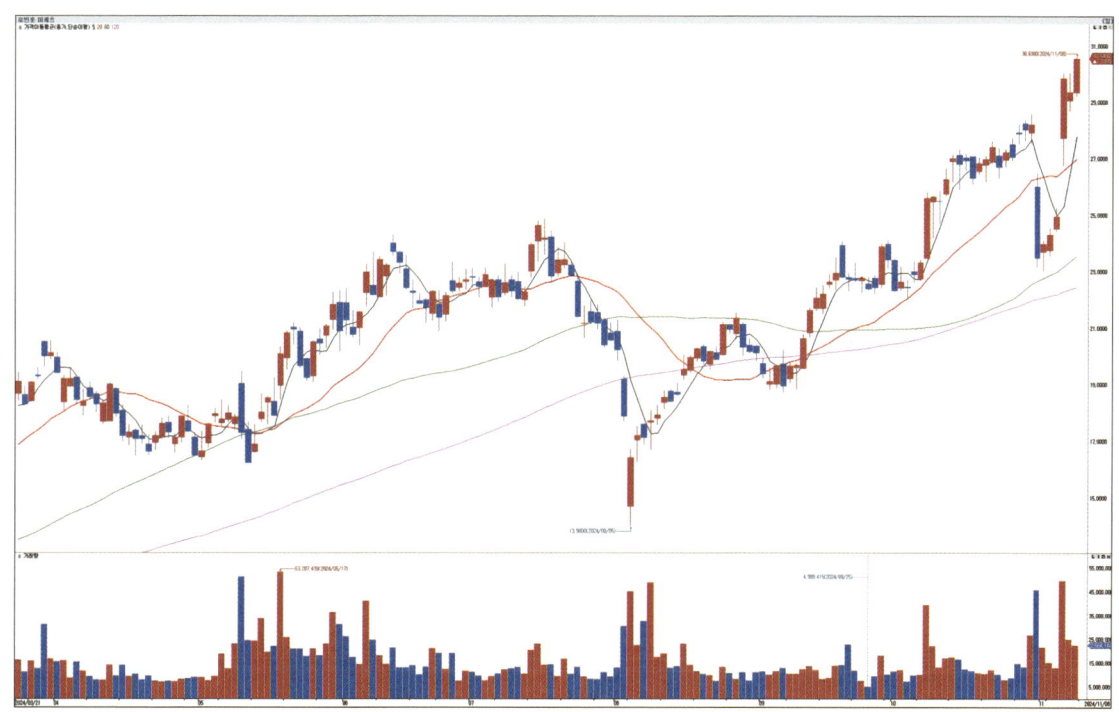

　　전고점을 돌파하며 28달러까지 상승했던 종목이 갑자기 급락하는 모습을 보였습니다. 이 정도의 상승이 이어졌다면, 선도 투자자들이 일부 물량을 정리하면서 조정이 나올 가능성이 충분히 있었습니다. 실제로 강한 상승 후 하루 만에 장대음봉이 출현하며 하락이 시작되는 듯한 흐름을 보였지만, 그다음 날 주가는 더 이상 하락하지 않고 양봉을 기록하며 다시 반등하기 시작했습니다.

　　보통 이렇게 단기간 급등한 종목이 조정을 거칠 때는 추가 하락이 이어지는 경우가 많지만, 이번 경우에는 하락이 제한적이었고, 곧바로 상승 추세로 복귀하는 모습을 보였습니다. 이는 상당히 강한 흐름이라고 볼 수 있습니다.

　　주가가 저점에서 크게 상승한 후 다시 끌어올리는 것은 결코 쉬운 일이 아닙니다. 그런데도 빠른 반등이 나온 것은 저점에서 매수했던 선도 투자자들이 여전히 이 종목의 추가 상승 가능성을 높게 보고 있다는 의미로 해석할 수 있습니다. 만약 이들이 추가 상승 가능성을 낮게 봤다면, 고점에서 매도세가 더욱 강하게 나오면서 주가는 큰 폭으로 밀렸을 것입니다. 그러나 반대로 일시적인 악재로 하락한 주가를 고점에서 다시 끌어올렸다는 점은, 이 종목의 상승 흐름이 끝나지 않았음을 암시하는 강력한 신호입니다.

이미 보유 중인 투자자라면 굳이 서둘러 매도할 필요 없이 계속 홀딩합니다. 또한, 저점에서 매수하지 못해 기회를 놓친 신규 투자자들에게도 매력적인 공략 타점이 됩니다.

앞으로도 실전에서 비슷한 흐름의 종목을 발견한다면, 겁을 먹기보다는 주가가 다시 반등할 수 있는 신호를 포착하고 대응하는 전략이 중요합니다. 강한 상승 후 조정이 나오더라도, 즉각적인 반등과 함께 다시 상승세를 이어가는 패턴이라면 추가적인 상승 가능성을 충분히 고려할 필요가 있습니다.

차트 4

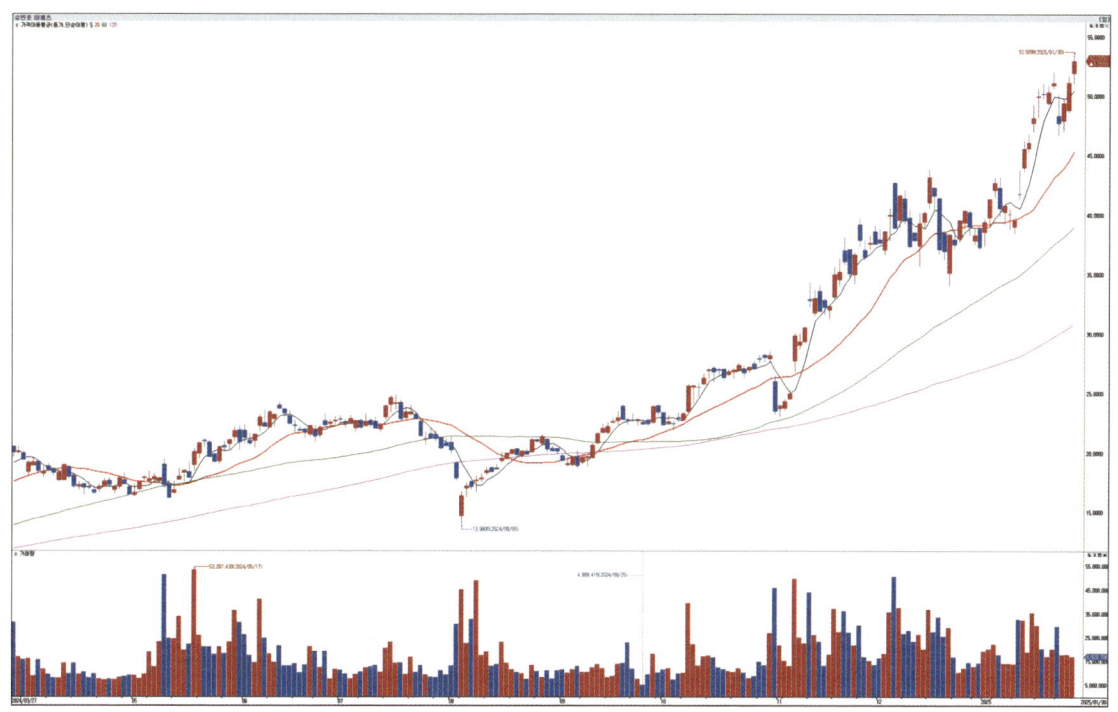

전체 차트 흐름을 보면 이 종목은 10달러에서 시작하여 결국 53달러까지 상승하는 강력한 상승세를 보였습니다. 만약 1,000달러를 투자했더라면 5,300달러로 바뀔 수 있는 기회였죠. 물론 최저 바닥에서 매수해서 최고가에 팔 수는 없습니다. 그러나 우리가 차트 타점을 잘 공략했다면, 최소 100% 이상의 수익을 올릴 수 있었을 것입니다.

이 종목에서 돈을 버는 투자자는 미국 주식에 10년 이상 투자한 경험이 있는 전문가, 영어에 능숙하고 미국 기업 분석에 해박한 사람만이 아닙니다. 차트 분석을 통해 타점을 잘 공략한 투자자도 충분히 이 종목에서 수익을 낼 수 있습니다.

미국 주식에서 자주 보이는 갭 하락 양봉 패턴을 잘 체크하고, 주가가 급락할 때도 즉시 상승 추세로 복귀할 수 있는 신호를 읽을 수 있다면 그때마다 적절히 매수하여 수익을 올릴 수 있습니다.

중요한 것은 실전에서 이러한 종목을 발굴하고 놓치지 않고 매매하는 능력입니다. 한 번에 수익을 올리기는 어렵습니다. 꾸준히 연습하고, 차트를 분석하며 종목을 발굴해나가다 보면 결국 나에게 수익을 안겨주는 종목을 잡을 수 있을 것입니다.

갭 상승 종목의 지지 가격을 찾아라

유나이티드헬스 그룹(UnitedHealth Group, 티커: UNH)은 미국을 대표하는 헬스케어 기업으로, 건강보험 및 의료서비스, 그리고 헬스케어 IT 솔루션을 제공합니다.

📈 차트 1

차트를 보면, 이 종목은 하락 추세에 들어선 상태입니다. 실적 악화로 계속해서 하락하는 종목은 아니지만, 하락 중간에 여러 번 반등 시도를 했습니다. 하락 추세를 보면 1단계 하락, 2단계 하락, 3단계 하락, 4단계 하락을 거치며, 주가는 554달러에서 436달러까지 내려갔습니다.

하락 중간에 반등 시도를 노리고 매수했더라면, 손실로 이어졌을 가능성이 큽니다. 하락 추세 중간에 매수하는 것이 얼마나 위험한지 알 수 있습니다. 하락 추세인 종목에 들어가려면 확실한 반등 신호가 있어야 성공 확률을 높일 수 있습니다.

이 종목은 3단계 하락 후 반등에 성공했지만, 진짜 추세를 돌리는 반등인지 아니면 일시적인 반등인지 알기 어렵습니다. 그러나 차트를 자세히 보면, 주가 되돌림 파동이 나타나고 있음을 확인할 수 있습니다. 이는 일시적인 반등보다는 추세 반전을 위한 초기 단계라는 신호일 수 있습니다.

4단계 하락 이후, 3단계 하락 전까지 주가는 갭 상승을 통해 물량을 소화합니다. 하락 후 갭 상승으로 주가를 빠르게 띄우면서, 단숨에 3단 하락 가격대까지 도달하게 됩니다.

갭 하락하면서 매도하지 못하고 공포에 떨며 "본전만 되면 좋겠다"라고 기도하던 투자자들의 물량을 한 호가씩 소화하는 것이 아니라, 단숨에 주가를 띄워 소화하고 있다는 점에서 특별함을 느낄 수 있습니다. 주가를 갭으로 띄우면 물려 있는 투자자들이 손실을 만회하려고 매도하는 경향이 있는데, 이 종목은 갭 상승으로 주가를 상승시켜 투자자들이 본전이 되자 손실을 단순히 만회하며 물량을 던지게 만듭니다.

선도 투자자 입장에서는 저가에서 천천히 매수를 할 수 있지만, 비싼 가격부터 물량을 소화하는 이유는 호재가 나왔기 때문입니다. 한 번에 높은 호가 물량을 소화하는 것은 이 종목에 확실한 호재가 있다는 강력한 신호로 볼 수 있습니다. 차트에서 갭 상승이 중요한 이유입니다.

물론 갭 상승 후 주가가 무너지는 경우도 있습니다. 이는 일시적인 재료로 갭 상승이 발생했을 때, 추가 상승 없이 매물에 의해 주가가 하락하는 경우죠. 그러나 이 종목은 달랐습니다. 주가는 추가 상승을 보이며 3단 하락 가격대까지 도달합니다.

물려 있는 투자자들 입장에서는 본전만 되길 바라는 심정으로 기다리고 있었을 텐데, 실제로 본전이 되면 그동안의 마음고생을 덜고 물량을 감사한 마음으로 던져버리게 됩니다. 이런 상황에서 주가가 상승하지 못하고 밀릴 수도 있지만, 이 종목은 버텨주고 있습니다.

매물에 의해 주가는 밀리지만 다시 상승하며 차트를 무너뜨리지 않고 일정 가격대를 유지하고 있습니다. 거래량도 늘지 않고 줄어들며, 급히 던지는 물량만 받아내고 있습니다. 만약 이 상승이 일시적인 반등에 불과했다면, 갭 상승 가격대를 무너뜨리고 하락했을 것입니다. 그러나 이 종목은 갭 상승 가격대를 유지하며 버텨주고 있습니다. 이는 갭 상승에서 들어온 매수세가 자신들의 본전 가격을 이탈하지 않도록 보호하고 있다는 뜻입니다.

차트를 보세요. 이전 하락 추세에서 나온 반등 시도와 지금의 반등은 차원이 다릅니다. 이 차트는 확실히 다릅니다.

차트 2

주가가 바닥에서 상승 후 지지 가격대를 무너뜨리지 않자 주가가 다시 다음 단계로 상승하고 있습니다. 즉, 물려 있던 투자자의 물량을 계단식으로 소화하면서 주가를 끌어올리는 것이죠.

실전에서 주가가 상승 후 지지 가격을 만들고 움직이는 경우가 흔합니다. 주가가 하락하든, 상승하든, 쉬어 갈 때는 전에 주가가 어디에서 지지나 저항이 나왔는지 살펴봐야 합니다. 그러면 주가가 어디까지 하락할지, 아니면 상승할지 힌트를 얻을 수 있을 것입니다.

주가가 저항 가격을 돌파할 때를 노려라

CMS 에너지(CMS Energy Corporation, 티커: CMS)는 미국 미시간 주에 본사를 둔 에너지 및 유틸리티 기업입니다. 전기와 천연가스의 생산, 송배전, 판매 등 다양한 에너지 관련 서비스를 제공하며, 안정적인 배당 정책을 유지하고 있습니다.

 차트 1

이 종목의 초반 차트 흐름은 주가가 50달러 후반에서 60달러 초반 사이의 박스권 내에서 약 4개월간 등락을 반복하며 움직였음을 보여줍니다. 이후 박스권 상단 돌파 시도가 있었으나, 강한 상승 모멘텀이 부족해 곧 밀려났습니다. 그 후 주가는 하락과 반등을 반복하며 점차 고점을 높여가지만, 여전히 일정한 가격 범위를 크게 벗어나지 못하는 모습을 보입니다.

눈여겨볼 점은, 주가가 일정 가격 이하로 떨어질 때마다 강한 반등이 반복된다는 것입니다. 이는 누군가가 시장에서 주가를 적극적으로 방어하고 있다는 신호로 해석할 수 있으며, 해당 종목의 수급이 강하다는 긍정적인 측면을 나타냅니다.

현재 주가는 이전 고점 부근까지 도달한 상태로, 중요한 분기점에 서 있습니다. 여기서 두 가지 가능성이 있습니다:

- **돌파에 성공할 경우**: 전고점을 넘어서 강한 상승 흐름이 이어질 가능성이 큽니다.
- **돌파에 실패할 경우**: 주가는 다시 박스권 내에서 등락을 반복할 가능성이 높습니다.

이러한 상황에서 투자자로서의 전략은 단순한 예측에 머무르지 않고, 리스크 관리를 최우선으로 하는 대응 전략이 필요합니다. 구체적으로는, 돌파를 미리 예상하여 선취매를 하지 않고, 실제로 주가가 돌파하는 모습을 확인한 후 매수하는 것이 바람직합니다. 비록 돌파 후 진입 시 다소 높은 가격에 매수하더라도, 이는 돌파 실패로 인한 리스크를 줄이면서 상승 흐름을 놓치지 않을 수 있는 안정적인 전략입니다.

결국, 중요한 것은 단순한 예측이 아니라 시장의 확실한 신호에 대응하는 것입니다. 주가 차트를 면밀히 관찰하면서 돌파 신호가 나타날 때 매매에 진입하는 전략이 성공적인 투자로 이어질 수 있습니다.

📊 **차트 2**

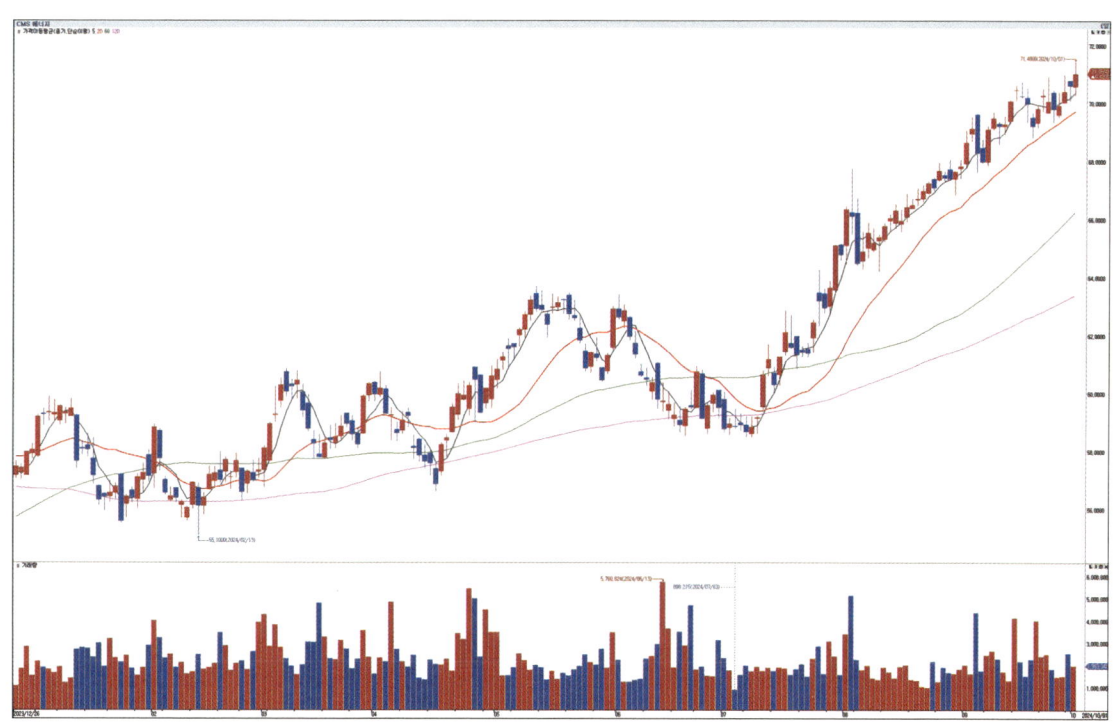

오랫동안 박스권에서 움직이던 종목이 마침내 저항을 돌파하고 상승하기 시작합니다. 상승 흐름을 따라 5일선을 기준으로 매매했다면 좋은 결과를 얻었을 것입니다.

물론 매수 후 수익이 나기 시작하면 상승 도중 고점이라고 판단해 매도할 수도 있고, 끝까지 보유하다가 진짜 고점에서 매도할 수도 있습니다. 어떤 선택을 하든 중요한 것은 이러한 종목을 직접 찾아내고, 매매를 통해 실제로 수익을 낼 수 있는가 하는 점입니다.

　수익의 크기에 집착하기보다는, 꾸준히 유망한 종목을 발굴하고 수익을 실현할 수 있는 능력을 기르는 것이 더욱 중요합니다. 주식을 계속하든, 언젠가 그만두든, 이런 기회는 앞으로도 계속 나타날 것이기 때문입니다. 조급한 마음을 버리고, 꾸준한 연습과 경험을 통해 실력을 쌓아가시길 바랍니다.

고점 박스권
돌파 시도 종목을 노려라

셀레스티카(Celestica Inc, 티커: CLS)는 전 세계 고객에게 첨단 디자인, 엔지니어링, 제조 및 공급망 솔루션을 제공하는 글로벌 전자제조서비스(EMS) 기업입니다.

 차트 1

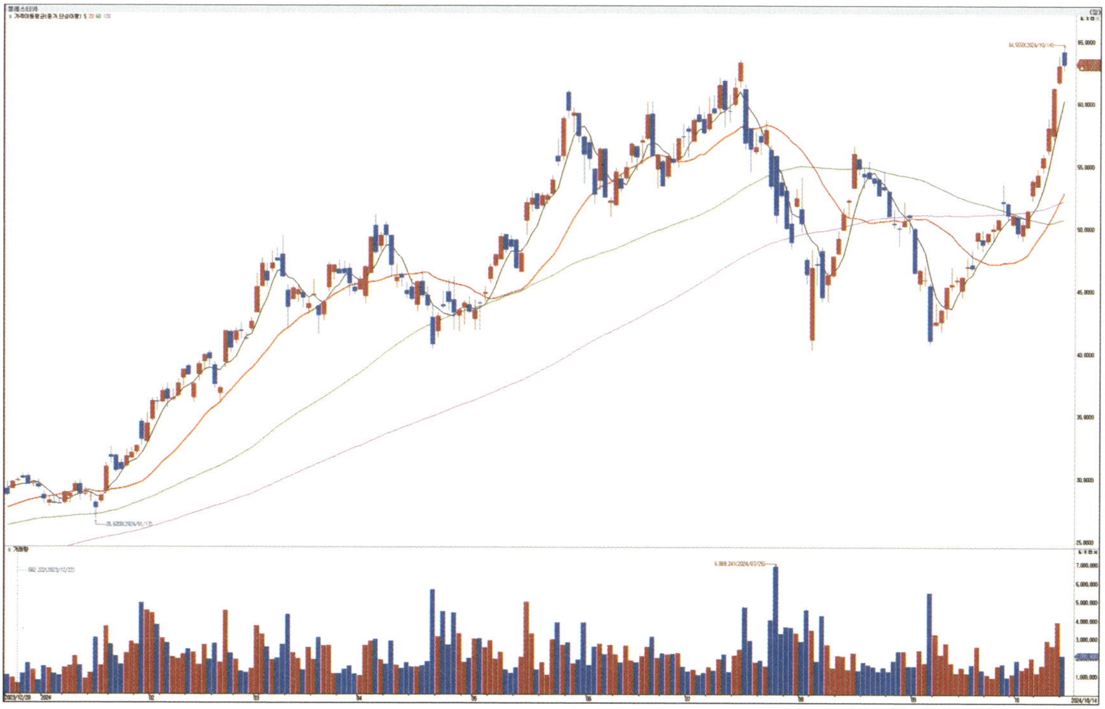

이 종목은 이미 저점에서 크게 상승한 상태입니다. 26달러에서 64달러까지 오른 만큼, 저점에서 매수한 투자자들은 상당한 수익을 거두고 있을 것입니다.

그러나 최근 주가 흐름을 보면, 60달러를 돌파한 후 갑자기 무너지는 모습을 보였습니다. 이렇게 강하게 상승하던 종목이 급락하면, 보유자는 매도하는 것이 좋고, 신규 매수자는 접근을 피해야 합니다.

새로운 종목을 매수할 때는 반드시 상승하는 종목을 선택해야 합니다. 하락하는 종목은 더 하락할 가능성이 높고, 상승하는 종목은 추가 상승할 확률이 크기 때문입니다. 주가가 하락하는 상황에서 바닥을 예측하고 섣불리 매수해서는 절대 안 됩니다. 반드시 바닥을 확인하고, 상승으로 전환한 종목에 주목해야 합니다.

주가가 무너진 후 갭 하락 양봉이 나타나면서 다시 상승으로 전환하는 경우가 있습니다. 갭 하락 양봉은 신뢰도가 높은 패턴이므로, 하락하는 종목에서 이 신호가 나오면 주의 깊게 살펴봐야 합니다.

이후 주가가 전고점까지 회복하지 못한 채 다시 하락하지만, 전저점 부근에서 반등한다면 이는 '쌍바닥' 패턴이 됩니다. 만약 이 종목을 지속적으로 관찰하고 있었다면, 쌍바닥을 확인한 후 매수에 가담하여 좋은 수익을 얻을 수 있었을 것입니다. 그런데 이번에는 주가가 강하게 상승하며 전고점이자 최고점에 도달했습니다. 이제 어떻게 될까요?

이러한 패턴은 국내 주식뿐만 아니라 미국 주식에서도 자주 나타납니다. 수십, 수백 번 반복해서 연구할 가치가 있는 패턴입니다. 전고점을 돌파하는 종목은 이후에도 큰 폭으로 상승하는 경우가 많기 때문에, 최저점에서 잡지 못했더라도 충분한 수익을 낼 수 있습니다.

주가는 상승 흐름을 이어가다가 더 이상 상승 동력이 없으면 급락하거나 지지부진한 흐름을 보일 때가 많습니다. 하지만 이 종목은 쌍바닥을 형성한 후 다시 전고점을 향해 상승하고 있습니다. 이미 저점에서 크게 상승한 종목임에도 불구하고 특정 가격을 강하게 지지해주고 있다는 점이 중요합니다. 주가가 다시 상승한다는 것은 이 종목의 재료나 호재가 여전히 유효하다는 의미이죠.

또한, 하락할 때마다 주가를 방어하는 선도 투자자의 개입 가능성도 고려해야 합니다. 선도 투자자가 저점을 지켜주면, 그 신뢰를 바탕으로 많은 투자자들이 몰려들어 주가를 떠받치게 됩니다. 저점에서 크게 상승한 종목이 다시 최고 가격까지 끌어올려지는 것은 일반 투자자들의 힘만으로는 어렵습니다. 강력한 매집 세력과 기업의 호재가 뒷받침될 때 가능한 일이죠.

이런 종목은 전고점 돌파 가능성이 매우 높습니다. 만약 호가창에서 전고점을 돌파할 힘이 느껴진다면, 과감히 공략해볼 필요가 있습니다.

차트 2

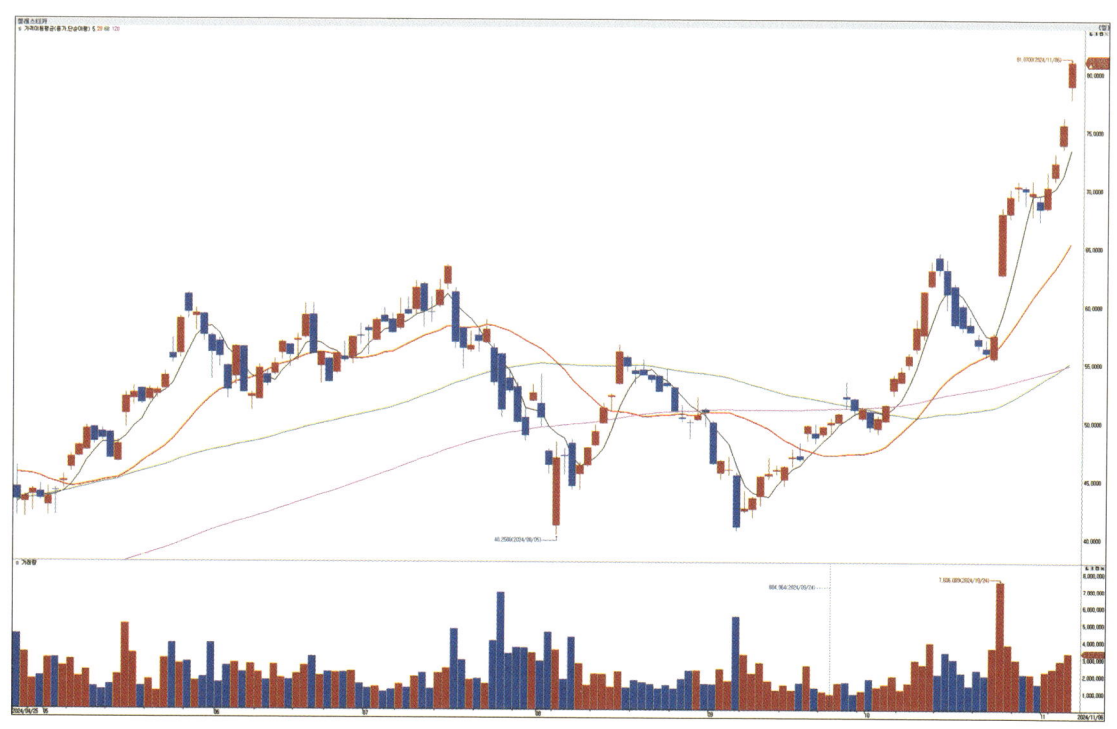

전고점 돌파 확률이 매우 높아 보였지만, 결국 주가는 무너지고 말았습니다. 여기서 우리는 아무리 좋은 매수 타점이 보이더라도 선취매를 해서는 안 된다는 중요한 교훈을 얻을 수 있습니다.

아까 뭐라고 했죠? 호가창을 통해 매수세가 유입되는 것을 확인한 후 매수해야 한다고 했습니다. 하지만 이 종목은 매수세가 유입되지 않은 채 하락했습니다. 즉, 매도세가 강하게 나오고 있다는 의미죠. 이런 상황에서 차트가 좋아 보인다고 설불리 선취매를 하면, 실패할 가능성이 높아집니다. 그래서 차트를 배우고도 '왜 안 되지?'라고 고민하는 투자자들이 생기는 것입니다.

아무리 좋은 매수 타점이라 해도 주가가 무너질 수 있습니다. 이때 확신을 너무 크게 가지면 '어? 왜 예상과 다르게 움직이지?' 하면서 매도를 망설이다가 큰 손실을 입을 수도 있습니다. 이것이 선취매를 하면 안 되는 이유입니다.

따라서, 중요한 것은 좋은 매수 타점이 나온 종목을 발굴한 후, 실제로 매수세가 유입되는지를 확인하고 매수하는 것입니다. 우리는 주가를 상승시키는 주체가 아닙니다. 우리의 역할은 강한 매수세가 유입되는 종목을 찾아 타이밍을 맞춰 진입하는 것입니다.

이 종목은 하락한 후 갭 상승 양봉이 나타나면서 다시 상승하고 있습니다. 주가가 무너졌을 때는 잠시 포기하고 관망해야 합니다. 하지만 갭 상승 양봉이 나오고, 그 과정에서 매수세가 유입된다면 과감히 공략할 필요가 있습니다.

📊 차트 3

갭 상승 양봉 이후, 주가는 20일선을 지지선으로 삼으며 꾸준히 상승했고, 결국 131달러까지 도달했습니다. 26달러에서 131달러까지 오른 만큼, 이 종목은 초대박 종목이 되었습니다.

이제 차트를 전체적으로 되돌아보면, 분명히 매수 타이밍이 여러 번 존재했음을 알 수 있습니다. 특히 갭 상승 양봉 이후, 주가가 20일선에서 지지를 받으며 상승할 때가 대표적인 매수 기회였습니다. 물론, 최저점에서 매수했다면 수익이 더욱 극대화되었겠지만, 투자의 핵심은 최저점에서 잡는 것이 아니라 안정적인 매매 기회를 찾아 수익을 내는 것입니다.

가장 중요한 것은 한 종목에서 얼마나 수익을 냈느냐가 아니라, 이런 종목을 실전에서 발굴하고 매매할 수 있는가입니다. 아무리 좋은 종목이라도 찾지 못하면 의미가 없으며, 반대로 꾸준히 이런 패턴을 발견하고 대응할 수 있다면 수익을 낼 기회는 무궁무진합니다.

처음에는 시행착오도 겪고, 실수도 하게 될 것입니다. 하지만 그런 경험이 쌓이면, 결국 이 책에서 다루지 못한 부분까지 스스로 깨닫고 자신만의 매매 원칙을 정립할 수 있게 될 것입니다.

몇 번 해보고 포기하지 말고, 부지런히 연습하며 투자 감각을 키워봅시다. 꾸준한 노력과 반복적인 학습이 결국 성공적인 투자자로 가는 길을 열어줄 것입니다.

변동이 심한 급등주 대응법

로켓랩(Rocket Lab USA, Inc., 티커: RKLB)은 우주 및 방위 산업을 위한 발사 서비스와 우주 시스템 솔루션을 제공하는 미국의 항공우주 기업입니다.

차트 1

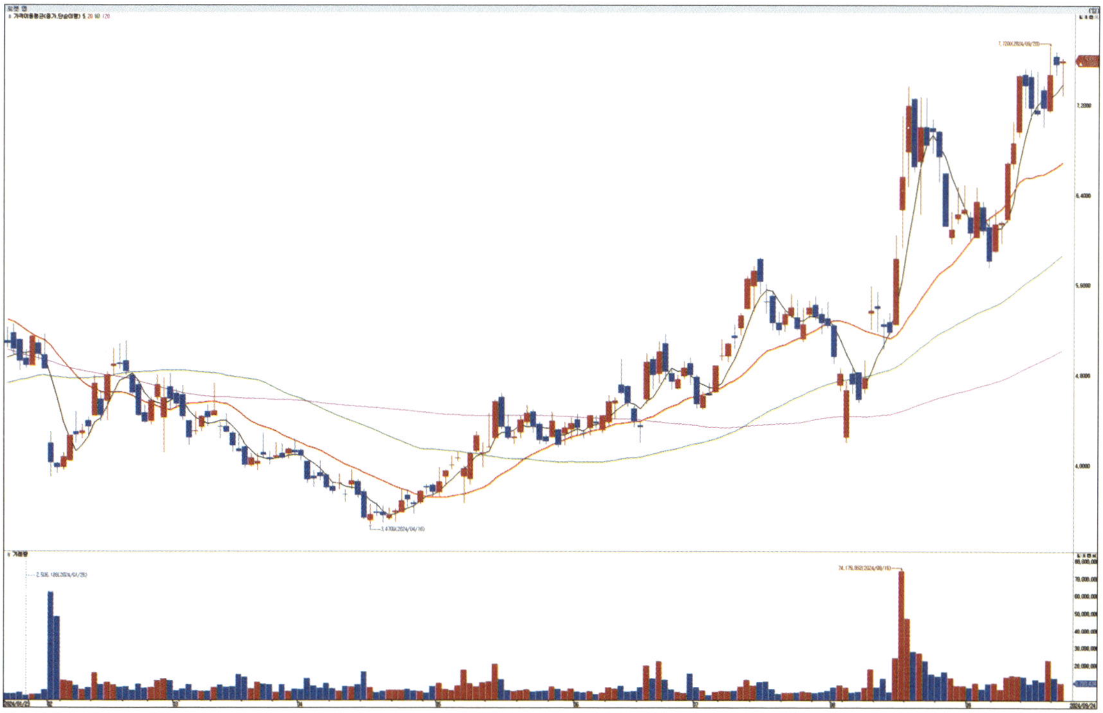

이 종목은 3.5달러에서 7.7달러까지 상승하며 강한 흐름을 보여주고 있습니다. 바닥을 찍은 후 20일선을 이탈하지 않고 꾸준히 상승했고, 중간에 조정이 오더라도 갭 하락 양봉이 발생한 뒤 다시 반등하며 상승세를 이어갔습니다. 결국 주가는 완만한 상승 흐름을 보이며 전고점까지 도달한 상태입니다.

완만하게 상승하는 종목에서는 20일선 눌림목 반등이 매수 타이밍이 될 수 있고, 이 책에서 계속 강조하는 갭 하락 양봉이 발생한 지점 역시 좋은 매수 기회였습니다. 이 구간에서 진입했더라도 상당한 수익을 거둘 수 있었을 것입니다.

갭 하락 양봉 이후 주가가 반등에 성공했습니다. 이제 중요한 것은 주가가 전고점을 돌파할 것인가, 아니면 저항을 받고 다시 하락할 것인가입니다. 만약 돌파에 성공한다면 상승 추세가 지속되겠지만, 실패한다면 다시 조정을 받을 가능성이 높습니다.

그렇다면 어느 방향으로 배팅하는 것이 유리할까요? 일단 상승 가능성에 무게를 두고 대응하는 것이 좋습니다. 상승 추세를 만들어가는 종목은 탄력이 붙으면 계속 상승하는 경향이 강하기 때문입니다. 특히 갭 하락 양봉 이후 주가가 상승하면서 전에 볼 수 없었던 대량 거래가 발생했다는 점이 중요합니다. 이는 선도 투자자들의 매집 신호일 수도 있고, 일부 투자자가 차익 실현 후 빠져나간 것일 수도 있습니다.

하지만 차트의 앞부분을 살펴보면 이미 매집된 흔적이 없는 상태에서 대량 거래가 발생했다는 점이 주목할 만합니다. 만약 세력이 매도 후 이탈했다면, 주가는 하락하며 힘을 잃었어야 합니다. 하지만 이 종목은 다시 고점으로 끌어올려지고 있습니다. 이는 여전히 강한 기대감이 작용하고 있으며, 선도 투자자들이 주가를 더 끌어올릴 의지가 있음을 의미합니다.

더욱이 주가는 이미 전고점을 돌파한 상태이며, 추가 상승 가능성이 매우 높은 상황입니다. 보수적으로 보더라도 상승할 확률은 최소 50% 이상이지만, 현재 흐름을 감안하면 80% 이상 확률로 추가 상승이 기대됩니다. 이런 경우라면 주목하지 않을 이유가 없습니다. 확률이 높은 게임에는 반드시 참여해야 합니다.

차트 2

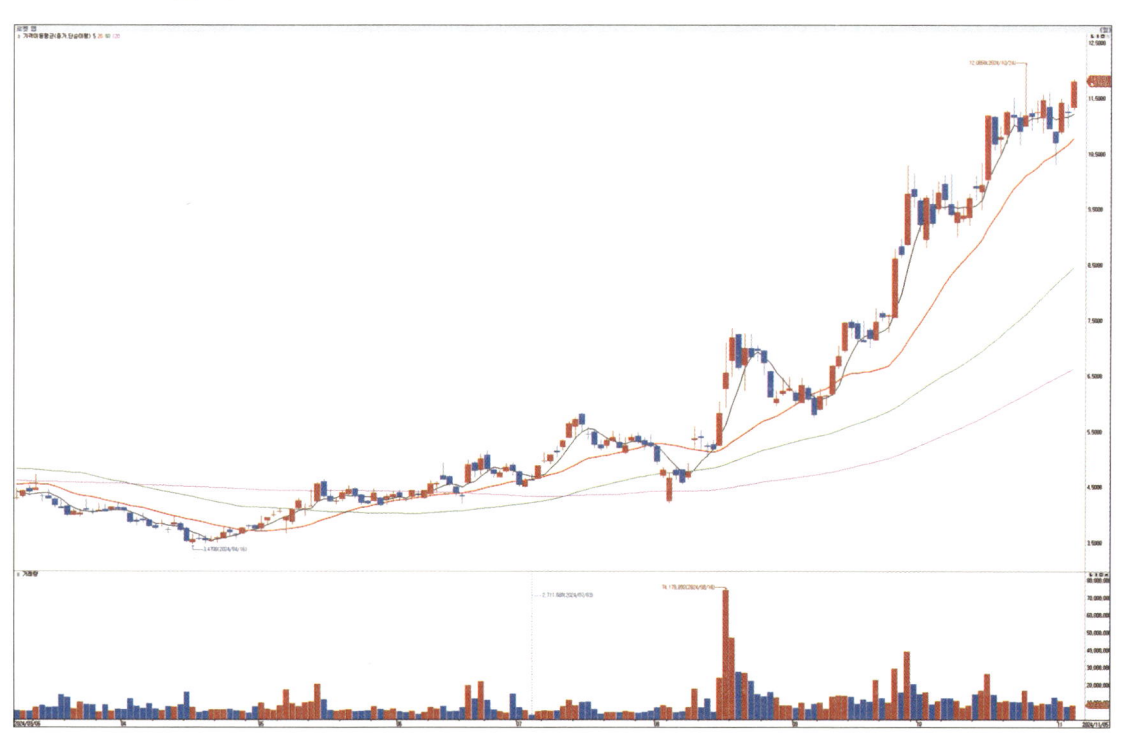

전고점을 강력한 장대양봉으로 돌파했습니다. 하지만 단순히 전고점을 넘어섰다고 매수하는 것은 위험합니다. 여기서 중요한 것은 거래량을 동반한 돌파인지 여부입니다. 과거 주가가 박스권에서 머무르며 대량 거래가 발생했다면, 이는 선도 투자자들이 이미 물량을 매집했다는 신호로 볼 수 있습니다. 하지만 돌파 시점에서도 대량 거래가 터져야 강한 상승이 지속될 가능성이 높습니다. 만약 돌파 이전에 이미 대량 거래가 터졌다면, 세력들이 주가를 상승시키기 전에 미리 차익 실현을 했을 수도 있습니다. 따라서 돌파 시점의 거래량을 반드시 체크해야 합니다.

국내 주식에서는 전고점 돌파 전에 거래량이 감소하고, 돌파 순간 대량 거래가 발생하는 경우가 일반적입니다. 하지만 미국 주식에서는 다르게 움직이는 경우가 많습니다. 사전 매집 과정에서 여러 차례 대량 거래가 발생할 수도 있고, 돌파 시점에 상대적으로 적은 거래량이 나올 수도 있습니다. 따라서 국내 주식에서 쓰던 거래량 분석법을 그대로 적용하면 오류가 발생할 가능성이 큽니다. 이를 극복하려면 단순한 돌파 여부만 볼 것이 아니라 장기적인 주가 흐름, 차트 패턴, 시장 시황 및 재료, 당일 캔들 분석을 종합적으로 고려해야 합니다. 그래야 보다 안정적인 투자 전략을 세울 수 있습니다.

전고점을 돌파한 이후 주가는 강한 장대양봉 이후 일정 기간 횡보하는 흐름을 보이는 경우가 많습니다. 주가가 급등한 뒤 일정 기간 횡보하면서 매물을 소화하고, 이후 다시 상승하는 전형적인 강세장 패턴을 보입니다. 장대양봉 후 횡보 → 다시 장대양봉 후 횡보, 이런 패턴을 반복하면서 점진적으로 상승하는 것이죠. 이런 흐름을 보일 때는 5일선을 따라 상승하는지 확인하는 것이 중요합니다. 5일선을 지지하며 상승하면 추가 상승 가능성이 높고, 만약 횡보 중에 이탈하면 조정이 길어질 수도 있습니다.

중요한 것은 단순한 돌파에 반응하는 것이 아니라, "어디에서 사야 하는가"를 정확히 판단하는 능력을 기르는 것입니다. 돌파 시점을 확인하고 거래량을 분석하며, 횡보 후 추가 상승 가능성을 고려하는 전략적인 매매 방식이 필요합니다. 이런 흐름을 익히고 실전에 적용하면 보다 안정적으로 수익을 낼 수 있습니다.

차트 3

주가가 3달러에서 12달러까지 상승한 후, 본격적인 상승이 시작되면서 이미 큰 폭으로 올랐음에도 불구하고 갭 상승이 이어지고 있습니다. 저점부터 형성된 재료가 12달러를 넘어서면서 본격적으로 시장에 반영된 것이죠. 이후 주가는 28달러까지 치솟으며 대박주의 위력이 무엇인지, 이러한 종목을 잡았을 때 계좌 잔고가 얼마나 빠르게 불어나는지를 확실하게 보여주고 있습니다.

앞서 대량 거래가 터졌던 전고점이 선도 투자자들의 대량 매집 구간이었음이 뒤늦게 확실해졌습니다. 하지만 실전에서는 이런 사실을 미리 알 수 없습니다. 우리가 확실하게 알 수 있는 것은 주가가 올라가고 있다는 것뿐입니다. 결국 우리가 할 수 있는 것은 예측과 대응입니다.

예측에 성공하면 주가 상승을 수익으로 바꾸면 되고, 실패하면 신속하게 손절하고 나오는 것이 중요합니다. 즉, 확실한 매매 타점에서 진입한 후, 상승하면 최대한 수익을 얻고, 하락하면 빠르게 정리하는 습관을 들이는 것이 핵심입니다.

많은 투자자들이 머리로는 알고 있지만, 실전에서는 망설이다가 진입 타이밍을 놓칩니다. 하지만 이런 망설임을 극복하고, 성공 확률을 50%, 나아가 60~70% 이상까지 끌어올릴 수 있다면, 실패하지 않는 투자자가 될 수 있습니다.

갭 상승 갭 하락을 분석하라

오라클(Oracle Corporation, 티커: ORCL)은 데이터베이스 관리 시스템, 엔터프라이즈 소프트웨어, 클라우드 기반 솔루션 등을 제공하는 글로벌 기술 기업입니다.

 차트 1

차트만 보면 이 종목은 주가의 변동성이 상당히 커 보입니다. 100달러에서 130달러 부근에서 등락을 반복하는 흐름이죠. 하지만 자세히 보면, 차트의 모습이 지저분해 보이는 것과 달리 실제 변동폭은 크지 않습니다. 국내 주식 기준으로 보자면 하루 동안 30% 정도의 가격제한폭에 해당하는 수준입니다.

이 종목에서 주목해야 할 부분은 바로 갭 상승이 발생한 구간입니다. 평소 무거운 주가 움직임을 보이던 종목에서 갭 상승이 나타났다는 것은, 강력한 호재성 뉴스나 재료가 등장했다는 신호로 볼 수 있습니다. 이는 강한 매수세를 유도할 수 있는 재료가 작용했음을 의미합니다. 무거운 종목에서의 갭 상승은 반드시 주목해야 합니다.

갭 상승 이후 주가 흐름을 살펴보면, 상승은 전고점까지 단숨에 이루어졌습니다. 하지만 추가 상승을 기대했음에도 전고점을 강하게 돌파하지 못하고 주가가 밀려 내려갔습니다. 이는 호재가 연속성을 가지지 못하고 고점에 쌓인 매물에 의해 주가가 저항을 받은 모습으로 해석할 수 있습니다.

그렇다면 갭 상승 이후 밀린 주가의 바닥은 어디일까요? 주가는 갭 상승 전의 고가에서 안정적으로 버티고 있습니다. 이는 매우 중요한 신호입니다. 갭 상승 이전에는 주가가 박스권을 형성하고 있었는데, 갭 상승 이후에는 그 박스권 상단이 지지선 역할을 하고 있는 것입니다.

즉, 갭 상승이 단순한 일회성 움직임이 아니라, 주가를 한 단계 업그레이드 시키는 의미 있는 신호였던 것입니다. 이전에 저항으로 작용하던 가격이 이제는 지지 가격으로 변한 것은 주가가 새로운 국면에 진입했다는 뜻입니다.

이러한 흐름은 갭 상승 캔들이 단순한 시세 변동이 아니라, 종목에 중요한 전환점이 되었음을 보여줍니다.

차트 2

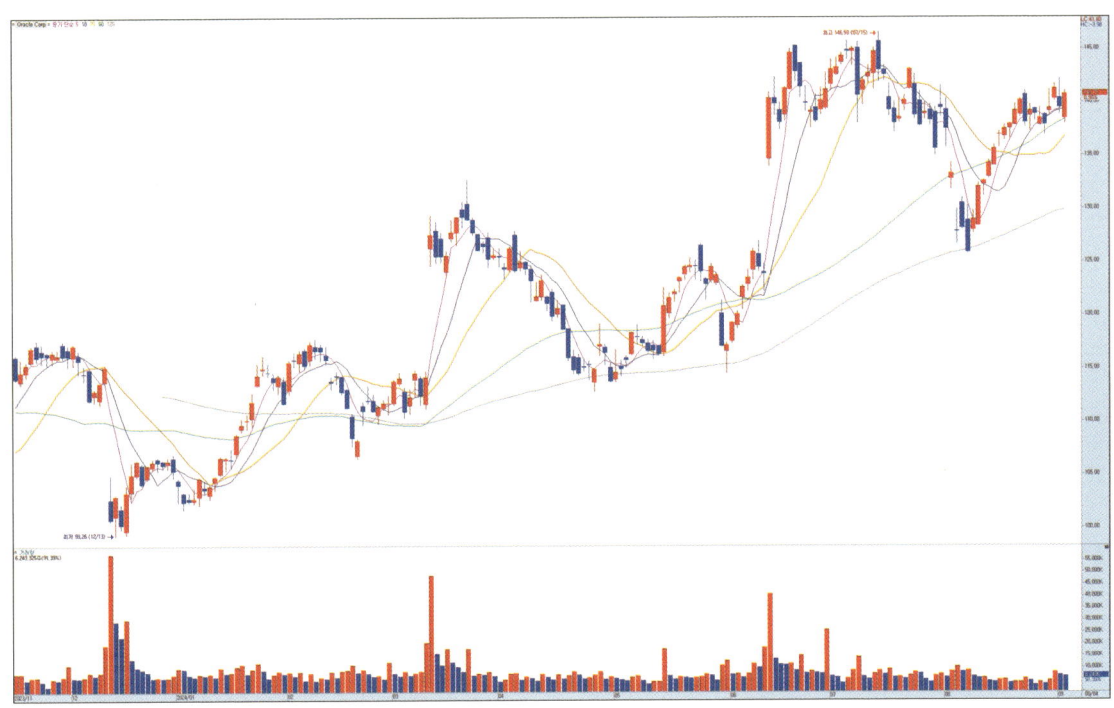

갭 상승 이후 잠시 주가가 더 오르다가 다시 하락세로 전환됩니다. 한국 주식의 경우 갭 상승이 나오면 한동안 주가가 버티다가 다시 상승하는 경우가 많고 미국 주식도 마찬가지입니다. 미국 주식은 갭 상승 이후 어느 정도 완만히 상승하는 것이 일반적입니다. 그러니까 갭 상승을 보고 매수에 들어가도 달러를 벌 수 있는 확률이 높다는 것이죠. 그런데 이 종목은 갭 상승 이후 상승폭이 크지 않은 상태에서 하락하기 시작합니다.

그렇다면 하락은 어디에서 멈췄을까요? 바로 갭 상승 이전의 전고점에서 하락이 멈췄습니다. 이 지점이 이번 하락의 지지선이 된 것이죠. 이를 "저점이 높아졌다"고 표현합니다. 주가가 한 단계 업그레이드되었다는 의미입니다. 이전에 저항선이었던 가격이 이번에는 지지선으로 변한 것입니다. 이는 투자자들이 기업의 재료나 실적을 기반으로 이 종목을 더 높게 평가하고 있음을 보여줍니다.

이후 주가는 다시 상승을 시도하지만, 또다시 하락합니다. 그런데 이번 하락에서도 전고점 부근에서 반등이 발생합니다. 전고점이 연속적인 지지 구간으로 작용하면서 쌍바닥 패턴이 형성된 것입니다. 이러한 연속 지지를 통해 주가는 하락을 멈추고 다시 상승을 시도합니다. 쌍바닥을 기반으로 주가는 앞선 매물대를 소화하며 상승의 기회를 모색하는 모습입니다.

시간이 지나면서 주가는 천천히 상승세를 보입니다. 그러던 중, 또다시 갭 상승과 함께 강력한 장대양봉이 등장합니다. 이전에도 갭 상승을 통해 주가를 끌어올렸던 종목인데, 이번에도 동일한 방식으로 상승을 보여줍니다. 이러한 움직임은 이 종목이 강력한 재료나 테마를 보유하고 있다는 신호로 해석할 수 있습니다.

하지만 이후 주가는 다시 강한 상승을 보여주지 못하고 하락합니다. 다만, 주가가 하락하더라도 반등 지점은 항상 앞선 전고점 부근에서 나타납니다. 갭 상승을 반복하며 주가의 저점을 점진적으로 높여주는 종목이라는 점이 특징입니다.

이처럼 갭 상승을 통해 주가를 단계적으로 업그레이드하는 종목은 바닥 지점을 예측하기 쉽다는 장점이 있습니다. 따라서 하락 지점에서 저가 매수의 타점을 잡는 것이 가능해집니다. 이러한 흐름을 잘 파악하면 투자에 유리한 포인트를 찾아낼 수 있는 종목이라 할 수 있습니다.

차트 3

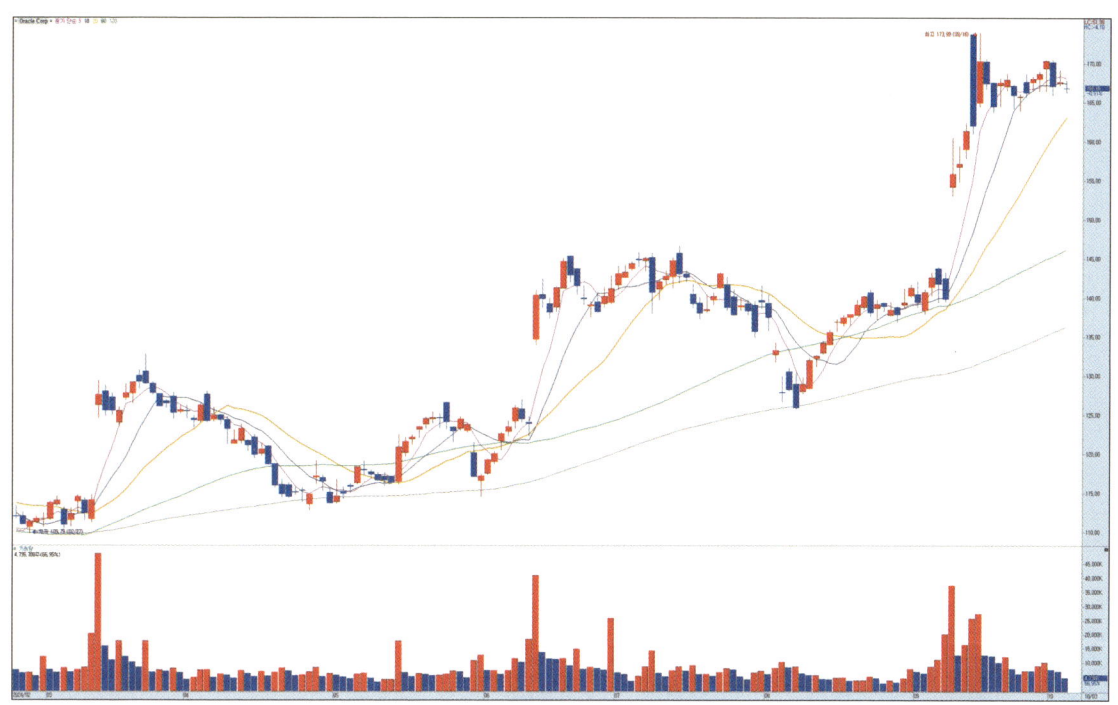

주가가 전고점을 저점으로 삼아 반등한 뒤, 다시 전고점까지 올라왔습니다. 그리고 또다시 갭 상승이 나타납니다. 몇 번의 갭 상승이 반복되며 주가를 계속 끌어올리는 모습을 보이죠. 정말 대단한 종목입니다. 이처럼 지속적인 갭 상승이 나온다는 것은 이 종목에 대해 투자자들의 기대감이 계속해서 유지되고 있으며, 분명히 강력한 재료가 뒷받침되고 있다는 뜻입니다.

지나고 나서 차트를 복기해보니, 갭 상승이 갑작스럽게 나타나 매수 기회를 놓쳤더라도 전고점이 저점으로 바뀐 구간에서 충분히 노려볼 기회가 있었다는 것을 알 수 있습니다. 이 종목은 단발성 움직임이 아니라, 기회를 여러 번 제공했다는 점에서 매력적입니다.

물론, 실전에서는 이러한 매수 타점을 정확히 잡지 못했을 수도 있습니다. 하지만 이러한 종목을 꾸준히 공부하며, "이 구간이 매수 타점이었구나" 하고 경험을 쌓다 보면, 실전에서도 저점과 고점을 파악하는 눈이 생기게 됩니다. 특히, 상승 확률이 높은 종목을 찾아내는 능력도 점차 키워갈 수 있습니다.

주의할 점은 주가는 패턴을 형성하긴 하지만, 결코 기계적으로 움직이지 않습니다. 따라서 실전에서는 경험과 노하우가 매우 중요합니다. 종목을 분석하는 나만의 감각을 키우는 것이 핵심이라는 뜻이죠. 이런 감각은 경험과 반복적인 복기를 통해 서서히 다듬어지는 것이므로 꾸준히 노력하는 것이 필요합니다.

차트 4

이번에는 갭 상승 이후 주가가 밀리지 않고 고가에서 횡보하다가 다시 상승하는 모습입니다. 차트를 길게 놓고 주가의 전체 흐름을 살펴보니 더 명확하게 보이죠. 앞으로는 차트를 단순히 보는 것에 그치지 말고, 매수 타점은 어디였는지, 매도를 해야 했던 지점은 어디였는지 스스로 복기하면서 분석해보세요. 이러한 습관은 차트를 통해 주가의 흐름을 판단하는 데 큰 도움을 줄 것입니다.

실전에서 이런 종목을 발굴하고도 매수 타이밍을 놓칠 수 있습니다. 또는 매수를 했더라도 큰 수익을 내지 못하고 나오는 경우도 있을 겁니다. 하지만 중요한 점은 이러한 종목을 꾸준히 발굴하고 공부함으로써, 다음에 찾아오는 기회를 놓치지 않을 준비를 하는 것입니다.

꾸준히 노력하면서 반복 학습하다 보면, 어느 날 단 한 번의 기회가 찾아올 것입니다. 그리고 그 기회는 계좌를 달러 박스로 업그레이드할 수 있는 기회가 될 것입니다. 중요한 것은 끈기와 꾸준한 연습입니다. 노력이 여러분을 성공적인 투자자로 만들어줄 것입니다.

급락 후 횡보 종목에서 대박주가 나온다

> AST 스페이스모바일(AST SpaceMobile Inc., 티커: ASTS)은 미국 텍사스주 미들랜드에 본사를 둔 위성 설계 및 제조 기업으로, 표준 휴대폰과 직접 연결되는 우주 기반 셀룰러 광대역 네트워크를 구축 기업

　많은 초보 투자자가 흔히 저지르는 실수 중 하나가 횡보하는 종목을 매수하는 것입니다.

　"횡보하는 종목은 매수하지 말라"라는 말은 주식 시장에서 자주 언급되는 격언입니다. 이는 주가가 뚜렷한 상승이나 하락 추세 없이 일정 범위 내에서 오랫동안 머무는 종목을 피하라는 조언입니다. 그 이유는 간단합니다. 횡보하는 주식은 상승 모멘텀이 부족함을 의미하며 즉, 단기간에 큰 폭으로 상승할 가능성이 작기 때문입니다. 주식 투자자의 목표는 이익을 극대화하는 것이므로, 상승 가능성이 낮은 종목에 자금을 묶어두는 것은 비효율적인 선택이 될 수 있습니다.

　또한, 횡보하는 종목은 시장의 방향성 부재와 투자자들의 망설임을 반영하는 경우가 많습니다. 이런 상황에서는 주가가 어느 방향으로 움직일지 예측하기 어렵고, 불확실성이 커지면서 투자 리스크도 함께 증가합니다. 게다가 횡보하는 종목에 투자하면 더 높은 성장 가능성을 가진 주식에 투자할 기회를 놓칠 수도 있습니다. 자금이 묶여 있는 동안 다른 주식이 상승해 수익을 낼 수 있기 때문입니다.

그런데도 많은 투자자는 횡보하는 종목을 매수합니다. 주가가 안정적으로 보이기 때문에 어느 정도 조정이 나오면 반등할 것이라고 기대하는 것이죠. 하지만 문제는 그 반등이 언제 올지 아무도 알 수 없다는 것입니다. 만약 횡보하는 종목을 매수해서 안정적으로 돈을 벌 수 있었다면, 이미 주식 시장에는 부자가 넘쳐났을 것입니다.

주식을 매수하는 데는 여러 가지 전략이 있지만, 그중 핵심은 매수세가 유입되는지를 확인하는 것입니다. 매수세가 들어왔다는 것은 강력한 재료가 발생했거나, 선도 투자자들이 이미 진입했음을 의미합니다. 개인 투자자는 주가를 움직일 수 없으므로, 주가를 상승시킬 수 있는 강한 매수세가 유입되어야 횡보하던 종목이 본격적으로 움직이기 시작합니다. 이를 간과한 채 단순히 '반등할 것 같다'라는 막연한 기대감으로 횡보하는 주식을 매수하는 것은 위험한 투자 전략이 될 수 있습니다.

📊 **차트 1**

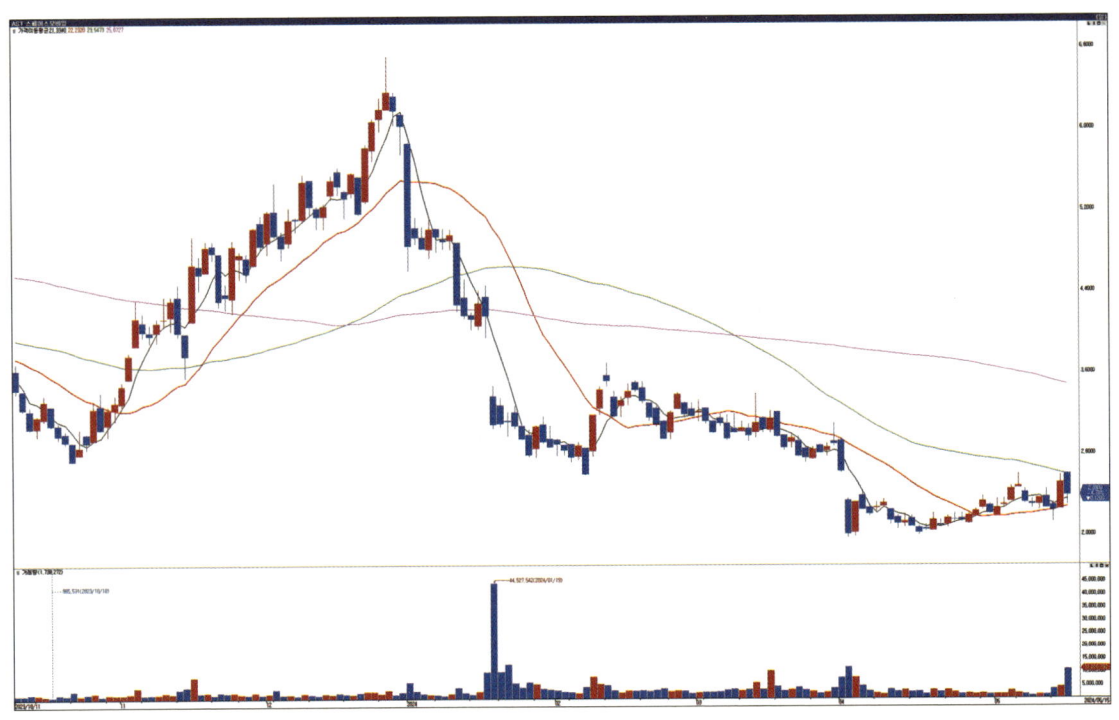

이 종목은 한동안 주가가 상승하다가 갑자기 급락하기 시작했습니다. 특히, 대량 거래가 동반된 갭 하락이 나오면서 반등하지 못한 채 오랜 시간 하락하는 모습을 보입니다. 많은 투자자가 이러한 구간을 신규 투자자의 매집 과정으로 오해할 수 있지만, 실제로는 대량 손절 물량이 나온 것으로 해석하는 것이 더 합리적입니다. 따라서 단순히 주가가 하락했다고 해서 섣불리 매수에 나서는 것은 위험한 선택이 될 수 있습니다.

그러나 최근 주가는 바닥을 다지며 서서히 상승하는 모습을 보이고 있으며, 20일 이동평균선을 돌파하는 흐름을 보입니다. 특히, 최근 며칠간의 주가 흐름을 살펴보면, 주가가 20일선을 이탈하려 할 때마다 거래량이 증가하며 지지를 받는 모습이 확인됩니다. 이는 해당 종목이 20일선에 안착할 가능성이 있다는 신호로 해석할 수 있습니다.

다만, 주가 하락 폭이 매우 컸고, 충분한 기간 조정을 거치지 않은 상태이기 때문에 아직은 신중한 접근이 필요합니다. 관심을 가질 만한 종목이긴 하지만, 성급하게 매수에 나서기에는 부담스러운 구간임을 염두에 두어야 합니다.

차트 2

주가가 횡보하던 중 갑자기 갭 상승하며 장대양봉이 나타납니다. 이 장대양

봉은 매우 강한 상승을 보여주며, 이전에는 볼 수 없었던 강력한 거래량이 터집니다. 이처럼 갑작스러운 상승은 해당 종목에 호재가 터지면서 투자자들이 급하게 몰려든 결과로 볼 수 있습니다. 비록 주가는 엄청난 거래량과 상승을 기록했음에도 불구하고, 고점에서 밀리지 않고 장대양봉으로 마감됩니다. 이는 주가가 상승 중인 상태에서 강력한 세력이 버티고 있다는 것을 의미합니다. 또한, 호재가 단발성에 그치지 않고, 지속될 가능성도 높다는 신호일 수 있습니다.

이후 주가는 연속적으로 상승하며, 급락 전의 전고점 바로 아래까지 올라갔다가 잠시 밀립니다. 이 정도 큰 상승이 있으면 차익 실현을 위한 매물이 나오기 마련이고, 주가는 일시적으로 하락하게 됩니다. 하지만 그 후 주가는 다시 상승을 시작합니다. 이 경우, 이전의 고점은 중요한 저항 가격대가 되지만, 그 바로 앞의 고점도 저항 수준으로 작용할 수 있습니다. 그러나 주가는 다시 상승세를 보이며, 갭 상승한 장대양봉을 만든 호재가 아직 시장에 남아 있다는 것을 시사합니다. 따라서, 주가가 이전 고점 근처에서 되돌림을 보일 때, 해당 종목의 재료 강도를 다시 점검하고, 앞선 전고점을 돌파할 가능성을 고려하여 대응 전략을 세워야 합니다.

차트 3

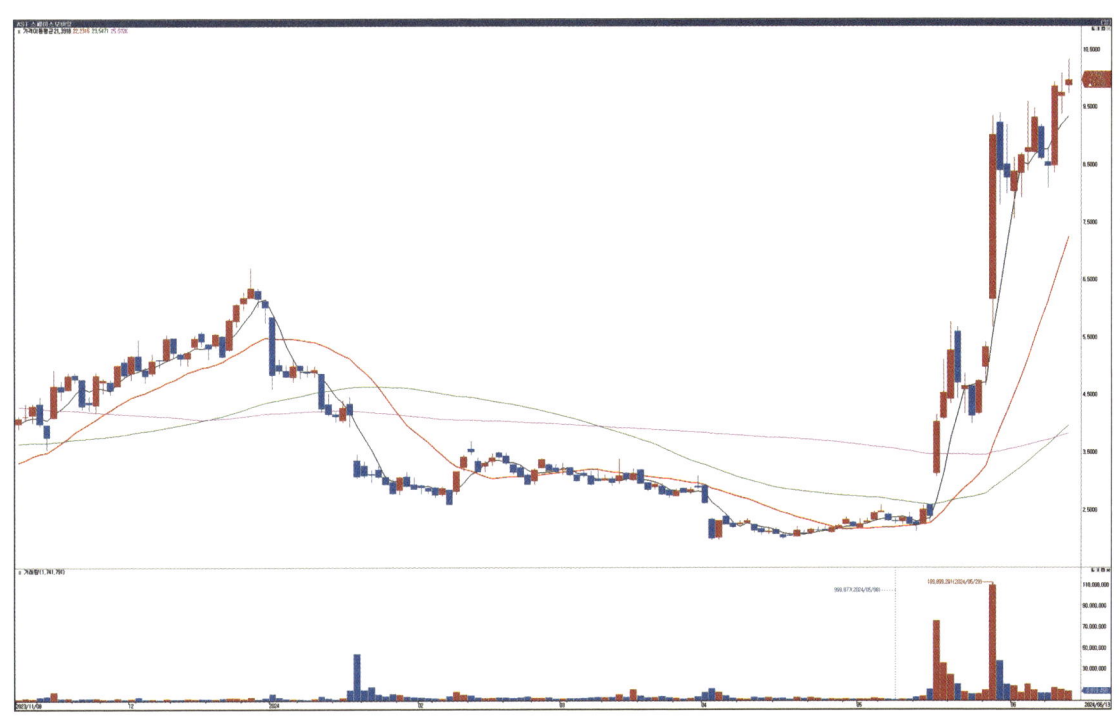

전고점을 돌파하는 순간, 이번에도 갭 상승과 장대양봉이 나타났습니다. 거래량을 살펴보면, 이전 대량 거래를 능가하는 거래량이 터지며 주가는 급등하고 있습니다. 강력한 거래량으로 이전의 전고점은 쉽게 돌파되는 모습입니다.

전고점을 가볍게 넘을 수 있었던 이유는, 그만큼 거래량이 엄청났기 때문입니다. 하락하던 주가가 상승하면 물려 있던 투자자는 자신이 가지고 있던 주식을 던지게 됩니다. 이는 주가 상승을 방해하는 매물입니다. 그런데 강력한 거래량으로 물려 있었던 투자자들의 물량을 소화하면서 주가는 상승하고 있습니다. 이는 이전의 주가 하락을 이끌었던 악재가 해소되었고, 주가 상승을 이끌 강력한 재료가 나타났기 때문입니다.

따라서 이렇게 급등하는 종목을 장중에 발견했다면, 차트를 통해 급등 원인을 파악한 후, 그 원인이 무엇인지 정확히 분석해야 합니다. 만약 재료가 강력하다면 추가 상승을 기대할 수 있으며, 차트 타점을 매수 기회로 잡고 공략해야 합니다.

📊 **차트 4**

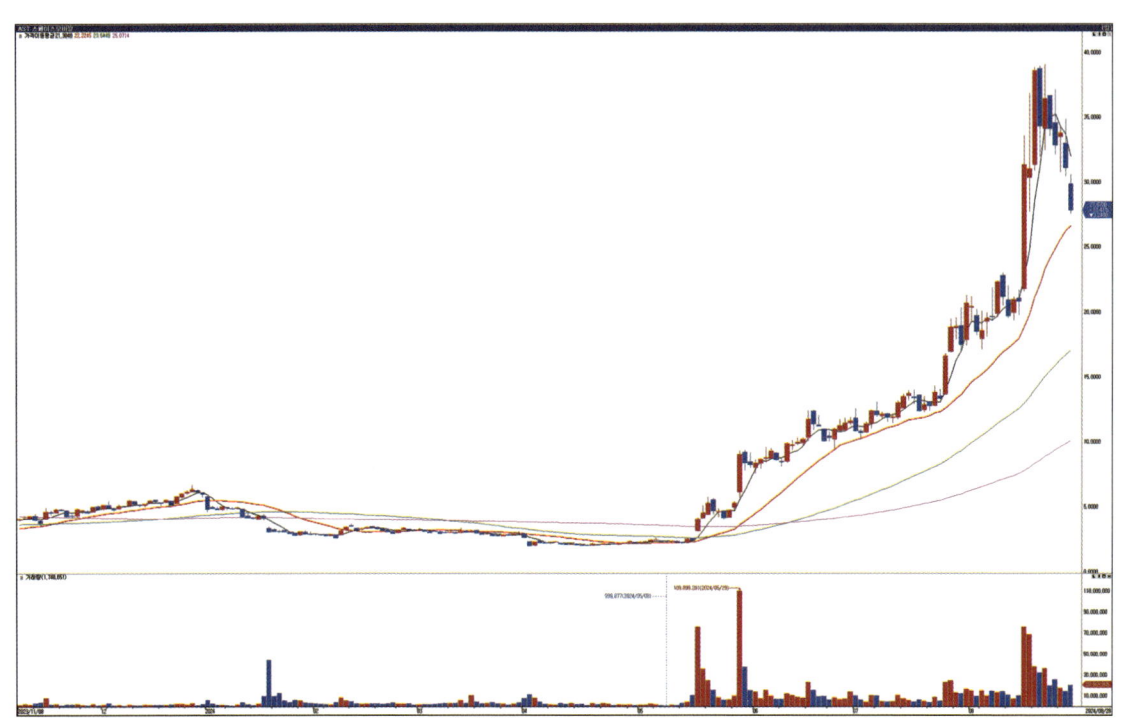

주가가 얼마나 상승했는지 살펴볼까요? 앞서 살펴본 급등 초기의 모습은 이제 찾아보기 힘들 정도로 엄청난 상승세를 보여주었습니다. 만약 매수에 성공했다면, 계좌에 매일 달러가 채워지는 것을 보고 뿌듯함을 느낄 수 있었을 것입니다. 이 종목은 고점에서도 대량 거래가 발생하며 장대양봉을 기록했습니다. 하지만 이미 저점에서 크게 상승한 상태에서 발생하는 고점의 대량 거래는 매도 관점에서 접근해야 합니다. 초보 투자자들은 고점에서의 대량 거래와 장대양봉을 저점에서의 대량 거래와 같게 보고 매수하는 실수를 범하기도 합니다. 그러나 저점에서의 대량 거래는 매집의 신호일 가능성이 높지만, 고점에서의 대량 거래는 매도의 신호일 가능성이 높습니다. 이를 반드시 인지하시기를 바랍니다.

한번 생각해보십시오. 만약 여러분이 이 종목을 저점에서 매수했다면, 고점에서 추가 매수를 할까요? 아마도 "이 정도면 충분히 수익을 냈다"라며 매도를 고민하게 될 것입니다. 그래서 고점의 대량 거래는 저점에서 매수한 선도 투자자들이 고점에서 차익 실현을 위해 매도하는 구간입니다. 따라서 대량 거래와 장대양봉은 주가 상승 초기에는 유효한 신호일 수 있지만, 고점에서는 주의 깊게 접근해야 합니다.

이 종목은 초대박 종목이었습니다. 초기부터 끝까지 모든 상승 구간을 다 먹지 못하더라도, 차트에서 급소를 찾아내는 기본적인 능력만 있었다면 매수에 성공할 가능성이 있었습니다.

대형 호재가 발생하면 주가가 급등합니다. 그러나 일반 투자자들은 이러한 종목에 쉽게 접근하지 못하는 경우가 많습니다. 이는 이미 저점에서 너무 많이 상승했기 때문에, 재료의 강력함을 알면서도 매수에 망설이게 되는 심리 때문입니다. 하지만 차트를 볼 줄 알고 타점을 파악할 수 있다면, 추가 상승 가능성을 믿고 매수로 접근할 수 있을 것입니다.

물론 차트는 만능이 아닙니다. 하지만 차트를 통해 망설이다 놓치는 기회를 줄일 수 있고, 매수에 성공할 가능성을 높일 수 있습니다. 이런 성공이 한 번, 두 번, 세 번 이어진다면, 결국 남들이 부러워할 만한 수익으로 달러를 쌓아가는 계좌를 만들 수 있을 것입니다.

박스권 돌파 종목의 타점 공략법

라이브 네이션 엔터테인먼트(Live Nation Entertainment Inc., 티커: LYV) 전 세계에서 가장 큰 라이브 엔터테인먼트 회사로, 콘서트 및 티켓팅 플랫폼을 통해 44개국에서 5억 7천만 명 이상의 팬들에게 서비스를 제공합니다.

 차트 1

한때 100달러를 넘어서며 가파르게 상승하던 주가는 상승세를 이어가지 못하고 점차 하락하기 시작했습니다. 이후 지속적인 하락세를 보이며 90달러 이하로 내려앉았고, 투자자들의 심리가 위축되면서 변동성이 더욱 커졌습니다. 하지만 일정 수준 이하에서는 하락세가 멈추었고, 주가는 다시 반등하며 새로운 흐름을 보이기 시작했습니다.

그 후 약 5개월간 주가는 박스권을 형성하며 등락을 반복했습니다. 특히 80달러 후반에서 100달러 부근에서 세 차례의 저점과 세 차례의 고점을 만들며, 명확한 지지선과 저항선을 드러냈습니다. 이러한 흐름을 인지하셨다면, 적어도 한 차례는 바닥권에서 매수하여 수익을 실현할 기회가 있었을 것입니다.

현재 주가는 다시 고점을 기록한 후 하락을 시도하는 모습입니다. 오늘 양봉이 나타나기는 했으나, 아직 주가가 어느 방향으로 움직일지는 확신하기 어렵습니다. 이는 현재 주가가 박스권의 중간 지점에 위치해 있기 때문입니다. 앞으로의 움직임을 예의주시하며 신중한 투자 전략을 세우는 것이 중요해 보입니다.

차트 2

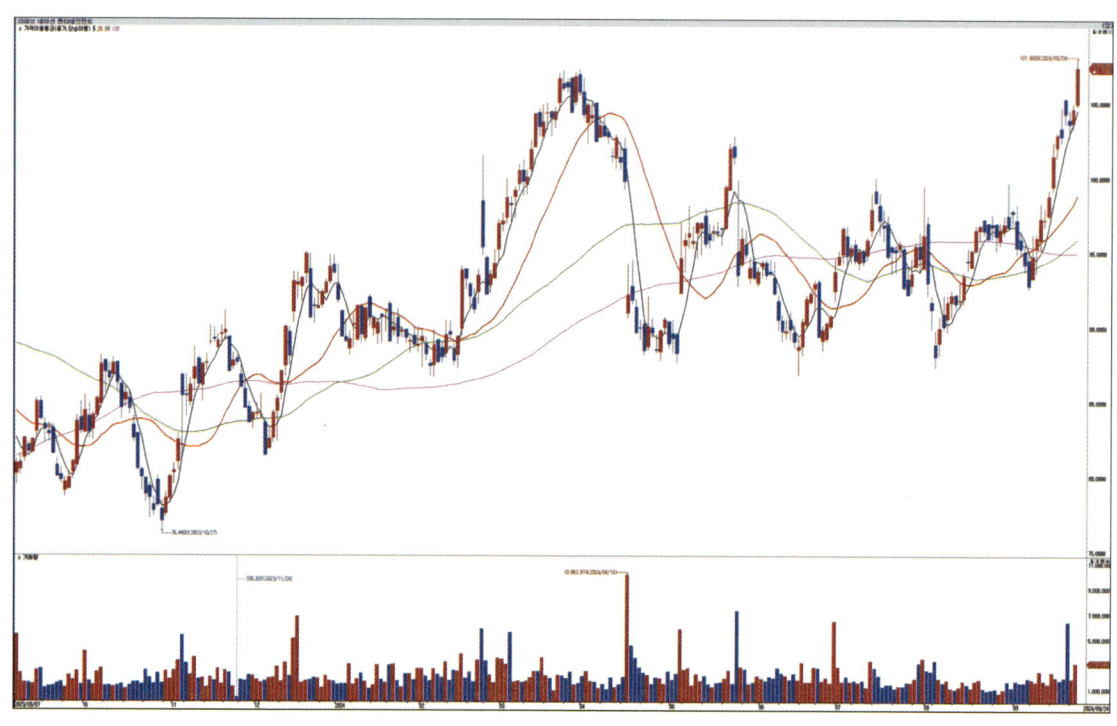

주가가 다시 하락하며 기존의 박스권을 유지할 가능성이 높아 보였으나, 예상과 달리 갑자기 강한 상승 흐름을 보이며 박스권 상단을 돌파했습니다. 특히 주가는 5개월 전 하락하기 이전의 가격 수준까지 상승하며 107달러를 기록하였고, 이제는 새로운 국면에 접어든 모습입니다.

현재 주가는 전고점 부근까지 도달한 상태입니다. 일반적으로 전고점은 강한 저항선 역할을 하며, 주가가 이 구간을 돌파할 수 있느냐가 중요한 관건이 됩니다. 이제 남은 문제는 주가가 이 저항을 뚫고 더 상승할 것인지, 아니면 저항을 이기지 못하고 하락할 것인지입니다. 따라서, 지금의 차트 흐름을 면밀히 살펴볼 필요가 있습니다.

현재 차트는 전고점에서 밀리지 않고 돌파할 가능성이 높은 모습을 보이고 있습니다. 몇 가지 중요한 신호를 살펴보면:

·**강한 상승 각도 유지**: 주가는 전고점까지 도달하는 동안 가파른 상승 흐름을 보였습니다. 일반적으로 상승 각도가 급격하면 매수세가 강하게 유입되고 있다는 신호로 해석됩니다.
·**오늘도 양봉 형성, 상승세 지속**: 전고점 돌파를 시도하는 날임에도 불구하고, 주가는 여전히 양봉을 형성하며 상승세를 유지하고 있습니다. 이는 매도세보다 매수세가 우세하다는 점을 보여줍니다.
·**대량 거래 발생**: 전고점 부근에서 거래량이 급증하고 있습니다. 이는 저항선에서 나오는 매도 물량을 강한 매수세가 받아내고 있다는 의미이며, 돌파 가능성을 높이는 요소가 됩니다.

만약 실전에서 오늘과 같은 차트를 발견했다면, 단순히 고점 부담으로 인해 매수를 주저하기보다는 돌파 가능성에 무게를 두고 대응하는 것이 보다 적절한 전략이 될 수 있습니다.

강한 매수세가 뒷받침되는 상황에서는 돌파 후 추가 상승이 나올 가능성이 큽니다. 돌파 직후 되돌림이 나오더라도 일정 가격대에서 지지를 확인하면 추가 상승을 기대할 수 있습니다.

매수 시점 전고점을 돌파하는 과정에서 지속적인 거래량 증가와 상승세 유지가 확인되면 적극적인 매수 전략을 고려할 수 있습니다. 단, 돌파 후 지지 여부를 확인한 후 진입하는 전략도 유효합니다.

결국, 지금의 시장 흐름에서 중요한 포인트는 주가가 전고점을 돌파할 수 있을지 여부이며, 현재 차트 흐름만 놓고 본다면 돌파 가능성이 높은 환경으로 볼 수 있습니다. 따라서, 앞으로의 흐름을 예의주시하면서 전략적으로 대응하는 것이 중요합니다.

📊 **차트 3**

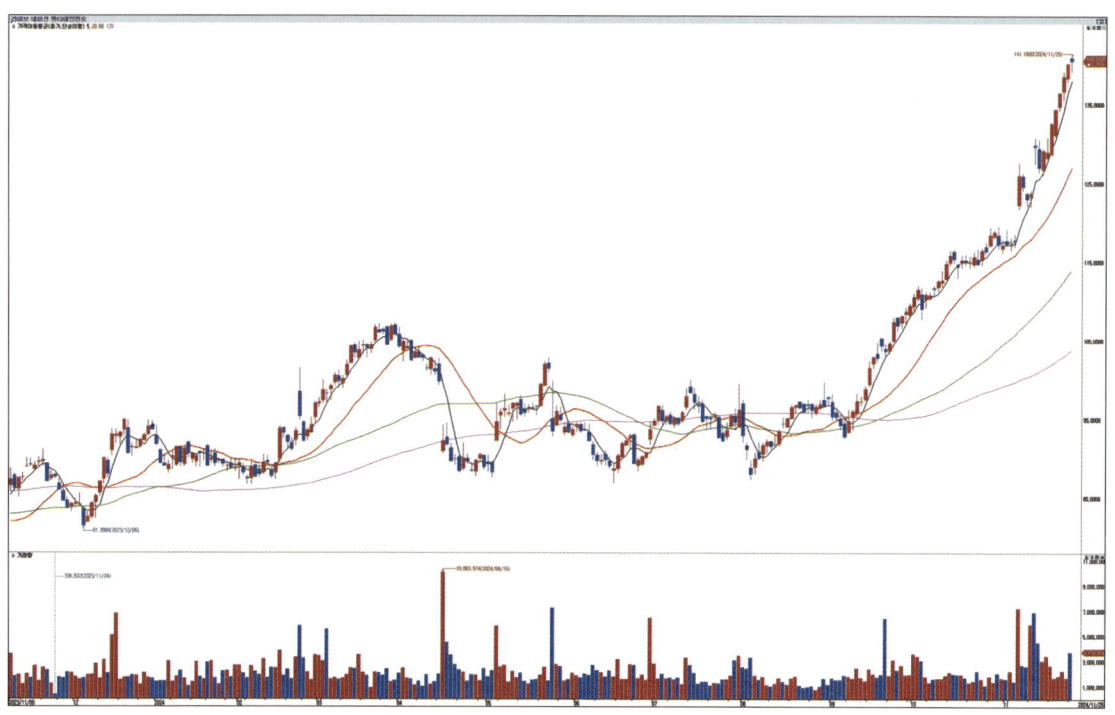

주가는 한동안 박스권을 유지하며 80달러 후반에서 100달러 사이에서 움직였습니다. 만약 박스권 매매를 알고 있었다면, 바닥권에서 매수하여 적어도 한 차례는 수익을 낼 수 있었을 것입니다. 그러나 예상과 달리 주가는 갑자기 박스권 상단을 돌파했고, 이후 전고점 돌파 여부를 확인한 후 매수했다면 또 한 번 큰 수익을 얻을 수 있었을 것입니다.

전고점을 돌파한 후 주가는 가파른 상승세를 보이며 5일선을 따라 상승했고, 결국 140달러를 돌파하는 강한 흐름을 나타냈습니다. 이 과정에서 상승세가 이어지는 동안 5일선을 기준으로 보유하고, 5일선을 이탈할 경우 매도를 고려하는 전략이 유효했습니다. 만약 주가가 크게 상승하여 충분한 수익이 발생했다면, 20일선을 손절 기준으로 잡고 대응하는 것이 더 적절한 방법이 될 수도 있습니다.

이처럼 박스권 돌파 후 전고점을 넘어 상승하는 패턴은 주식 시장에서 자주 등장하는 흐름 중 하나입니다. 중요한 것은 이런 종목을 찾는 것이 아니라 실전에서 적절히 대응하는 능력입니다. 차트에서 비슷한 패턴이 나타날 때, 소액으로라도 직접 매매해보면서 경험을 쌓아가는 것이 좋은 연습이 될 것입니다. 실전 경험이 쌓일수록 더 나은 투자 판단을 할 수 있고, 성공 확률도 높아질 것입니다.

급등주 고점 돌파 방법

엑시큐어(Exicure Inc., 티커: XCUR)는 구형 핵산 기술을 기반으로 유전자 조절 및 면역 종양 치료제를 개발하는 생명공학 회사입니다.

📈 차트 1

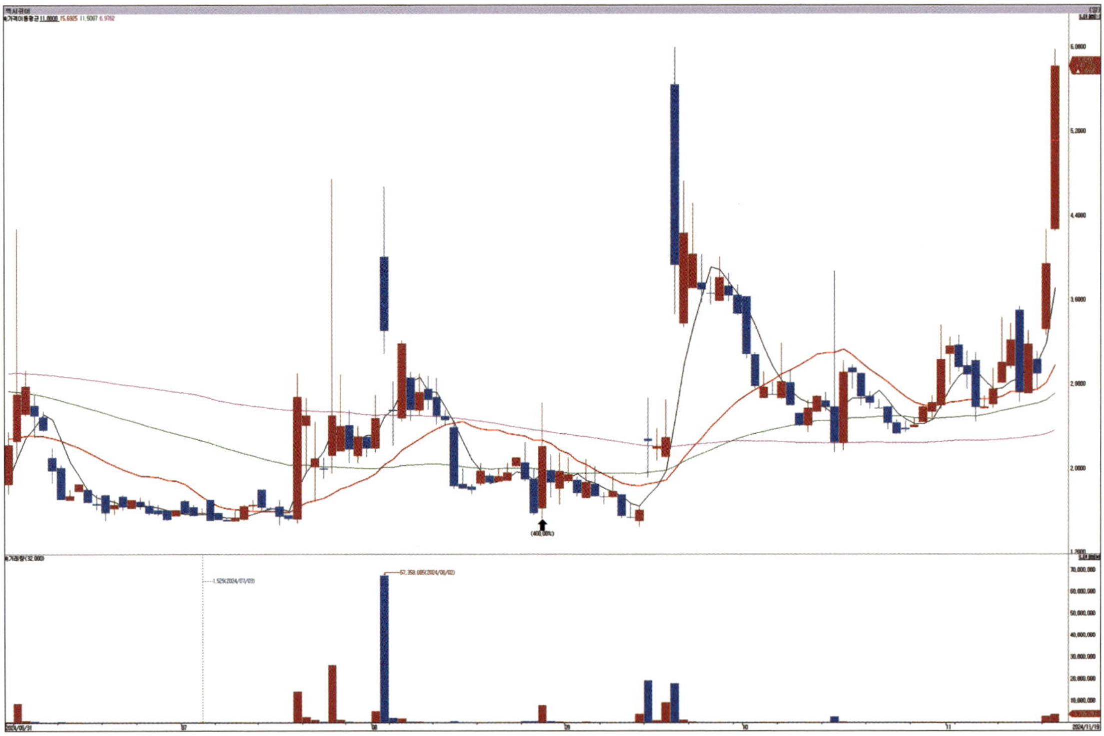

이 종목은 주가가 급등락을 반복하는 특징을 보입니다. 하루 급등했다가 다시 원래 자리로 되돌아가고, 하락한 뒤 다시 하루짜리 급등이 나타나는 식의 패턴을 보여줍니다. 이러한 흐름은 저점에서 매수한 투자자라면 단기간에 큰 수익을 올렸을 것입니다.

문제는 하루짜리 급등에 속아 고점에서 매수한 뒤, 매도 타이밍을 놓치고 물량을 보유한 투자자들입니다. 오늘 주가가 전고점까지 상승했으니 결과적으로 보면, 고점에서 물린 투자자라도 주식을 계속 보유했다면 손실은 발생하지 않았을 가능성이 높습니다.

그러나 주가가 단기간에 급등한 뒤 바로 하락한 종목이기 때문에, 고점에서 매수한 투자자가 그 구간에서 버티는 것은 현실적으로 매우 어려웠을 것입니다.

최근 차트를 보면, 주가는 다시 급등 흐름을 보이고 있습니다. 과거의 강력한 장대음봉으로 형성된 전고점이 있음에도 불구하고, 오늘 주가는 전고점까지 상승하는 강력한 장대양봉을 만들어냈습니다. 이는 해당 구간에서 물려 있던 투자자들의 물량을 소화할 정도로 강한 매수세와 재료가 작용했음을 의미합니다.

하지만 미국 주식 시장에서는 재료에 의해 급등한 뒤 바로 하락하는 경우도 종종 발생합니다. 따라서 내일 주가가 장대음봉을 만들며 하락할 가능성도 배제할 수 없습니다.

오늘 형성된 장대양봉이 추가 상승의 신호가 되기 위해서는, 내일 주가가 상승세를 이어가거나 적어도 강한 지지 흐름을 보여야 합니다. 만약 내일 주가가 하락하며 지지선을 잃는다면, 오늘의 상승은 일시적인 반등에 불과했을 가능성이 큽니다.

📊 **차트 2**

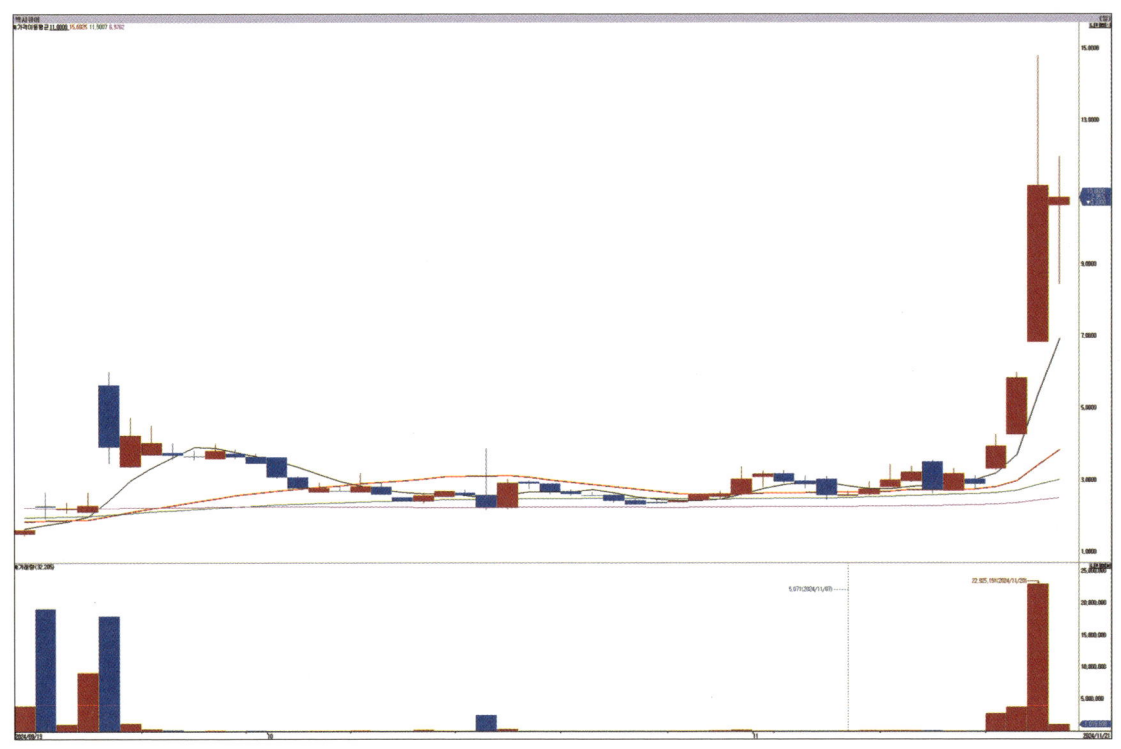

주가를 확대해보니 잠깐 상승세를 보였지만 장중에는 주가가 크게 밀리는 흐름이 나타났습니다. 이는 어제의 강한 매수세를 보고 매수한 일부 투자자들이 물량을 정리하며 시장을 떠나는 것으로 보일 수 있습니다.

하지만 거래량을 살펴보면, 상황이 다릅니다. 거래량이 거의 없습니다. 만약 어제 매수했던 세력이 물량을 털어내고 나갔다면, 거래량이 동반되었어야 합니다. 그러나 거래량이 적다는 것은 파는 투자자가 거의 없다는 뜻입니다. 즉, 어제 매수세력이 물량을 정리하지 않고 그대로 보유하고 있다는 것입니다.

오늘 장중에 주가가 크게 밀렸음에도 불구하고, 세력은 물량을 그대로 들고 있는 것으로 보입니다. 더욱이 캔들을 보면, 장중에 주가가 하락했지만 마감 때에는 주가를 다시 시가 부근까지 끌어올렸습니다. 이는 어제 진입한 세력이 여전히 이 종목을 관리하고 있다는 강한 신호로 볼 수 있습니다.

　한마디로, 어제 들어온 세력은 이 종목의 추가 상승 가능성에 대한 확신을 가지고 있다는 뜻입니다. 주가가 밀리는 상황에서도 물량을 보유하며 관리하는 모습은, 추가 상승을 기대하면서 계속해서 주식을 보유하고 있다는 증거로 해석할 수 있습니다.

차트 3

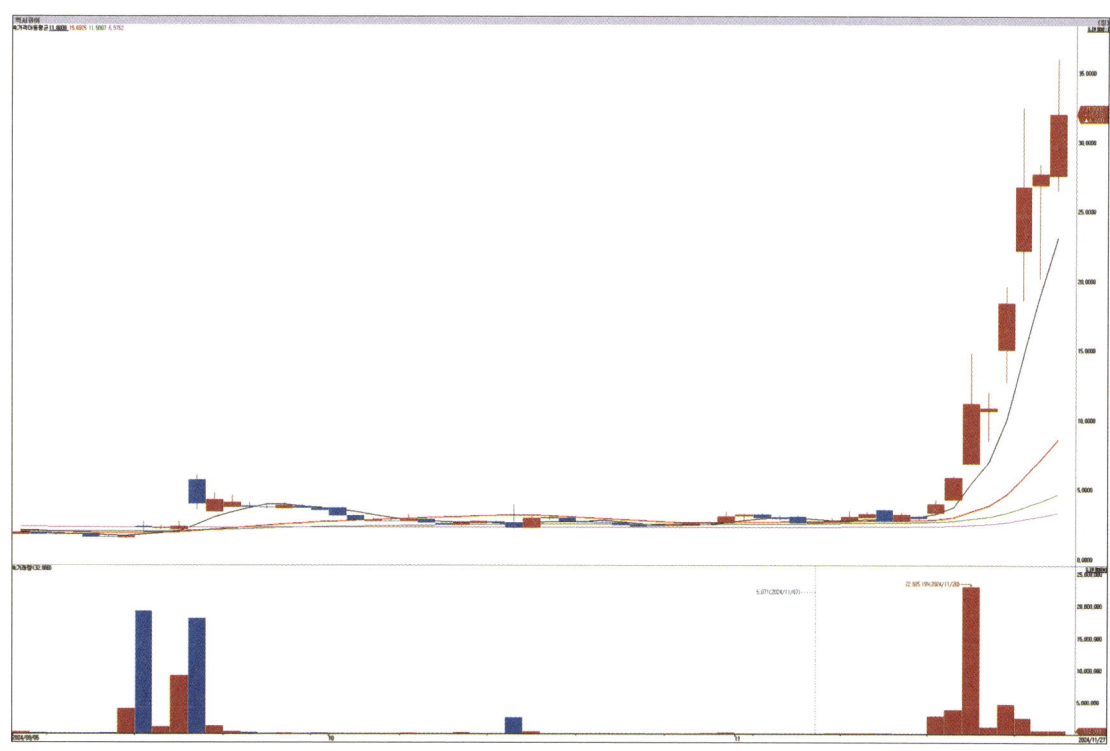

주가가 전고점을 돌파한 후 물량 소화 캔들을 만들며 5일선을 따라 강력한 상승 파동을 만들어내고 있습니다.

보통 전고점을 돌파한 후에도 일부 종목은 강한 장대양봉을 만들어 놓고 바로 하락하기도 합니다. 이런 경우 주가를 방어해주는 세력이 없기 때문에 상승세가 유지되지 못하는 경우가 많습니다. 그러나 이 종목은 주가를 방어해주는 세력이 존재하며, 전고점 돌파 이후 나오는 급한 매물을 소화한 뒤, 재료에 맞춰 주가를 다시 끌어올리고 있습니다.

특히 주목할 점은 주가가 상승할 때 눈에 띄는 거래량이 거의 없다는 것입니다. 이는 세력이 물량을 계속 보유하고 있으며, 추가 상승을 기대하며 수익을 즐기고 있다는 신호로 해석할 수 있습니다.

이처럼 전고점을 돌파할 때 물량 소화 캔들이 나와준다면, 다음 날 매수세가 유입되는지 확인하고 매수에 참여할 기회로 삼을 수 있습니다. 만약 매수에 성공한다면, 해당 종목처럼 급등주의 흐름을 타고 수익을 극대화할 수 있습니다.

이런 패턴의 종목을 10개 발굴해서 단 1개만 성공한다고 해도, 계좌는 금세 달러로 가득 찰 것입니다. 급등주를 포착하고 흐름을 읽는 연습을 꾸준히 한다면 큰 성과를 만들어낼 수 있습니다.

급등주 최저가 발굴법

아이온큐(IonQ Inc. 티커 : IONQ)는 최첨단 양자 컴퓨팅 기술을 바탕으로, 트랩 이온(trapped ion) 기반 양자 컴퓨터를 개발 및 상용화하는 혁신 기업입니다.

차트 1

한때 15달러였던 이 종목은 끝없는 하락을 거듭하며 8개월 동안 지속적인 폭락을 경험했습니다. 주가는 결국 6달러까지 급락했고, 당시 차트만 보면 '대박주'라는 말이 무색할 정도로 지옥행 열차를 탄 모습이었습니다.

어떤 종목이든 하락 구간은 반드시 존재합니다. 중요한 것은 내가 매수한 후 주가가 예상과 다르게 움직일 경우, 반드시 손절로 대응해야 한다는 점입니다. 하지만 이 종목은 6달러를 찍은 이후 더 이상 하락하지 않는 모습을 보이기 시작했습니다. 그러나 단순히 가격이 멈췄다고 해서 상승 신호로 해석하기는 어려웠습니다.

최근 들어 주가가 20일선 위에 올라탔지만, 이는 워낙 장기간 하락했던 종목이기 때문에 자연스럽게 발생한 현상일 뿐이었습니다. 게다가 거래량의 변화가 전혀 없었기 때문에, 단순히 20일선에 올라탔다고 해서 성급히 매수할 종목은 아니었습니다.

그러나 오늘, 갑자기 전례 없는 대량 거래가 발생하며 주가는 20% 급등, 갭 상승을 기록했습니다. 이는 이전과 확연히 다른 움직임으로, 강력한 재료가 터지면서 선도 매수세가 진입한 신호로 해석할 수 있습니다.

차트를 보면 어떤가요? 이전에는 볼 수 없었던 강력한 거래량과 갭 상승 양봉이 등장했습니다. 빠르면 내일부터 매수 기회가 올 수도 있고, 최소한 관심 종목으로 등록해 지켜봐야 할 시점이 되었습니다.

📊 **차트 2**

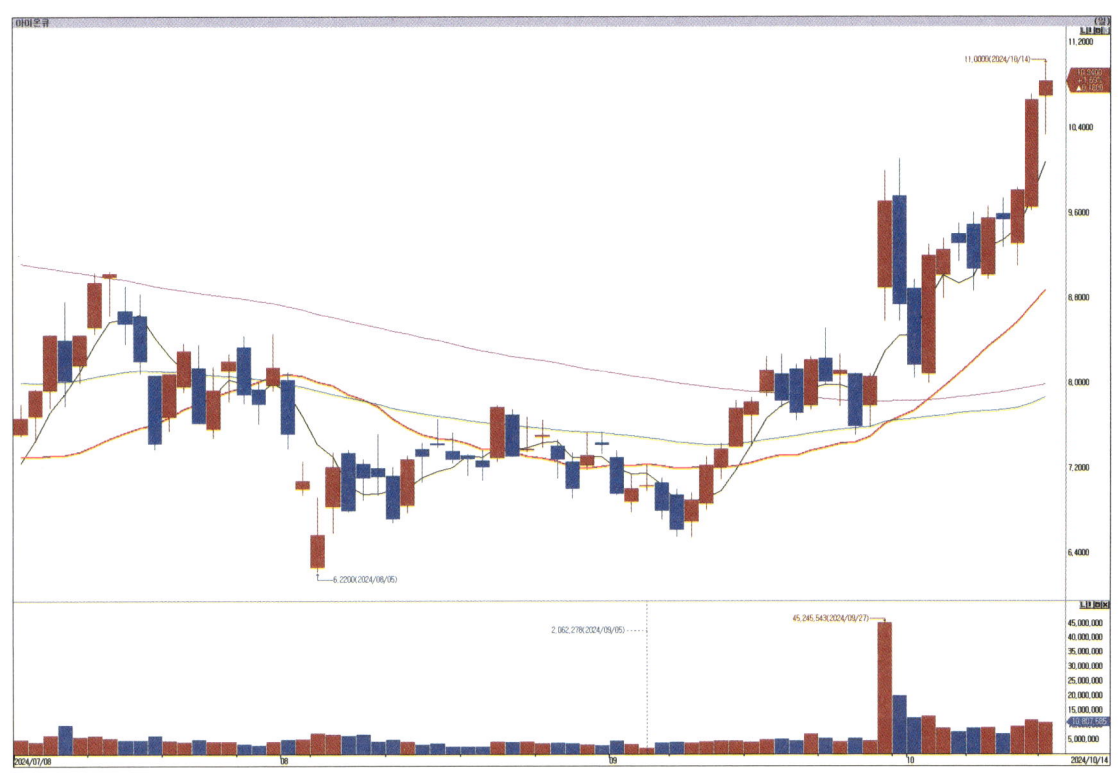

갭 상승 양봉이 나온 후, 다음 날 주가가 상승하지 못하고 바로 밀려버리는 상황이 발생했습니다. 전날 관심 있게 지켜보던 종목이었지만, 오늘은 음봉을 기록하며 힘을 잃어버린 모습입니다.

장대양봉 이후 매수를 고려한다면, 반드시 호가창을 확인하면서 매수세가 유입되는지 체크해야 합니다. 그런데 이날 주가는 전일 종가 부근에서 시작하더니 조금 오르는 듯하다가 매도세가 몰리면서 하락하기 시작합니다.

이런 상황이라면 매수를 하지 않는 것이 정답입니다. 관심 종목으로 등록해두었다고 하더라도 섣불리 매매에 나서면 안 됩니다. 중요한 것은 선도 투자자의 움직임이 보이지 않는다는 점입니다. 이런 경우 일단 킵(보류)해두고 추가적인 흐름을 지켜볼 필요가 있습니다.

그러나 그다음 날도 주가가 하락하면서 갭 상승 당시의 상승분을 모두 반납해버립니다. 갭 상승으로 올랐던 주가가 다시 제자리로 돌아갔다면, 이 종목은 단기적인 일회성 상승에 불과했을 가능성이 큽니다. 즉, 버려야 할 종목이라는 결론이 나옵니다.

그런데 뜻밖의 상황이 펼쳐집니다. 그다음 날, 다시 장대양봉이 나오면서 주가가 급등하기 시작합니다. 이는 갭 상승을 만들어냈던 재료가 여전히 유효하다는 신호입니다. 이후 주가는 앞선 고점을 천천히 소화하면서 상승하는 모습을 보입니다.

이처럼 앞에 쌓인 매물벽을 천천히 소화하는 패턴이 나타나면, 급등 전에 다시 한 번 강한 장대양봉이 나올 가능성이 높아지는 것입니다. 따라서 하루 이틀의 흐름만 보고 판단하기보다는 종합적인 차트 흐름과 매물 소화 과정까지 고려해야 하며, 선도 투자자의 의도를 파악하는 것이 핵심입니다.

그리고 이런 흐름이라면 충분히 주목할 만한 종목이 됩니다. 처음 주가를 상승시켰던 재료가 여전히 유효하며, 그로 인해 지속적으로 매수세를 불러오고 있는 상황입니다. 즉, 투자자들 사이에서 "이건 볼 만한 재료다." "앞으로 기업 가치를 끌어올릴 만한 요소다."라는 기대감이 확산되며, 더 많은 투자자가 유입되고 주식 매수세가 더욱 강해지는 것입니다.

그렇다면 전고점을 돌파한 이후 상승이 멈출까요? 이 종목은 8개월 동안 하락했던 종목입니다. 현재는 바닥을 찍고 돌아서는 과정이므로, 상승에 불이 붙으면 전고점까지 무난하게 상승할 가능성이 큽니다. 이러한 패턴은 실전에서 자주 등장합니다. 따라서 이런 차트 흐름을 보이는 종목은 반드시 주목하고, 매매 기회를 노려야 합니다.

📊 **차트 3**

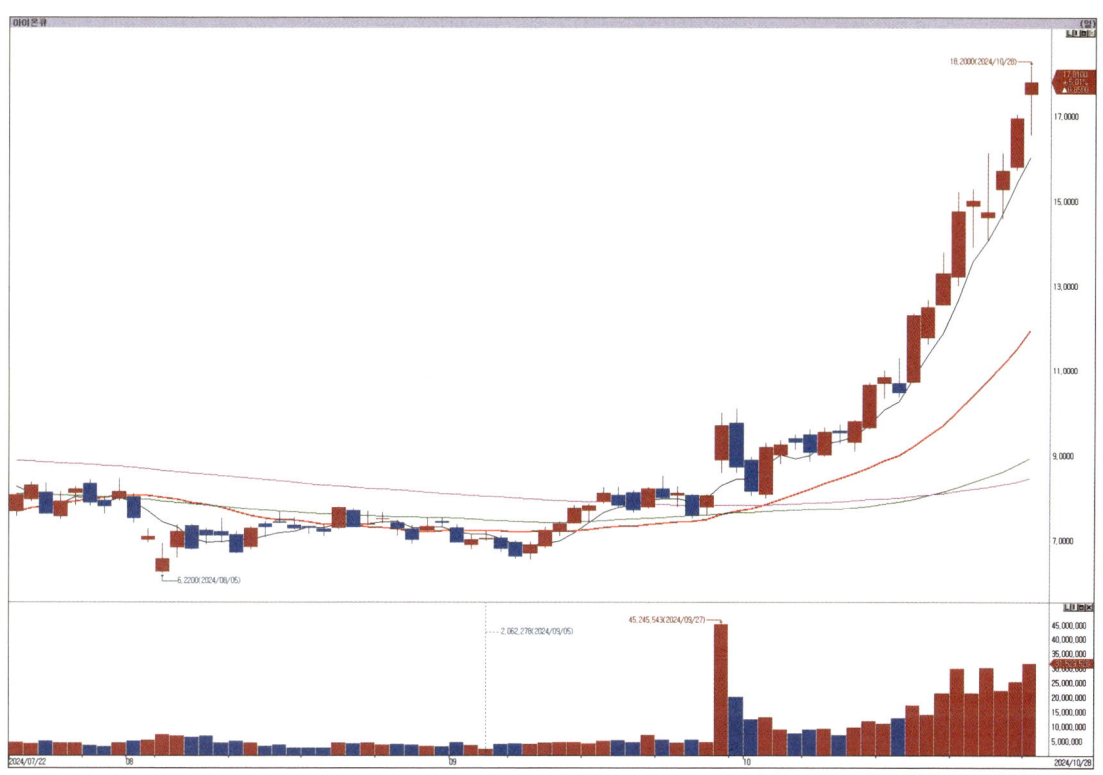

차트를 보면, 주가가 5일선을 따라 안정적으로 상승하고 있습니다. 8개월간 하락했던 종목이 갭 상승 양봉 이후 잠시 주춤했지만, 앞의 매물을 소화한 뒤 본격적으로 상승하는 모습입니다.

특히 5일선 위에서 음봉 없이 양봉만으로 깔끔하게 상승하는 점이 눈에 띕니다. 즉, 주가가 매일 상승하면서도 매도세가 강하지 않고, 매도 물량이 나오더라도 즉시 매수세가 유입되면서 종가는 계속 양봉으로 마감되고 있습니다.

이처럼 5일선을 따라 상승하는 흐름 중에서도 가장 이상적인 형태입니다.

이런 종목의 경우, 시가에 매수하고 5일선을 이탈할 때까지 버티는 전략만으로도 안정적인 수익을 기대할 수 있습니다. 따라서, 앞으로도 주목해야 할 좋은 종목이라고 평가할 수 있습니다.

또한, 차트를 다시 보면 바닥에서 강한 거래량을 동반한 갭 상승 양봉이 얼마나 강력한 신호인지 확실히 알 수 있습니다. 이처럼 강한 재료를 바탕으로 갭 상승한 후 5일선을 따라 상승하는 종목이 나온다면 반드시 관심 종목으로 추가하고, 어떤 재료가 있는지 분석한 후 매수 타이밍을 잡으면 높은 확률로 수익을 낼 수 있습니다.

📊 **차트 4**

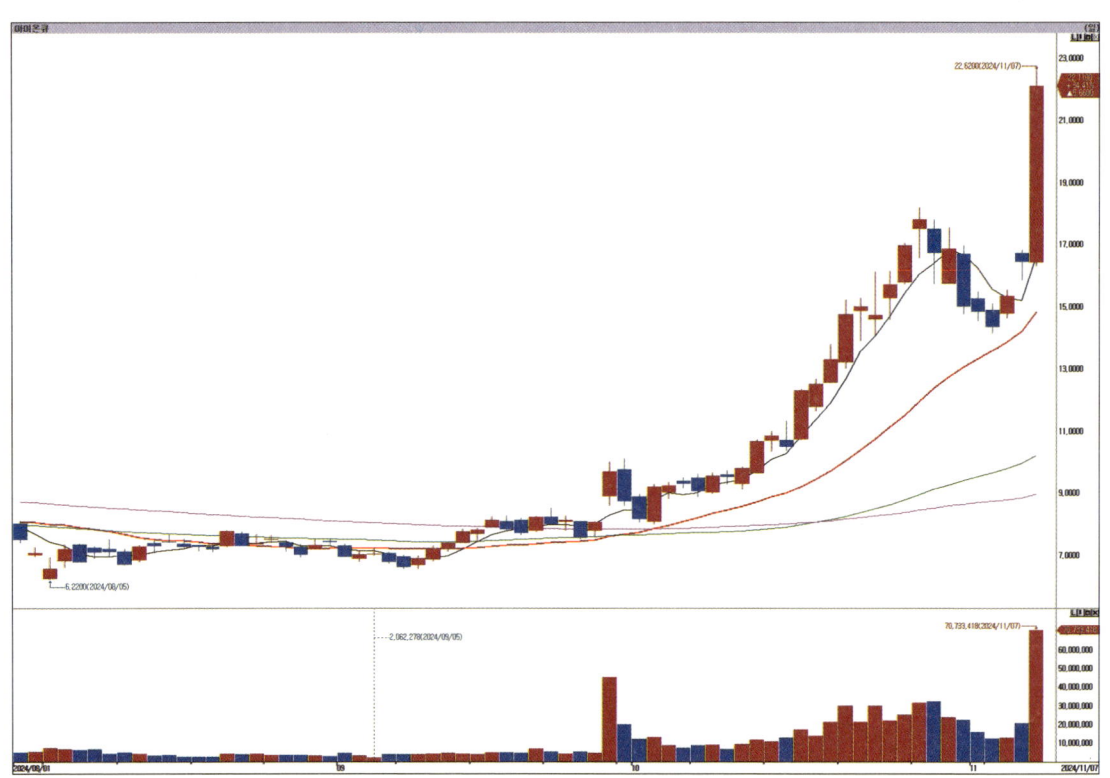

주가는 15달러를 돌파하며 바닥 대비 100% 이상 상승했습니다. 하지만 상승이 계속되지는 않고 일시적인 조정이 발생했죠. 이후 주가는 다시 15달러 부근까지 하락하지만, 갑자기 대량 거래가 터지면서 강력한 장대양봉이 등장합니다.

이 장대양봉의 상승률은 무려 34%. 이를 통해 주가는 22달러를 돌파하며 다시 상승세로 전환되었습니다. 조정이 어디까지 이어질지 예상하기 어려웠지만, 강한 매수세가 들어오면서 급격히 반등한 것이죠.

이럴 때 대부분의 투자자들은 조정 중에 "살걸" 하고 후회하다가, 주가가 갑자기 급등하면 "이제 너무 비싸서 못 사겠다"며 포기하는 경우가 많습니다. 하지만 이 종목은 여전히 상승 여력이 충분한 종목입니다.

주가가 하락 전의 가격이었던 15달러에서 다시 반등한 것은 매우 중요한 신호입니다. 이 가격이 새로운 지지선이 되었고, 강력한 매수세가 유입되면서 전고점 돌파 후 새로운 상승 흐름이 시작된 것입니다.

단순히 6달러에서 상승을 시작한 것이 아니라, 이제는 15달러부터 새로운 출발을 한 종목으로 바라봐야 합니다. 다시 말해, 오늘 나온 강한 양봉을 "첫 번째 양봉"이라고 가정하고 대응하는 전략이 필요하다는 것이죠.

이제부터는 새로운 상승 흐름이 시작될 가능성이 높으므로, 단기적인 조정을 두려워하지 않고 흐름을 읽는 것이 중요합니다.

차트 5

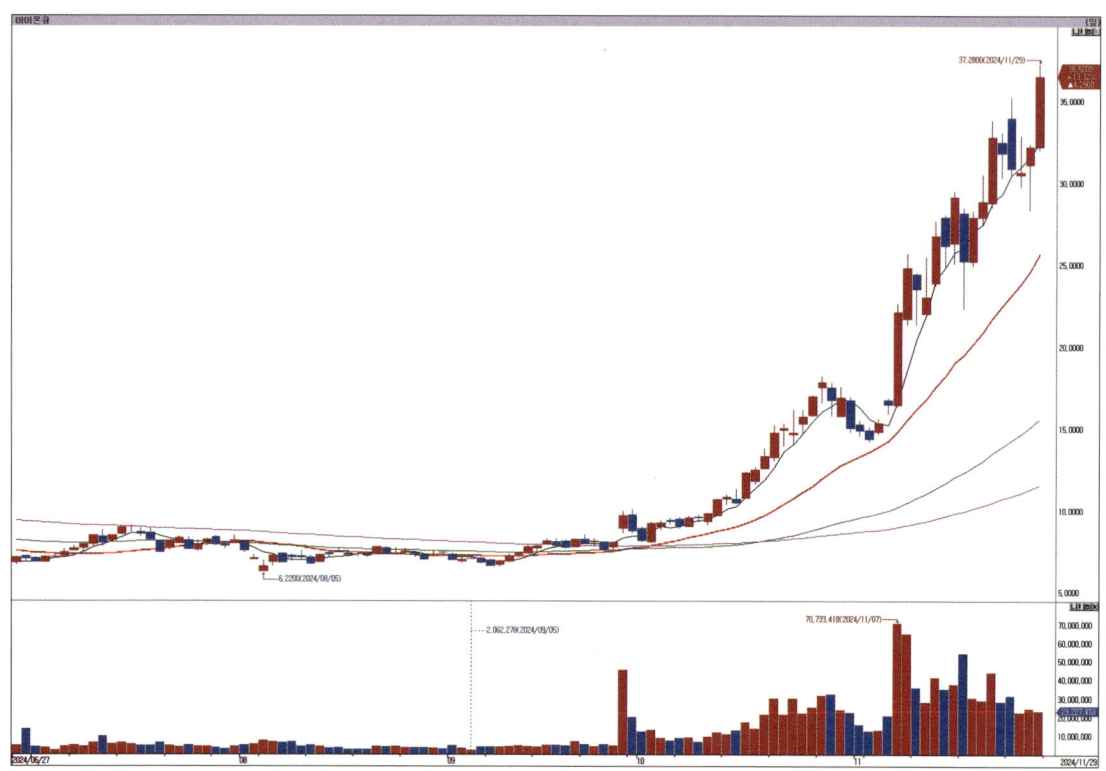

　장대양봉 이후 주가가 다시 상승하며 37달러까지 올랐습니다. 바닥에서 6달러에서 37달러로 상승했으니, 약 500% 정도의 상승률을 기록한 셈입니다. 이 기간 동안 여러 번의 매수 기회가 있었고, 매수 타점이 아니더라도 차트를 분석하고 매수 강도를 느꼈다면 어느 구간에서든 충분히 수익을 올릴 수 있었을 것입니다.

　예를 들어, 중간에 15달러 부근에서 매수를 했다면, 최소한 100% 내외의 수익을 얻었을 가능성이 큽니다. 중요한 점은, 이 종목에서 얻은 수익도 중요하지만, 실전에서 이런 종목이 계속해서 나올 것이기 때문에 다음에도 이런 기회를 놓치지 않고 지속적으로 수익을 올려야 한다는 것입니다.

주식을 매수하는 방법은 정말 다양하지만, 가장 중요한 것은 재료가 나왔을 때 주가가 어느 정도의 위치에 있는지, 매수세가 유입되고 있는지, 그리고 차트가 어떤 모습을 하고 있는지 파악하는 것입니다. 이를 잘 분석하면 매수할 때 성공 확률을 높일 수 있습니다.

반대로, 차트를 보고 매수 타점이 나온 종목을 발견했다면, 그 종목이 어떤 기업인지, 재료나 호재가 무엇인지 살펴보며 상승 가능성을 평가할 수 있을 것입니다. 이런 방식으로 크로스 체크를 자연스럽게 해가면서, 여러분의 계좌를 달러로 가득 채울 종목을 잡을 수 있을 것입니다. 그때까지 쉬지 말고 계속해서 노력해보시기 바랍니다.

강력한 양봉 2개를 찾아라

아츠웨이 매뉴팩처링(Art's Way Manufacturing Co., Inc. 티커: ARTW)은 농업 장비, 특수 모듈식 건물, 철강 절삭 공구를 제조 및 판매하는 미국 기업입니다.

차트 1

이 종목은 평소 거래량 없이 지속적인 하락세를 이어가던 소외된 종목이었습니다. 하지만 하락이 멈추면서 주가가 서서히 상승하기 시작했고, 단기간에 급등하며 의미 있는 상승폭을 기록했습니다.

그러나 추가적인 상승에는 실패했고, 주가는 다시 하락하며 약 4개월 동안 지속적인 조정을 거쳤습니다. 결국, 이전 하락 추세의 저점 수준까지 밀려 내려갔죠.

하지만 조정이 끝난 뒤, 갑자기 강력한 장대양봉이 이틀 연속 출현하며 상황이 완전히 달라집니다. 첫 번째 장대양봉에서는 엄청난 거래량이 동반되었고, 이는 시장에 강력한 재료가 반영되었음을 의미합니다. 이 시점부터 주가는 본격적인 상승 흐름을 보이며 전고점에 근접할 가능성을 시사합니다.

이어진 두 번째 장대양봉에서는 전고점을 돌파하며 강한 매수세가 매물을 소화하고 있음을 확인할 수 있습니다. 특히 두 번째 날의 거래량은 전고점 구간에서 발생한 거래량을 훨씬 웃돌며, 강력한 상승 의지를 보여줍니다.

이처럼 이틀 연속 장대양봉이 출현하고 거래량이 급증한 차트는 매우 긍정적입니다.

이미 저점 대비 큰 폭으로 상승한 상태이지만, 추가 상승에 대한 기대감이 여전히 충분합니다. 따라서, 이 시점에서 종목을 발굴했다 하더라도 매수 타이밍을 고려할 만한 흐름이라고 볼 수 있습니다.

차트 2

 주가는 강력한 상승세를 보이며 전고점을 돌파했고, 추가 상승이 기대되는 상황이었습니다. 실제로 주가는 상승세를 이어갔습니다. 그러나 갭 상승으로 출발한 뒤 장중 주가가 크게 상승한 후 다시 밀리는 흐름을 보였습니다. 갭 상승으로 시작한 경우, 주가는 이미 높은 가격대에서 시작하기 때문에 일반 투자자에게는 접근하기 어려운 상황이었습니다.
 그다음 날, 주가는 갭 하락으로 출발했고, 이후 잠깐의 상승을 시도했으나 결국 하락세로 전환되며 장대음봉으로 마감되었습니다. 만약 갭 하락 출발을 확인했다면, 이 시점에서 매수에 가담하지 않는 것이 맞았습니다. 급등하는 종

목의 재료가 여전히 유효하거나 매수세가 유지된다면 갭 하락이 발생하지 않기 때문입니다. 갭 하락은 장이 쉬는 동안 악재가 등장했음을 의미하므로, 이런 상황에서는 매수를 멈추고 관망하는 것이 가장 적절한 대응입니다.

갭 하락 이후에도 주가가 상승 흐름을 이어가려면 적어도 양봉을 만들어내야 합니다. 그러나 이 종목은 장대음봉으로 마감되었고, 주가는 두 번째 장대양봉이 형성되었던 구간까지 밀려 내려갔습니다. 이런 상황에서는 매수에 나서지 말고 신중하게 기다리는 것이 중요합니다.

결국 주가는 반등하지 못하고 연속 음봉을 기록하며 하락 추세에 접어들었습니다. 전고점 돌파 이후 상승세를 보이며 매수 준비를 유도했던 종목이었지만, 실제로 일반 투자자에게 접근 가능한 매수 구간을 제공하지 않았습니다. 주가가 상승한 것은 사실이지만, 매수 타점을 명확히 열어주지 않은 종목이라면 아쉽더라도 매수를 하지 않는 것이 정석적인 투자 전략입니다. 추격 매수는 피하고, 적합한 매수 구간이 형성될 때까지 기다리는 것이 중요합니다.

📊 **차트 3**

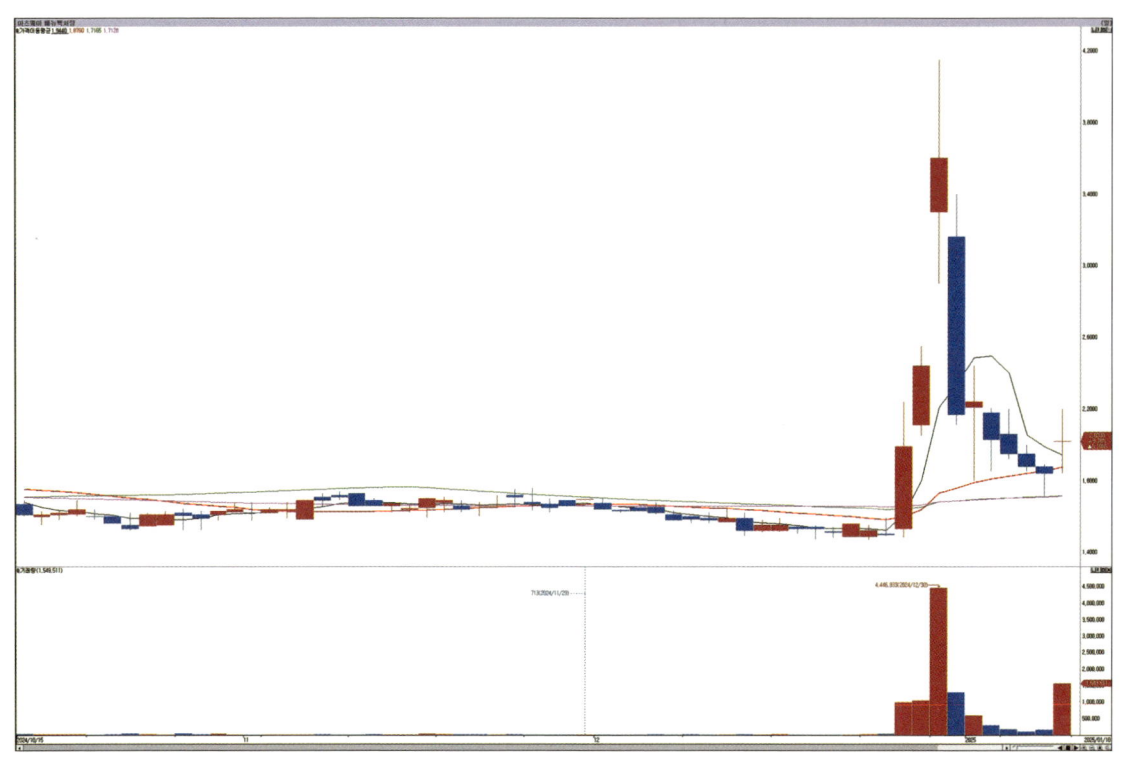

　차트를 자세히 확대해보면, 이 종목은 3일 연속 장대양봉을 만들었습니다. 이미 저점 대비 주가는 크게 상승한 상태였으며, 특히 3일째 장대양봉에서는 긴 윗꼬리가 달린 모습을 보여주었습니다. 이는 상승에 대한 경계심을 가져야 할 신호로 해석할 수 있습니다.

　그런 상황에서 다음 날, 주가는 갭 하락으로 출발했고, 상승을 시도하는 듯 했으나 금세 힘을 잃고 하락으로 전환되었습니다. 상승세를 바로 포기한 종목은 추가적인 상승 가능성이 낮다고 판단할 수 있습니다.

　이럴 때는 미련을 두기보다는 해당 종목을 과감히 정리하고, 더 나은 매매 기회를 제공할 다른 종목으로 갈아타는 것이 가장 현명한 선택입니다. 급등 이후 차트가 불안정한 종목에 집착하기보다는, 안정적인 매수 타점을 제공하는 종목을 찾는 것이 성공적인 투자로 이어질 가능성이 높습니다.

차트 4

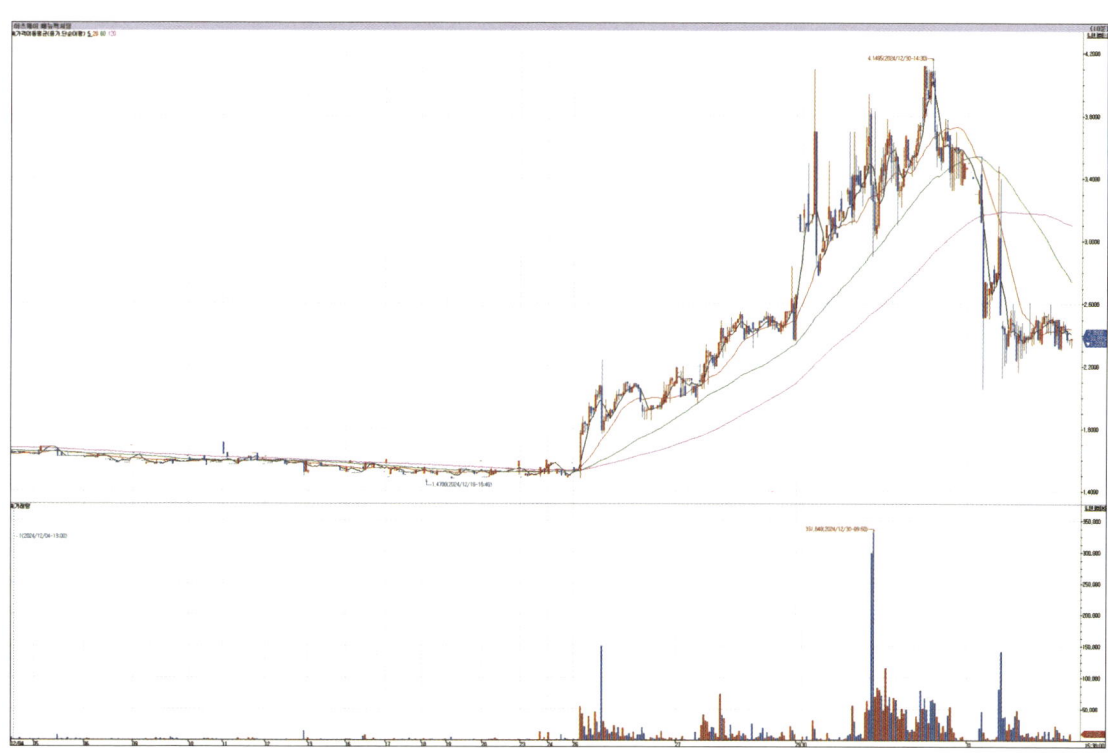

분봉 차트를 살펴보면, 3번째 양봉 부근을 주목해야 합니다. 2번째 양봉까지는 주가가 깔끔하게 상승하며 흐름이 좋았지만, 3번째 양봉에서는 주가가 상승하긴 했지만 고점에서 큰 흔들림을 보였습니다. 특히 거래량이 급증하고 있는데, 이는 저가에서 매수한 투자자들이 물량을 털어내고 있는 상황으로 해석할 수 있습니다.

 이처럼 고점에서 큰 변동성이 나타나며 주가가 오르는 상황에서는, 매수하기가 매우 어렵습니다. 강심장이 아니면 이런 구간에서 매수하는 것은 리스크가 크기 때문입니다. 이런 경우에는 차라리 매매를 포기하고 관망하는 것이 더 현명한 선택이 될 수 있습니다.

 이후 주가는 갭 하락으로 출발하며, 매수하지 않은 투자자라도 매수 후 빠져나오는 것이 정석적인 흐름임을 확인할 수 있습니다. 즉, 상승세가 이어지지 않고 하락세로 전환되었기 때문에, 이 시점에서 매수 후 보유를 고집하기보다는 빠르게 팔고 나오는 것이 바람직한 전략이었습니다.

 이렇게 자연스럽게 흐름을 정리하면, 주가의 변동성과 매매 전략에 대한 이해가 명확해집니다.

장대음봉을 극복하는 종목을 찾아라

온다스 홀딩스(Ondas Holdings Inc., 티커: ONDS)는 민간 산업 무선 네트워크와 상업용 드론 솔루션을 제공하는 기업입니다.

차트 1

이번에는 하락 추세에 있던 종목이 바닥에서 박스권을 만들고 있는 사례에 대해 알아보겠습니다.

이 종목은 하락 추세를 보이고 있던 종목입니다. 그러다 어느 시점에서 반등이 나왔고, 이후 주가 흐름을 살펴보면 기복이 있는 모습을 확인할 수 있습니다. 특히, 바닥 구간에서 주가가 박스권을 형성하고 있는 것이 보입니다.

일반적으로 하락 추세를 멈춘 종목은 약간의 반등 후 옆으로 횡보하는 경우가 많습니다. 그러나 이 종목은 바닥권에서 반복적으로 반등을 시도했지만, 고점을 돌파하지 못하고 다시 밀리는 흐름을 보이고 있습니다. 주가는 박스권을 형성하며 고점과 저점이 점점 더 명확히 드러나는 상태입니다.

최근 주가 흐름을 자세히 보면, 갭 하락 음봉으로 시작된 상승 시도가 있었습니다. 하지만 주가는 갭 상승 후 추가 상승에 실패하며 다시 밀려 내려왔습니다. 이후에는 주가가 다시 바닥권으로 돌아온 상태입니다.

이런 흐름을 분석할 때, 박스권의 상단과 하단을 주의 깊게 살펴보는 것이 중요합니다. 박스권 하단에서 주가가 안정적으로 지지를 받는다면, 이는 단기 매수 타점이 될 수도 있기 때문입니다. 반대로 박스권 하단을 이탈한다면, 추가적인 하락 가능성을 염두에 두어야 합니다.

차트 2

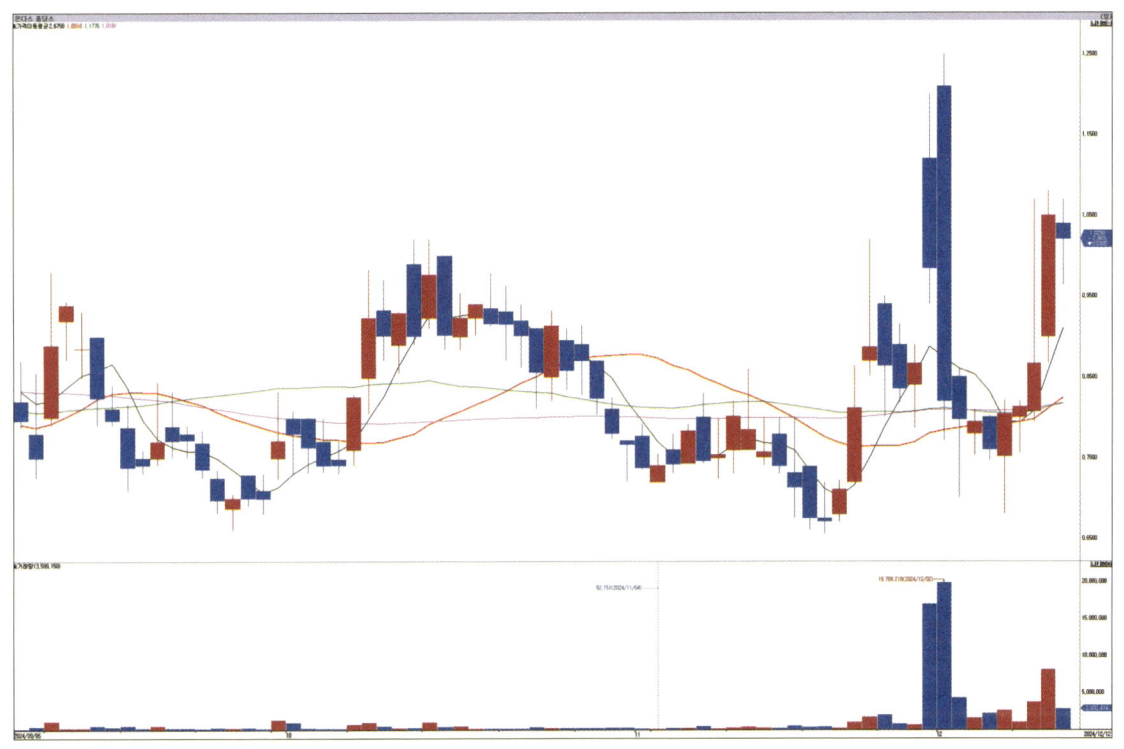

주가가 바닥권에 도달한 뒤 다시 반등을 시도하고 있습니다. 이전과는 약간 다른 흐름이 보이는데, 즉각적인 상승 시도가 나타나고 있다는 점이 눈에 띕니다.

주가가 바닥을 찍고 나서 장중 상승 시도를 했습니다. 그러나 윗꼬리가 긴 역망치형 캔들이 등장하며 상승이 한 차례 저지되는 모습이었습니다. 이어진 다음 날, 이 윗꼬리를 극복하는 장대양봉이 나오면서 분위기를 반전시켰습니다.

차트를 보면, 얼마 전 형성된 강력한 장대음봉이 눈에 들어옵니다. 이는 큰 매물이 존재하는 구간을 의미합니다. 역망치형 캔들이 나타난 상황에서는 이 매물을 소화하려는 세력의 매집으로 볼 수도 있지만, 20일 이동평균선 위에서 발생했더라도 확실히 매물 소화 캔들인지, 단순한 반등 시도인지는 판단하기 어려운 상태입니다.

그러나 중요한 점은 그다음 날입니다. 역망치형 캔들의 윗꼬리를 극복하는 장대양봉이 등장했고, 이어지는 날에는 장대양봉의 고가 부근에서 물량을 소화하는 단봉 캔들이 나왔습니다. 이러한 흐름은 차트상에서 장대음봉의 매물이 소화되고 있다는 강력한 신호로 해석할 수 있습니다.

실제로 주가는 장대음봉의 절반까지 상승했습니다. 만약 매물 소화가 이루어지지 않았다면, 장대음봉에 물린 투자자들이 주가가 상승할 때마다 매물을 던지며 하락을 초래했을 것입니다. 그런데 주가가 꾸준히 상승한다는 것은 세력이 물량을 받아내고 있다는 증거입니다. 이는 결국 주가를 추가 상승시키기 위한 사전 작업이라고 볼 수 있습니다.

이처럼 차트가 형성되었다면, 전고점을 돌파하려는 시도가 나올 가능성이 매우 높습니다. 실전에서 이러한 차트를 발견했다면, 관심 종목으로 등록해두고 장이 열렸을 때 거래량 증가 여부를 확인하며 매수에 가담하는 것이 전략적으로 중요합니다.

📈 **차트 3**

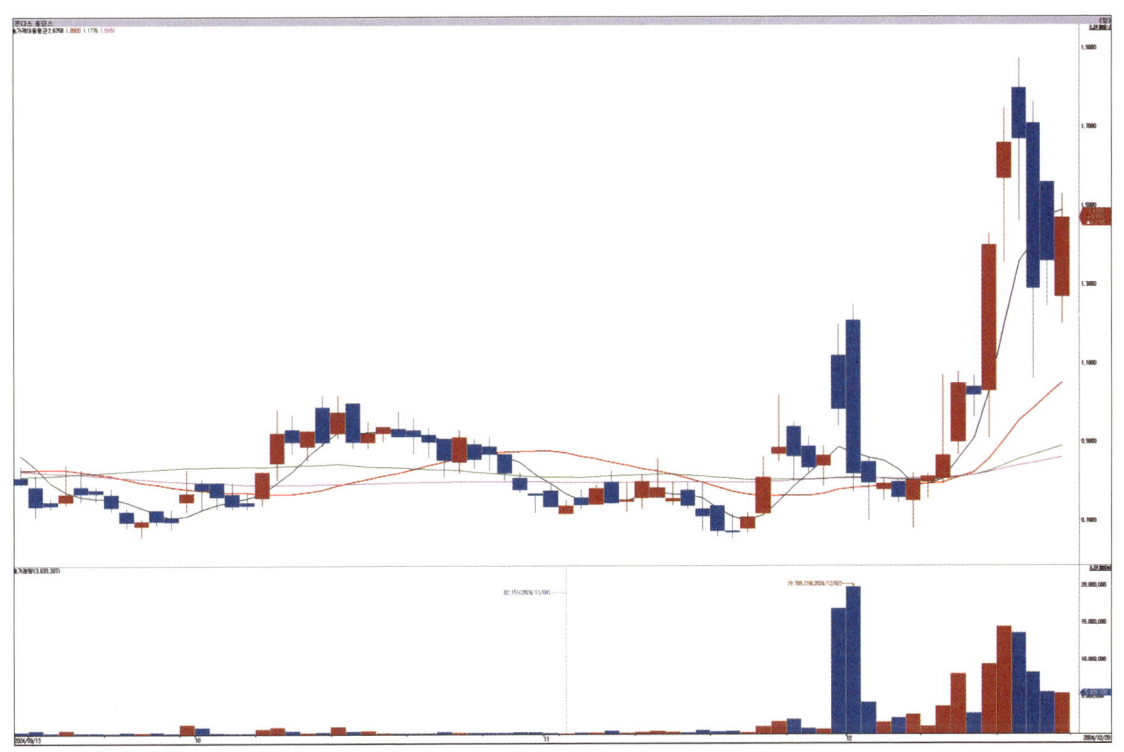

　앞서 형성된 장대음봉의 고점을 뚫어버리는 강력한 장대양봉이 만들어졌습니다. 이와 동시에 거래량도 폭발하며 매수세가 강하게 유입된 것을 확인할 수 있습니다. 이처럼 호가창에 거래가 실리는 모습과 함께 상승 시도가 이어진다면, 이 구간에서 매수에 가담하여 수익을 챙길 기회를 엿볼 수 있습니다.

　이후, 주가는 일정 기간 상승세를 이어가다가 하락세로 전환됩니다. 그러나 주목해야 할 점은 하락 과정에서 나타나는 연속적인 음봉의 특징입니다. 음봉이 이어지지만, 주가 자체는 크게 밀리지 않고 안정적으로 특정 가격대를 지지하고 있습니다.

　좀 더 구체적으로 살펴보면, 음봉은 대개 전일 종가 부근에서 갭 상승으로 시작한 뒤 밀려 내려가는 형태를 보입니다. 이 과정에서 특정 가격대가 지속적으로 지지되는 모습을 확인할 수 있습니다. 여기서 중요한 점은 그 특정 가격대가 바로 앞서 형성된 장대음봉의 고점이라는 사실입니다. 즉, 이전에 저항으로 작용했던 고점이 이제는 주가를 방어하는 지지선으로 변한 것입니다.

이러한 흐름은 단순히 자연스러운 매물 소화 과정이 아니라, 누군가가 의도적으로 주가를 관리하는 신호로 볼 수 있습니다. 특히, 주가를 상승시켰던 세력이 지정가를 방어하며 매물을 받아주는 모습은 추가 상승을 준비 중이라는 가능성을 암시합니다.

만약 추가 상승 시도가 없었다면, 비싼 가격에 매물을 받아주는 이유가 없었겠죠. 특히 전고점 근처라는 높은 가격대에서 이러한 움직임이 관찰된다면, 이는 세력이 추가 상승 의지를 가지고 있음을 시사합니다.

이처럼 차트가 형성되었다면, 다시 고점 돌파를 시도할 가능성이 크다고 판단할 수 있습니다. 따라서, 매수 준비를 하면서 거래량 변화를 주의 깊게 관찰해야 합니다. 거래량이 다시 터지며 상승 시도가 확인된다면, 적극적으로 매수 타이밍을 잡을 기회로 삼을 수 있습니다.

차트를 분석하며 이러한 흐름을 사전에 포착하는 습관을 들인다면, 매수와 매도 타이밍을 더욱 정교하게 판단할 수 있을 것입니다.

차트 4

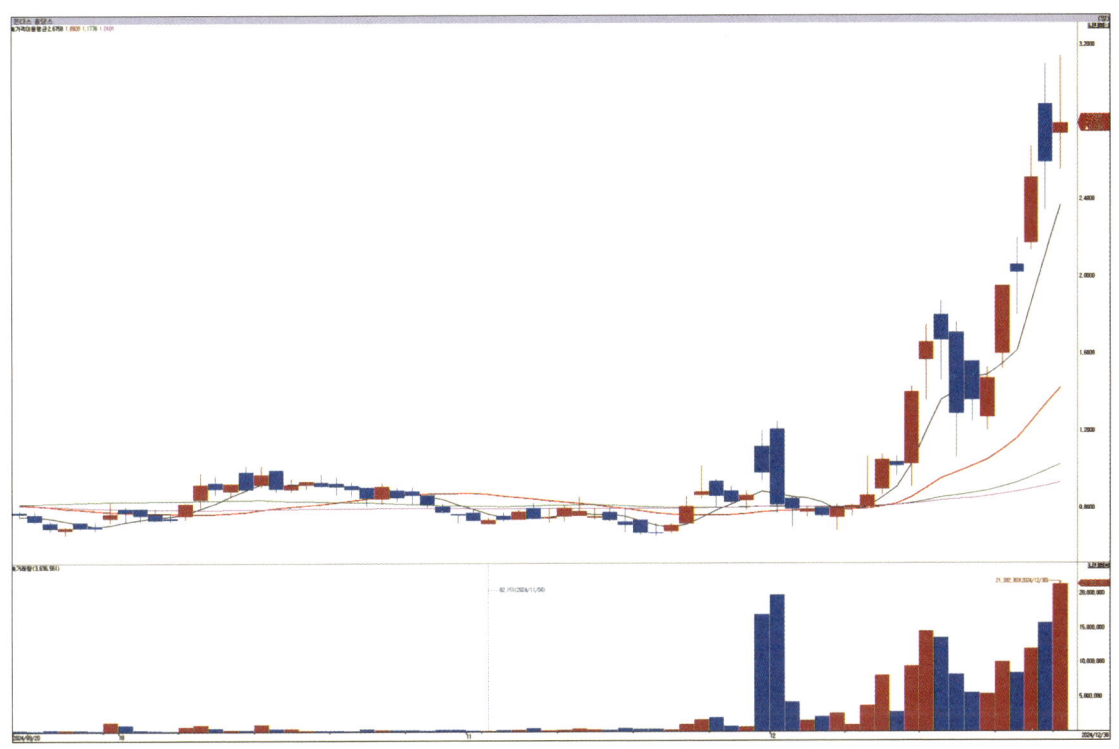

예상대로 주가는 돌파 시도를 성공시키며 2차 상승을 시작합니다. 주가는 0.8달러에서 3달러까지 급등하며, 이는 한국 주식으로 치면 800원에서 3,000원까지 오른 셈입니다. 저점에서 매수한 투자자는 단기간에 큰 수익을 올릴 수 있었을 것입니다.

전체 차트를 보면, 이전에 갭 상승 음봉이 형성되면서 거래량이 크게 터졌다는 점이 중요한 신호로 보입니다. 이 시점에서 단기 세력이 매집을 시작하고, 이후 주가를 끌어올리면서 상승 흐름을 만들어낸 것을 알 수 있습니다.

차트에서 중요한 급소를 살펴보면, 앞서 분석한 것처럼 두 군데가 있었습니다. 이 급소를 정확히 공략하는 방법을 배운다면, 충분히 이런 종목을 노려볼 수 있었을 것입니다.

차트를 그저 무심코 보는 것과, 이렇게 차트 분석을 통해 세밀하게 공부하고 보는 것 사이에는 분명한 차이가 있습니다. 물론 절대적인 방법은 없지만, 아무 생각 없이 단순히 오를 것이라고 기대하는 것보다는 이렇게 체계적으로 차트를 분석하고 상승 확률이 높은 종목을 찾아 매매하는 것이 결과적으로 더 나은 성과를 가져올 가능성이 큽니다.

꾸준히 공부하고 노력한다면, 다음에 이런 종목이 나올 때 놓치지 않고 매매할 수 있을 것입니다. 차트 분석을 통해 매매의 정확도를 높여 기회를 최대한 활용하시기 바랍니다.

캔들의 윗꼬리를
극복하는 종목을 찾아라

> 옵티컬 케이블(Optical Cable Corporation, 티커 OCC)은 미국 버지니아 주 로어노크에 본사를 두고 있으며, 광섬유 및 구리 데이터 통신 케이블과 연결 솔루션을 설계, 제조 및 판매하는 기업입니다.

　미국 주식 시장에서는 특정 재료(호재나 뉴스 등)에 의해 하루에 100%에서 최대 500% 이상 급등하는 종목들이 종종 나타납니다. 그러나 이러한 종목들은 당일 급등으로 인해 저가에 매수했던 투자자들이 대규모로 차익 실현에 나서는 경우가 많습니다. 이는 자연스러운 현상으로, 갑작스럽게 500%의 수익을 얻게 되면 대부분의 투자자들은 '이 정도면 충분히 대박이다'라고 생각하며 매도를 선택하기 때문입니다.

　이로 인해 장중에는 500% 이상 상승했던 종목이 장 마감 시점에는 상승폭이 크게 줄어드는 일이 자주 발생합니다. 차트를 보면 긴 윗꼬리가 달린 양봉 캔들이 만들어지는 경우가 많습니다. 이는 장중 고점에서 많은 매도 물량이 쏟아졌음을 의미합니다.

　하지만 저가 매수로 큰 수익을 올린 기존 투자자들이 대부분 빠져나갔더라도, 해당 종목에 영향을 미치는 재료가 여전히 유효하다면 상황이 달라질 수 있습니다. 상승폭이 줄어들면서 주가가 상대적으로 하락하면, 신규 투자자들이 심리적으로 "싸 보인다"는 판단을 내리며 접근하기 쉬워지기 때문입니다. 반면, 종목이 500% 상승한 상태로 그대로 마감했다면 신규 매수자들에게는 부담이 되어 접근이 어려웠을 것입니다.

　이처럼 장중 조정 이후에도 해당 종목이 재료를 바탕으로 상승세를 회복하며 윗꼬리를 극복하는 모습을 보인다면, 신규 투자자들이 관심을 갖고 추가적으로 매수에 나설 가능성이 높습니다. 따라서 이런 종목에 신규로 접근하려는 투자자는 재료의 지속성, 주가 흐름, 그리고 윗꼬리를 극복하려는 시도를 면밀히 관찰하는 것이 중요합니다.

📊 **차트 1**

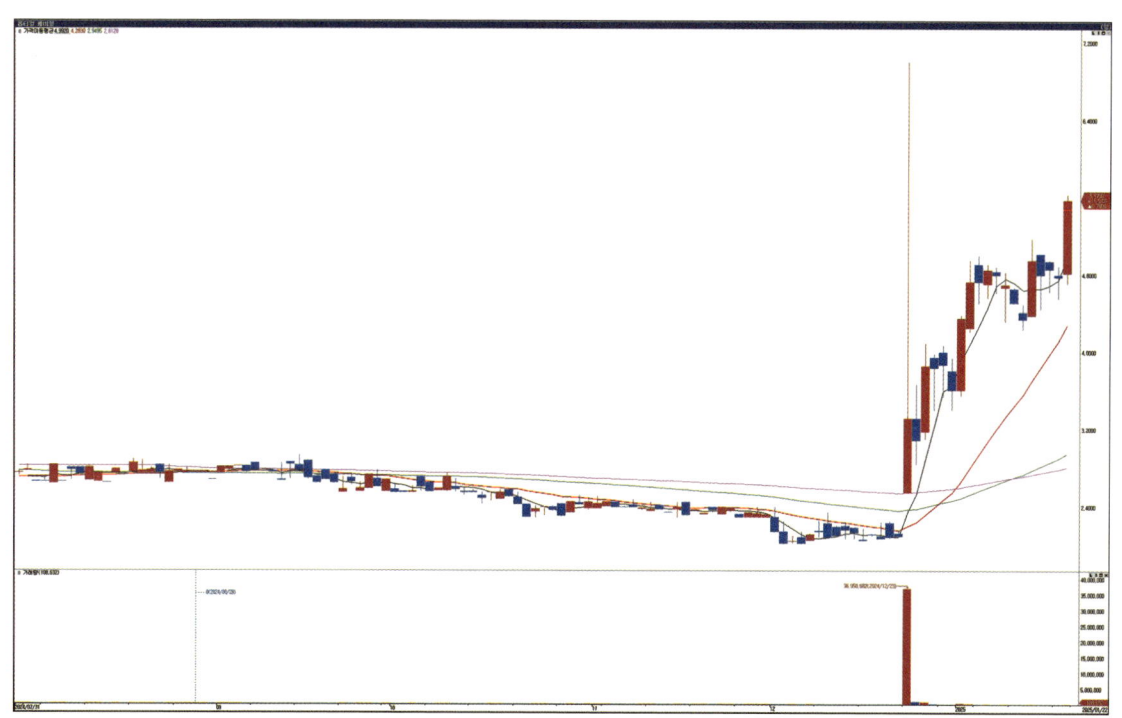

이 종목은 장중에 특정 재료에 힘입어 233%라는 놀라운 상승률을 기록했습니다. 이 과정에서 이전에는 볼 수 없었던 엄청난 거래량이 발생했으며, 이는 전 세계의 단기 투자자들까지 끌어모을 정도였습니다. 이런 엄청난 거래량은 해당 종목에 대한 시장의 관심이 집중되었음을 보여줍니다.

하지만 거래량이 폭발적으로 증가하면서, 동시에 차익 실현을 원하는 개인 투자자들도 대거 몰렸습니다. 특히 저가에 매수했던 투자자라면 몇 시간 만에 200% 이상의 수익을 거둘 수 있는 상황이었으니, 이들은 더할 나위 없는 기회를 잡았다고 볼 수 있습니다. 심지어 장중에 매수한 투자자 중에서도 100% 안팎의 수익을 실현한 사람들이 많았을 것입니다. 이런 차익 실현 매물로 인해 주가는 고점에서 매도세가 강하게 나타났고, 차트에는 긴 윗꼬리가 달린 캔들이 형성되었습니다. 결국 장 마감 시에는 상승률이 58%로 축소되었지만, 이 또한 매우 높은 상승률로 평가될 수 있습니다.

다음 날 차트를 살펴보면, 음봉이 나타난 것을 확인할 수 있습니다. 이는 전날의 급등에 대한 조정이 시작되었음을 의미합니다. 그러나 그다음 날에는 다시 양봉이 등장하며 주가가 반등하였고, 긴 윗꼬리를 극복하기 시작했습니다. 여기서 주목할 점은, 윗꼬리 구간이 곧 차익 실현 매물이 쌓여 있는 구간이라는 점입니다. 이 매물대는 기존 투자자들이 차익을 실현하고 떠난 자리이기도 하지만, 동시에 이 물량을 새로 매수한 투자자들이 잡아주며 지지를 형성한 구간이기도 합니다.

양봉으로 윗꼬리를 극복하는 모습은 시장의 매수세가 여전히 강하며, 해당 종목의 재료가 유효하다는 신호로 해석할 수 있습니다. 이후 주가는 조정을 거쳤지만, 다시 양봉이 형성되며 상승세를 이어갔습니다. 이런 흐름은 차트에서 명확히 드러나며, 주가는 장대양봉을 만들어가며 이전 고점의 윗꼬리를 지속적으로 극복해나가는 패턴을 보였습니다.

📊 **차트 2**

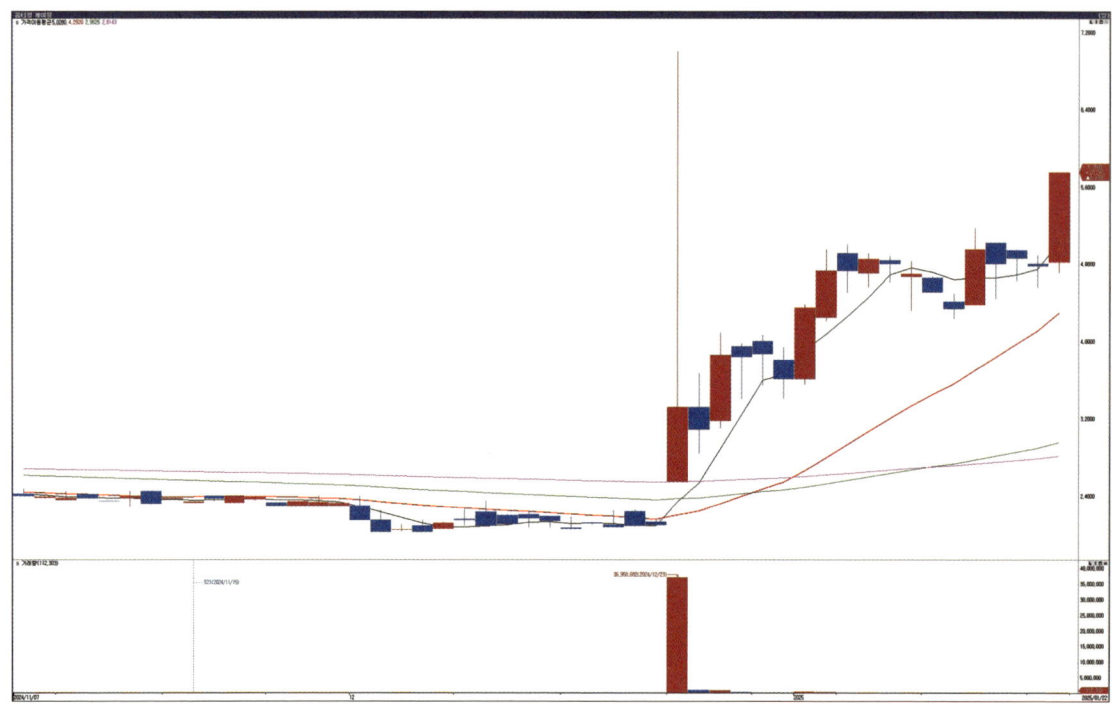

주가가 조정 국면에 들어설 때마다 매수세가 유입되면서 양봉이 나타나고 있습니다. 이러한 양봉은 단순히 주가 하락을 방어하는 역할을 하는 것을 넘어, 차트상 앞에 형성된 대형 윗꼬리를 점진적으로 극복하는 흐름을 보여줍니다.

윗꼬리는 과거의 고점 부근에서 차익 실현 매물로 인해 형성된 저항 구간을 의미합니다. 이 구간에는 차익 실현을 위해 대기하고 있는 매물이 여전히 존재하며, 주가가 상승하려면 이를 소화하는 과정이 필요합니다. 주가가 조정을 받으면서도 꾸준히 양봉을 통해 윗꼬리 부근의 매물을 단계적으로 흡수하는 움직임은 시장의 매수세가 지속적으로 유입되고 있음을 나타냅니다.

이와 같은 패턴은 "윗꼬리 극복 패턴"이라고 할 수 있습니다. 이 패턴은 주가가 조정과 반등을 반복하면서 점진적으로 과거 고점의 매물대를 소화하고, 이를 극복하며 새로운 상승 흐름을 만들어가는 특징을 가지고 있습니다. 이러한 흐름은 강한 매수세가 뒷받침되고 있다는 신호로, 투자자들이 매수 기회로 활용할 수 있습니다.

5장

미국 주식 급등주 패턴 연구

차트 패턴은 주가 움직임을 예측하는 데 중요한 역할을 합니다. 물론 차트만으로 모든 것을 해결할 수는 없지만, 이를 무시하는 것은 지도 없이 길을 찾는 것과 같습니다. 차트를 부정하는 사람들은 대개 깊이 있는 분석 없이 피상적으로만 보기 때문입니다. 마치 수박 껍질만 맛보고 수박의 참맛을 평가하는 것과 다를 바 없죠.

　실제로 차트를 자세히 들여다보면 일정한 패턴이 반복되는 것을 발견할 수 있습니다. 특정 패턴이 나타날 때 주가가 상승하거나 하락하는 경우가 많으며, 이러한 흐름을 익히면 투자 판단에 큰 도움이 됩니다.

　이번 장에서는 미국 주식에서 자주 나타나는 차트 패턴을 집중적으로 살펴보겠습니다. 상승 전 반복적으로 등장하는 차트의 특징을 익혀보겠습니다. 패턴을 이해하면 보다 정확한 매수·매도 타이밍을 잡을 수 있고, 막연한 감이 아니라 논리적인 근거를 바탕으로 투자 결정을 내릴 수 있게 됩니다.

　자, 이제 차트 패턴의 세계로 들어가 볼까요?

급등주 패턴 연구 1

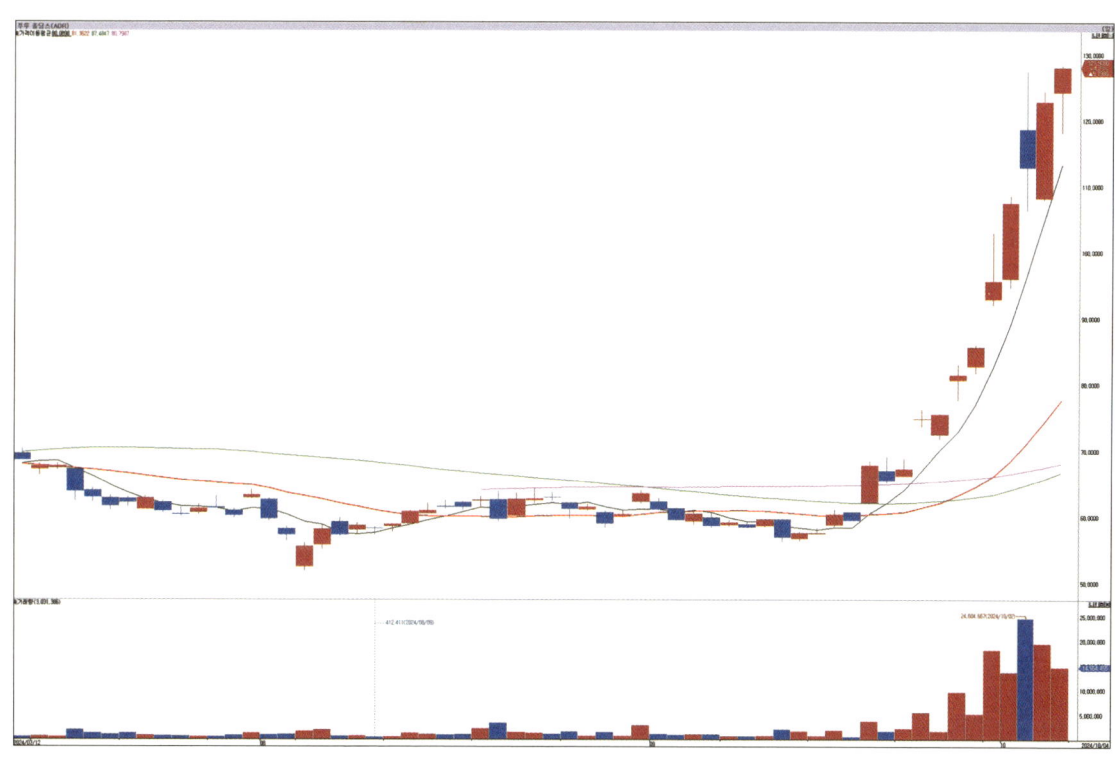

횡보하던 주가가 급격히 상승하기 시작합니다. 장대양봉이 출현하며 강한 상승 신호를 보이고, 이후 5일선을 따라 가파르게 상승합니다. 이러한 종목은 대개 강력한 재료가 갑작스럽게 공개되면서 급등하는 특징을 보입니다.

특히, 상승 과정에서 갭 상승이 반복적으로 나타납니다. 장대양봉 이후 갭 상승으로 출발한 주가는 잠시 쉬어가는 듯하다가 다시 갭 상승과 양봉을 반복하며 강한 상승세를 이어갑니다. 이 과정에서 후발 투자자들은 쉽게 진입할 기회를 얻지 못하고, 주가는 지속적으로 시세를 분출하며 상방 압력을 유지합니다.

미국 주식에서는 이처럼 갭 상승이 발생할 때 단순한 단발성 움직임이 아니라 추가 상승을 유발할 만한 재료가 뒷받침되는 경우가 많습니다. 따라서 갭 상승이 나왔다고 무조건 경계하기보다는 이후 주가 흐름을 면밀히 관찰하며 적절한 매매 타이밍을 찾는 것이 중요합니다.

급등주 패턴 연구 2

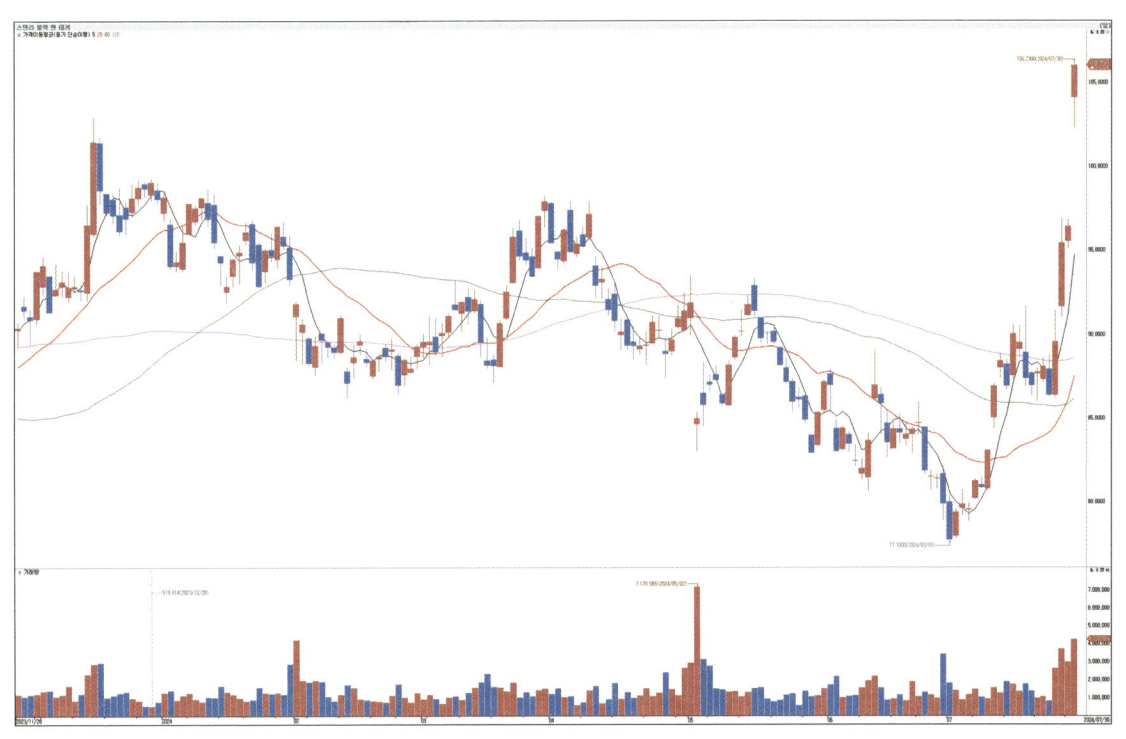

이 종목은 하락 추세가 지속되던 종목으로, 이동평균선이 역배열 상태를 이루며 계속해서 하락하고 있었습니다. 하지만 어느 순간부터 주가가 상승을 시작했고, 특히 갭 상승이 발생하면서 기존의 하락 추세를 완전히 반전시켰습니다.

갭 상승이 나온 후 주가는 급락하지 않고 높은 가격대에서 안정적으로 머물러 있습니다. 만약 상승이 단발성 재료로 인한 것이라면 갭 상승 이후 주가는 빠르게 밀려야 하지만, 이 종목은 오히려 고점을 유지하며 버티는 모습을 보이고 있습니다. 70달러에서 80달러 사이에서 지지를 형성한 뒤, 결국 90달러 돌파를 시도하는 흐름을 보여주었습니다.

그 후 강력한 매수세가 유입되면서 90달러를 뚫고 안착했고, 이어서 100달러 선을 갭 상승으로 돌파하며 강한 상승 흐름을 이어갔습니다.

미국 주식 시장에서 갭 상승은 매우 중요한 신호입니다. 특히 주가가 바닥권에서 발생한 갭 상승은 강력한 재료가 뒷받침된 경우가 많기 때문에 반드시 주목해야 합니다. 이러한 갭 상승이 발생한 후 주가가 무너지지 않고 견고하게 유지된다면, 추가 상승 가능성이 높아지므로 신중하게 관찰하며 투자 전략을 세우는 것이 중요합니다.

급등주 패턴 연구 3

　이 종목은 약 3개월 동안 지속적인 하락을 보였습니다. 하락 속도는 가파르지 않았지만, 장기간에 걸쳐 서서히 하락하면서 이동평균선이 역배열을 형성하는 흐름을 나타냈습니다. 그러다 어느 순간부터 주가가 바닥을 다지고, 점진적으로 상승하는 모습을 보이기 시작했습니다.

　특히 바닥을 찍고 상승할 때, 연속적인 양봉이 출현하면서 눈길을 끌었습니다. 양봉이 여러 개 밀집되어 나타나는 패턴은 선도 투자자가 점진적으로 물량을 흡수하고 있음을 의미할 가능성이 큽니다. 주가가 바닥에서 이런 양봉 밀집 패턴을 보일 경우, 이후 본격적인 상승으로 이어지는 경우가 많습니다.

그리고 예상대로 일정 수준의 물량 소화가 마무리되자, 강한 갭 상승과 함께 장대양봉이 출현하며 주가가 급등했습니다. 보통 이러한 흐름은 미리 재료를 알고 있던 선도 투자자들이 있었을 가능성을 시사합니다. 즉, 바닥에서 조용히 매집을 진행한 세력이 존재했으며, 결국 시장에 알려진 재료로 인해 본격적인 상승이 촉발된 것입니다.

이런 상황에서 많은 투자자들은 이미 주가가 저점에서 상당히 오른 상태이므로 매수를 망설일 수 있습니다. 하지만 주목해야 할 점은, 이러한 갭 상승 양봉이 단발성으로 끝나는 경우는 드물다는 것입니다. 대부분의 경우, 강력한 재료가 뒷받침되고 있기 때문에 추가 상승이 이어질 가능성이 높습니다. 따라서 비록 바닥 대비 상당한 상승이 이루어진 상태라고 해도, 이제부터 본격적인 상승 흐름이 시작될 수 있다고 판단하고 접근할 필요가 있습니다.

이처럼 주가가 긴 하락 후 바닥에서 양봉 밀집 패턴을 보이며 상승하는 경우, 그리고 이어서 갭 상승과 장대양봉이 출현하는 경우에는 상승 추세가 본격화될 가능성이 크므로 신중히 관찰하며 매매 전략을 세우는 것이 중요합니다.

급등주 패턴 연구 4

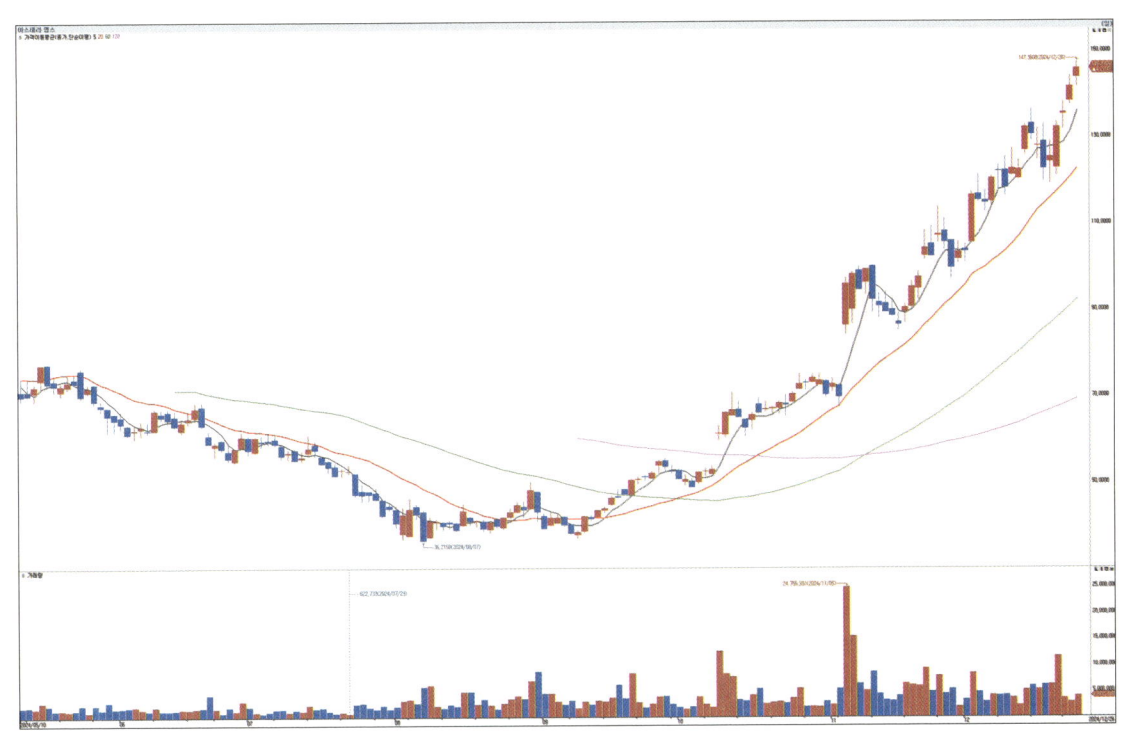

　이 종목은 장기간에 걸쳐 완만한 하락을 이어오다가, 어느 순간부터 완만한 상승 흐름을 보이기 시작했습니다. 그런데 이 과정에서 주목해야 할 점은 거래량의 변화입니다.

　보통 주가가 상승할 때는 특정 재료가 발생하면서 거래량이 단기적으로 급증하는 경우가 많습니다. 하지만 이 종목은 조금 다른 모습을 보입니다. 주가가 바닥을 찍고 서서히 상승하기 시작한 시점부터 거래량이 꾸준히 증가하는 패턴을 보입니다. 이는 단순한 일시적 상승이 아니라, 점진적인 매집이 이루어지고 있다는 강력한 신호입니다.

오랫동안 하락하면서 투자자들의 관심을 받지 못했던 종목이 갑자기 거래량을 동반하며 상승하는 것은 매우 중요한 의미를 가집니다. 이는 단순한 기술적 반등이 아니라 재료를 미리 감지한 선도 투자자들이 저점부터 서서히 매집하고 있다는 신호일 가능성이 큽니다.

게다가 이 종목의 거래량 증가는 일시적인 것이 아니라 지속적으로 유지되고 있습니다. 이는 한두 명의 큰손 투자자가 매수를 한 것이 아니라, 점점 더 많은 시장 참여자들이 이 종목에 관심을 갖고 진입하고 있음을 보여줍니다. 즉, 단순한 단발성 상승이 아니라, 장기적인 상승 추세가 형성될 가능성이 높다는 의미입니다.

이러한 종목들은 상승 탄력이 둔화될 경우 갭 상승을 통해 다시 상승 추세를 만들어내는 특징을 보이기도 합니다. 실제로 이 종목도 36달러에서 시작된 상승이 145달러까지 이어지며, 증가한 거래량이 꾸준히 유지되고 있습니다.

이런 경우, 이미 상승이 진행 중인 상황이라도 단순한 조정을 두려워하기보다는 추세를 믿고 매수에 진입하는 전략이 유효합니다. 이미 저점에서 선도 투자자들이 들어와 있고, 거래량이 지속적으로 유지되는 만큼 상승 추세가 쉽게 꺾이지 않을 가능성이 크기 때문입니다.

결국, 거래량이 지속적으로 증가하는 가운데, 주가가 서서히 상승하고 있는 종목은 눈여겨볼 필요가 있습니다. 특히 주가가 조정을 받을 때마다 강한 매수세가 유입되며 버텨주는 모습을 보인다면, 추가적인 상승 가능성이 높아진다고 볼 수 있습니다.

이 종목은 거래량과 주가의 흐름을 종합적으로 분석했을 때, 추세를 믿고 접근할 경우 성공적인 투자로 이어질 가능성이 높은 사례라고 할 수 있습니다.

급등주 패턴 연구 5

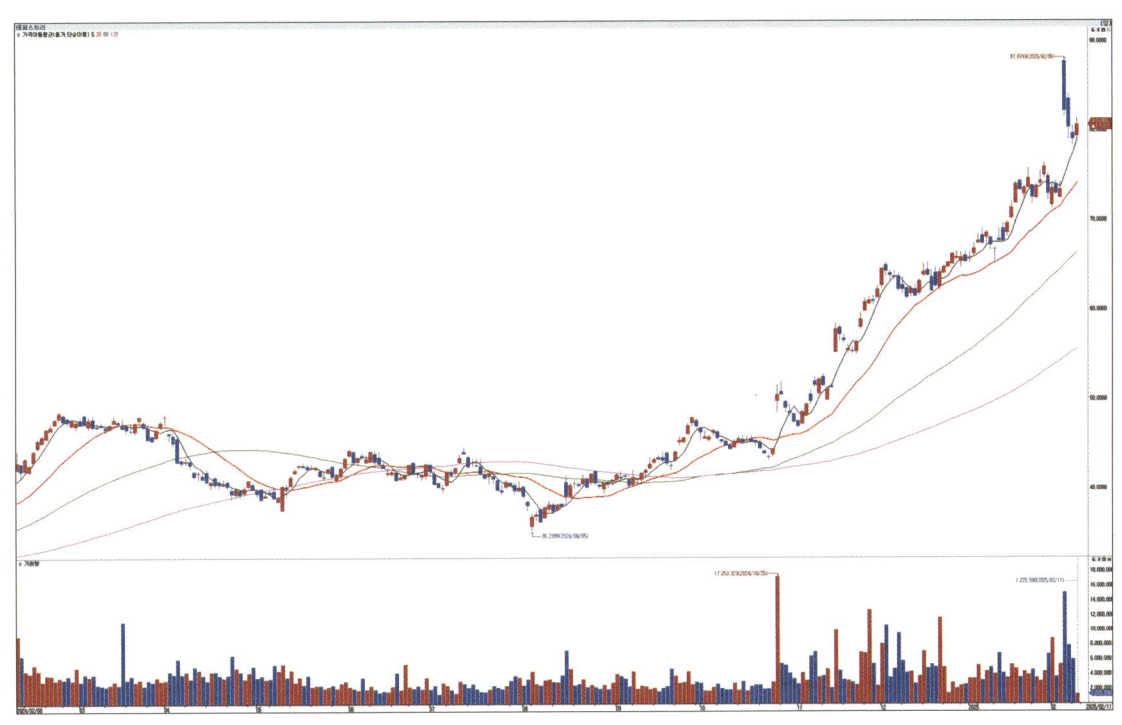

　일반 투자자들은 주가가 하락할 때는 '더 하락하면 어쩌지?' 하는 불안감에 매수를 주저하고, 반대로 주가가 상승하면 '내가 사고 나서 떨어지면 어쩌지?' 하는 걱정에 매수 기회를 놓치는 경우가 많습니다. 결국, 주가가 적정한 매수 구간에 있을 때는 머뭇거리다가, 주가가 이미 상당히 상승한 후 뒤늦게 진입하는 경우가 많습니다. 이러한 심리적 장벽을 극복하고 미국 주식에서 좋은 매수 기회를 찾는 방법 중 하나가 바로 '갭 상승 양봉'을 포착하는 것입니다.

갭 상승 양봉이란 전날 종가보다 높은 가격에서 시작한 후, 강한 상승 흐름을 이어가면서 형성된 캔들을 의미합니다. 갭 상승이 발생했다는 것은 단순한 상승이 아니라, 시장의 큰 흐름이 변화하고 있음을 의미합니다. 특히, 갭 상승과 함께 강력한 거래량이 동반되었을 때는 더욱 중요한 의미를 가집니다.

이 종목도 이전까지 특별한 움직임 없이 조용하게 거래되던 상태에서 서서히 상승하던 도중, 갑자기 강력한 갭 상승이 발생했습니다. 그런데 여기서 중요한 것은 단순한 갭 상승이 아니라, 전에 볼 수 없었던 강력한 거래량이 동반되었다는 점입니다.

주가가 갭을 만들며 상승할 때, 그 상승을 뒷받침하는 거래량이 급증하는 현상이 발생합니다. 거래량의 폭증은 매도세보다 강한 매수세가 존재한다는 강력한 신호입니다. 즉, 누군가는 대량으로 매도했지만, 반대로 누군가는 그보다 더 많은 물량을 적극적으로 매수했다는 뜻입니다.

그런데 여기서 더욱 주목해야 할 점은, 갭 상승이 발생한 가격이 기존 주가보다 높은 위치라는 것입니다. 일반적으로 가격이 상승하면 매수세가 줄어들기 마련인데, 갭이 발생한 고가에서도 대량 매수가 유입되었다는 것은 그만큼 강력한 재료가 터졌다는 신호일 가능성이 큽니다.

이처럼 특별한 움직임 없이 조용히 움직이던 종목이 갑자기 강한 거래량과 함께 갭 상승 양봉을 만들어냈다면, 이 캔들을 중심으로 주가 흐름을 분석해볼 필요가 있습니다. 갭 상승 이후에도 주가가 조정을 받지 않고 상승세를 유지하는 경우라면, 그만큼 강력한 재료와 투자자들의 확신이 뒷받침되고 있다는 의미가 됩니다.

이 종목의 경우, 이전까지 볼 수 없었던 강한 거래량이 터지면서 갭 상승 양봉이 출현한 이후, 주가는 하늘 높은 줄 모르고 치솟고 있습니다. 이는 단순한 기술적 반등이 아니라, 근본적인 재료(뉴스, 실적 개선, 신사업 등)와 투자자들의 강한 매수 심리가 결합된 강세장임을 보여줍니다.

이처럼 갭 상승 양봉은 강한 상승 추세의 시작점이 될 가능성이 크며, 이를 미리 발견하고 분석하는 것만으로도 성공 투자에 한 발 더 가까이 갈 수 있습니다.

캔들 하나만 잘 발굴하고 해석해도, 우리는 성공적인 투자에 훨씬 가까워질 수 있습니다. 단순히 차트를 바라보는 것이 아니라, 차트 속에서 의미 있는 신호를 포착하고 그 흐름을 읽는 것이 투자자의 중요한 능력입니다.

앞으로도 종목을 분석할 때, 갭 상승과 거래량의 변화를 함께 살펴보는 습관을 가지면 더욱 효과적인 매매 전략을 세울 수 있을 것입니다.

급등주 패턴 연구 6

　이 종목은 오랜 하락 추세를 이어가다가 완만한 상승을 보이더니 다시 하락하는 흐름을 보입니다. 그런데 전저점 부근, 즉 '쌍바닥' 구간에서 갑자기 강력한 갭 상승이 발생합니다. 보통 주가가 쌍바닥에서 반등하는 경우는 종종 있지만, 이 종목처럼 갭 상승을 동반한 강한 상승이 나오는 경우는 매우 드뭅니다. 이러한 흐름이 나왔다는 것은 단순한 기술적 반등이 아니라, 강력한 재료(호재)가 터졌음을 의미합니다.

이 종목은 130달러대에서 한순간에 180달러대까지 급등했습니다. 이는 단순한 변동성이 아니라, 엄청난 호재가 발생했을 가능성을 강하게 시사합니다. 기존 투자자라면 입이 찢어질 정도로 기쁠 테지만, 신규 투자자 입장에서는 이런 급상승 이후 진입을 망설일 가능성이 큽니다. 많은 투자자는 이렇게 큰 갭 상승이 발생하면 "이미 너무 올랐는데 지금 들어가도 될까?" 하는 고민을 하며 신규 매수를 주저합니다. 하지만 이런 급상승이 발생한 이유를 면밀히 살펴봐야 합니다.

갭 상승이 발생한 이유가 단순한 단기 재료라면, 주가는 상승 후 빠르게 조정을 받을 가능성이 큽니다. 하지만 정말 강력한 재료라면? 갭 상승이 나왔다는 것은 그만큼 강력한 재료가 존재한다는 뜻입니다. 그 재료가 단 하루 만에 끝나지 않는다면, 주가는 추가 상승할 가능성이 높습니다. 갭 상승 구간에서 신규 매수를 한 투자자들은 바보가 아닙니다. 그들은 그 재료의 가치를 알고 있기 때문에 적극적으로 매수에 나선 것입니다.

실제로 강한 갭 상승 이후에도 주가는 계속 상승하는 경우가 많습니다. 이번 사례에서도 180달러대까지 급등한 이후, 추가 상승을 이어가며 220달러 근처까지 도달했습니다. 충분히 수익을 올릴 수 있는 흐름이었죠.

결론적으로, 갭 상승이 발생한 종목만 찾아 매매해도 계좌를 플러스로 전환할 가능성이 높습니다. 갭 상승은 미국 주식에서 절대 놓쳐서는 안 되는 캔들 패턴이며, 이 패턴을 이해하고 활용하면 성공적인 투자 확률을 높일 수 있습니다.

급등주 패턴 연구 7

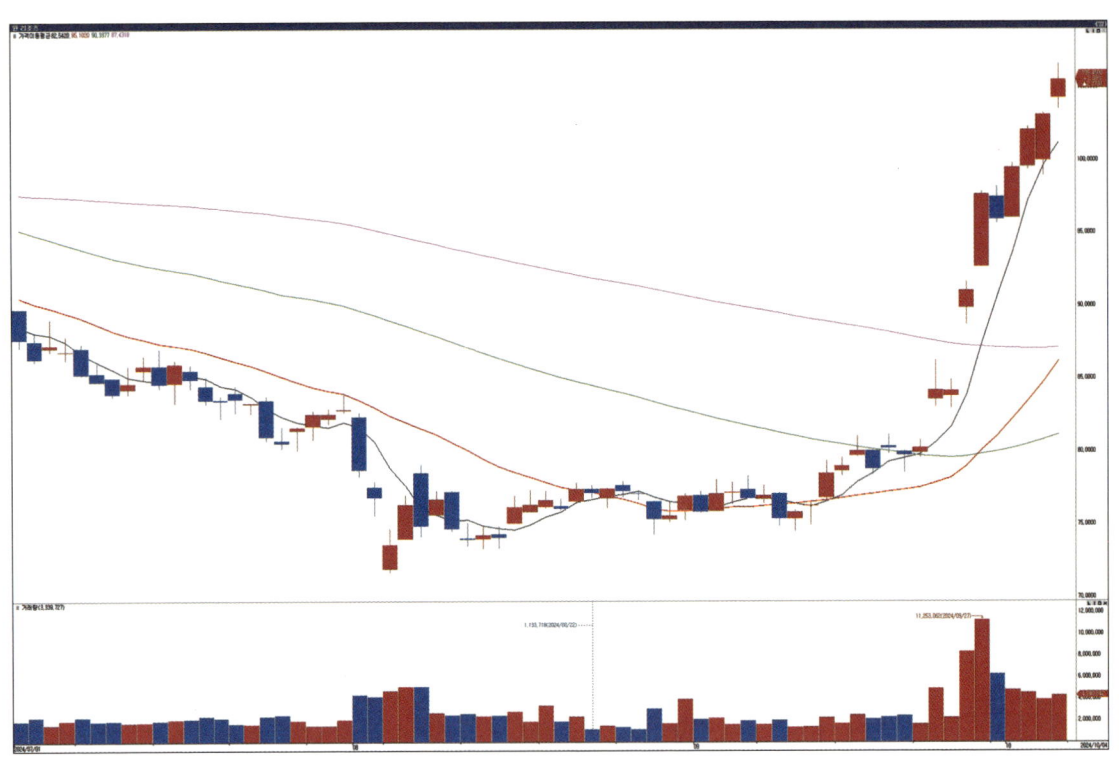

이 종목은 주가가 하락하면서 역배열 상태까지 형성된 후, 약 두 달 동안 바닥을 다지는 모습을 보였습니다. 그러다 주가가 20일선 위로 올라섰는데, 일반적으로 20일선 위에 안착하는 것은 긍정적인 신호지만, 이 종목처럼 장기간 바닥권에서 횡보한 상태에서 올라선 것이라면 큰 의미를 부여하기는 어렵습니다. 하지만 이후 갑자기 강력한 갭 상승 양봉이 등장합니다. 더 흥미로운 점은 갭 상승 이후 단봉 형태의 지지 캔들이 연속해서 나타나며, 갭 상승한 가격대에서 견조한 흐름을 보이고 있다는 점입니다. 일반적으로 주가가 갭 상승을 하면 이튿날 상승 또는 조정이 나오는 경우가 많지만, 이 종목은 갭 상승 이후 바로 옆에서 강한 지지력을 보이며 버텨주고 있습니다.

이는 단순한 반짝 상승이 아니라, 고점에서 매도세를 받아낼 만큼 강한 매수세가 존재한다는 의미입니다. 즉, 갭 상승 이후에도 매수세가 꾸준히 유입되고 있으며, 기존 매물대의 저항을 충분히 소화하면서 힘을 비축하는 과정으로 볼 수 있습니다. 이런 흐름이 나타나면, 추가적인 상승 가능성이 매우 높아집니다.

그리고 예상대로 바로 다음 날, 또다시 갭 상승이 발생합니다. 연속적인 갭 상승이 나온다는 것은 강한 매수세가 뒷받침되고 있다는 강력한 증거입니다. 일반적으로 갭 상승이 한 번만 나와도 이후 주가 상승 가능성이 높은데, 연속적인 갭 상승이라면 그 신뢰도는 훨씬 더 높아집니다.

연속적인 갭 상승 이후 주가는 지속적인 상승 추세를 이어갔습니다. 이런 종목을 실전에서 발견한다면, 주저하지 말고 매매 전략을 세워 적극적으로 대응해보는 것이 좋습니다. 갭 상승 패턴은 특히 미국 주식에서 강력한 상승 신호로 작용하는 경우가 많기 때문에, 이러한 패턴을 포착하는 것이 성공적인 투자로 가는 지름길이 될 수 있습니다.

급등주 패턴 연구 8

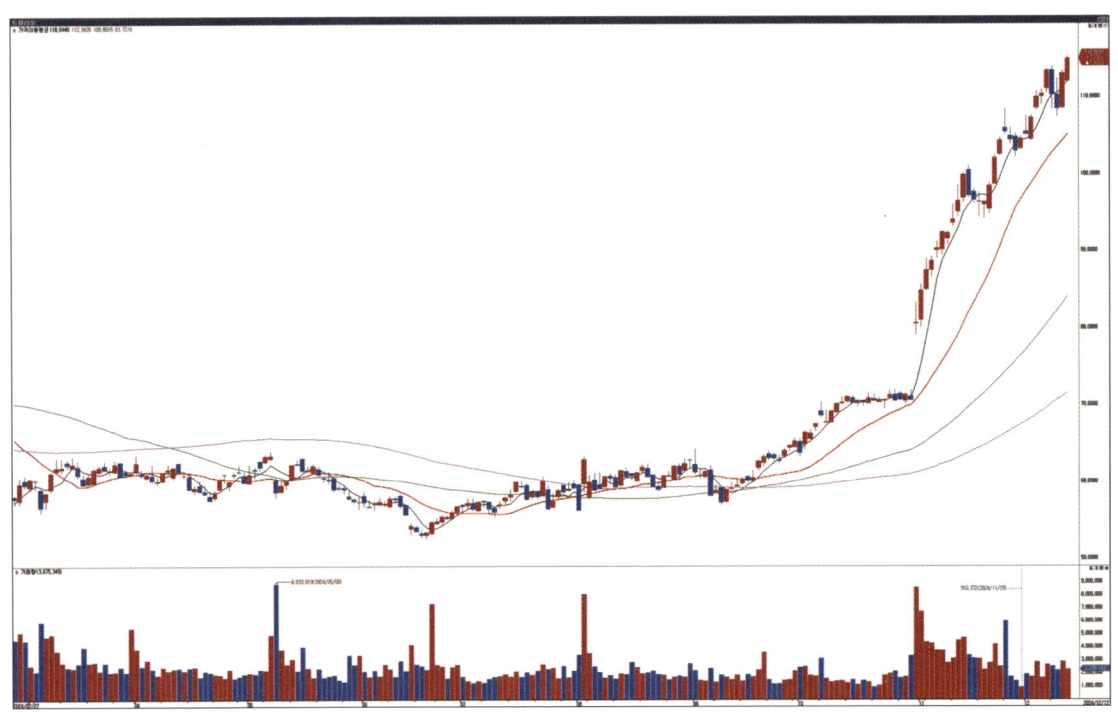

이 종목은 6개월 이상 바닥권에서 횡보하다가 서서히 상승하기 시작했습니다. 오랜 기간 바닥을 다지던 종목이 5일선을 타고 상승하는 흐름을 보였고, 이 과정에서 5일선에 맞춰 매수해도 무리가 없어 보일 정도로 안정적인 상승세를 보였습니다.

그러나 주가는 50달러대에서 상승을 시작해 70달러까지 오른 뒤, 더 이상 상승하지 못하고 옆으로 횡보하는 모습을 보입니다. 바로 이 구간에서 다시 한

번 이 종목을 주목할 필요가 있습니다.

만약 주가가 단순히 개인 투자자들의 매수세로만 상승했다면, 이렇게 고점에서 안정적으로 횡보하는 차트가 나오기 어렵습니다. 개인들의 매매로는 이렇게 정교한 차트 패턴이 형성될 수 없다는 것이죠. 즉, 이 종목의 바닥에서부터 주가를 끌어올린 선도 투자자가 존재할 가능성이 높습니다.

차트를 자세히 살펴보면, 의미 있는 대량 거래가 발생한 날들이 여러 차례 포착됩니다. 이는 단순한 개미 투자자들의 매매가 아니라, 주가를 관리하는 세력이 개입했을 가능성이 높은 신호입니다. 충분히 선도 투자자들의 매집과 주가 관리 가능성을 의심해볼 수 있는 상황입니다. 그리고 예상대로, 갑자기 갭 상승 양봉이 등장합니다. 주가 상승을 주도했던 선도 투자자들이 기다리던 재료가 공개되었고, 이를 기점으로 주가를 더욱 끌어올린 것입니다.

이제 투자자의 입장에서 고민이 생깁니다. 이미 주가는 바닥 대비 크게 올랐고, 갭 상승까지 발생한 상황에서 신규 매수를 하기에는 부담스러울 수 있습니다. 그러나 반대로 선도 투자자의 입장에서 생각해보면, 이 종목의 상승이 여기서 끝날 가능성이 있을까요? 재료가 이제 막 터진 상황에서 주가 상승이 여기서 멈출까요? 오히려 더 큰 상승이 이어질 가능성이 높습니다. 단기적으로 보면 주가는 이미 많이 오른 것처럼 보이지만, 전체 흐름에서 보면 이제 시작일 수도 있는 것이죠.

이런 종목을 매매할 때는 갭 상승이 나오기 전의 주가를 기준으로 판단하기보다는, 갭이 발생한 그 가격을 새로운 기준점으로 삼아 타점을 잡는 것이 중요합니다. 갭 상승이 나온 종목은 이후의 흐름을 분석하며 매매 전략을 세워야 합니다. 단순히 주가가 많이 올랐다고 생각하고 기회를 놓치기보다는, 선도 투자자들의 흐름과 재료의 지속성을 고려하면서 신중하게 접근하는 것이 성공적인 투자로 이어질 가능성이 높습니다.

급등주 패턴 연구 9

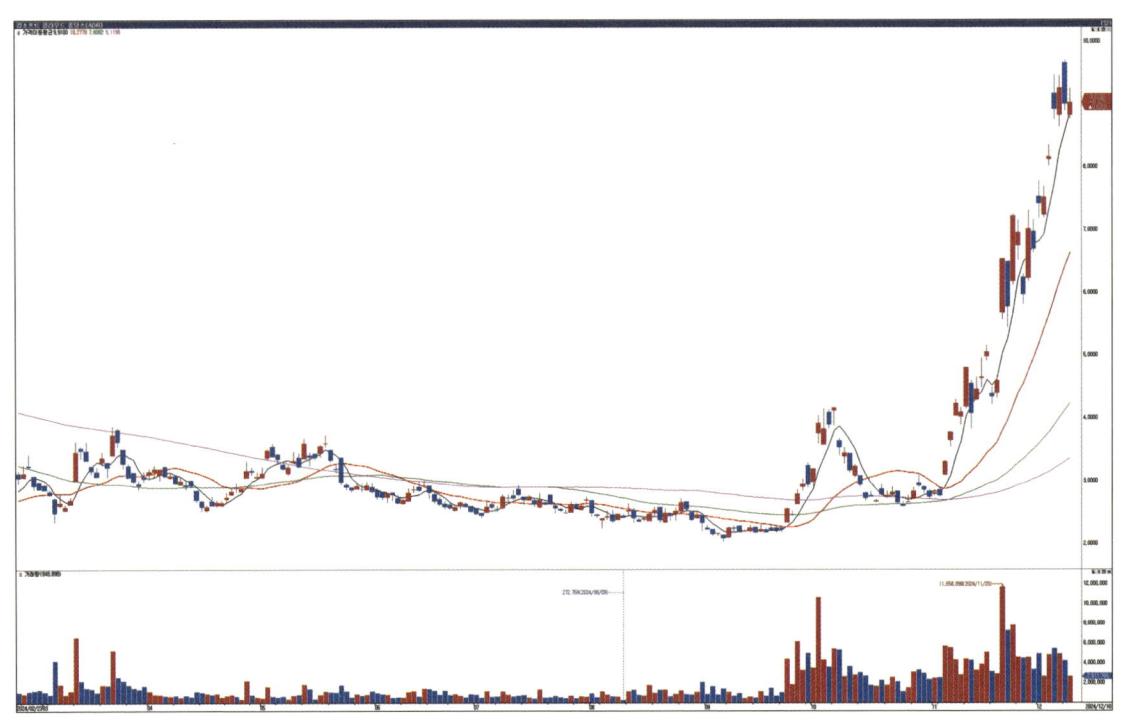

이 종목은 일반적으로 건드려서는 안 되는 구간에 속합니다. 그러나 이후 주가가 상승을 시도합니다. 하지만 크게 반등하지 못한 채 다시 하락하는 모습을 보이죠. 그러다 바닥을 다지고 다시 한 번 상승을 시도합니다. 바로 이 시점에서 주목할 필요가 있습니다.

이번 상승은 이전과 다릅니다. 갭 상승이 발생하며 주가가 전고점을 향해 강하게 올라가는 모습을 보입니다. 일반적으로 주가는 완만한 상승 흐름 속에서 물량을 소화하며 오르는 경우가 많지만, 이 종목은 갭을 형성하며 강한 힘을 보여주고 있습니다.

그리고 결국 전고점을 돌파합니다. 하지만 돌파 후 즉시 추가 상승이 나오지는 않고, 고점에서 주가가 버티는 흐름을 보입니다. 상승을 시도하지만 전고점 부근에서 머무르는 모습이죠. 바로 이 지점에서 이 종목의 강한 힘을 느낄 수 있습니다. 마치 "이 주가는 한 번 더 올릴 것이다"라는 의도가 보이는 차트입니다.

전고점을 갭 상승으로 돌파한 뒤, 일정 구간에서 버티는 모습은 단순한 개미 투자자들의 매매로는 만들어질 수 없는 패턴입니다. 이는 분명 강력한 재료를 가진 세력의 개입이 있었음을 시사합니다.

그리고 예상대로, 고점에서 횡보하던 주가는 결국 갭 상승과 함께 장대양봉을 형성하며 강하게 상승합니다. 상승 확률이 높다고 판단했던 흐름에서 실제로 강력한 추가 상승이 발생한 것입니다.

2달러 부근에서 출발한 주가는 4달러 부근에서 지지를 받은 후, 다시 갭 상승을 통해 9달러까지 상승했습니다. 큰 흐름으로 보면, 매수 진입이 가능한 타점이 여러 차례 존재했던 차트였습니다.

이처럼 강한 흐름을 보이는 차트에서는 상승 확률이 높은 패턴이 반복적으로 나타날 수 있기 때문에, 꾸준히 종목을 발굴하고 매매 연습을 하며 경험을 쌓는 것이 중요합니다.

급등주 패턴 연구 10

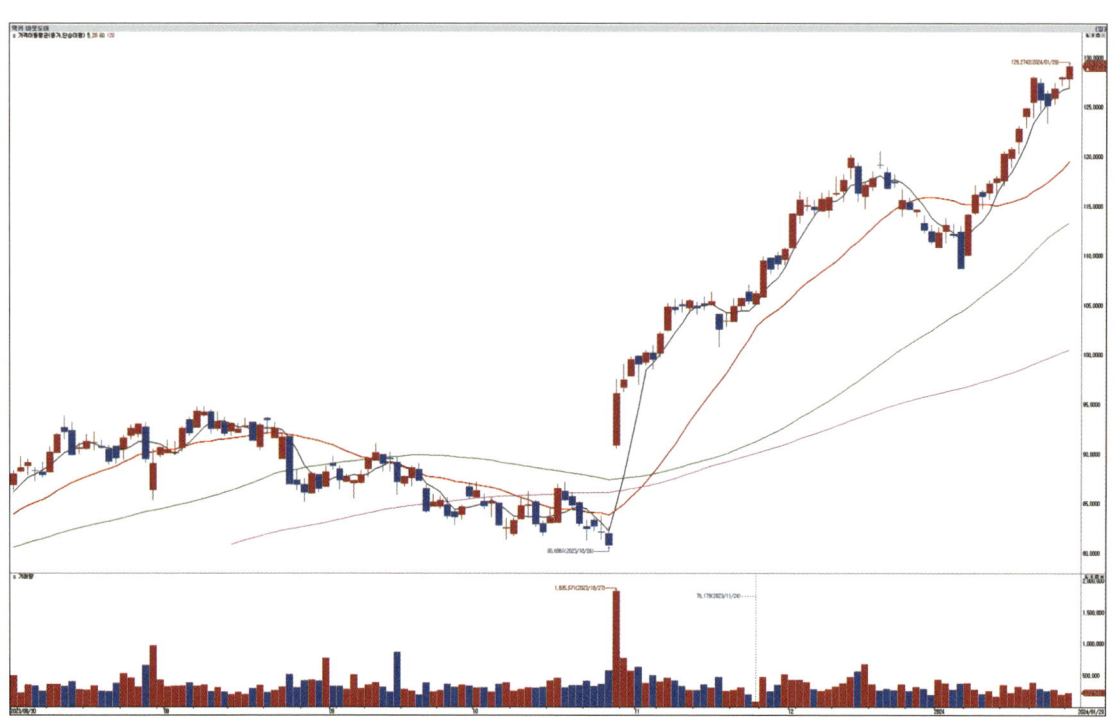

서서히 하락하던 종목이었습니다. "이제는 끝난 종목인가?" "과연 어디까지 하락할까?" 하는 생각이 들게 만드는 차트였죠.

그런데 갑자기 대량 거래가 터지면서 갭 상승 양봉이 출현합니다. 그리고 이 한 번의 움직임으로 종목의 분위기가 완전히 바뀝니다. 이전까지는 죽은 종목처럼 보였지만, 이제는 "어떤 재료가 나왔지?" "어디까지 상승할까?" "지금 매수해도 될까?" 같은 기대감을 불러일으키는 종목이 된 것이죠.

결과적으로 갭 상승이라는 단 하나의 캔들로 이 종목은 다시 살아났을 뿐만 아니라, 이후 대박을 향해 강하게 상승합니다. 여기서 중요한 것은, 갭 상승이 단순히 캔들 하나가 아니라는 점입니다. 이를 단순한 기술적 패턴으로만 보고 지나쳐서는 안 됩니다.

만약 주식 투자로 수익을 내고 싶다면, 매수 타점을 만들어주는 캔들이나 패턴을 놓쳐서는 안 됩니다. 하지만 많은 투자자들이 "이런 거 아는 건데" "너무 쉬운 개념 아닌가?" 하며 간과해버리는 경우가 많습니다.

그러나 실전 매매에서 쉬운 기법과 어려운 기법이 따로 있는 것이 아닙니다. 중요한 것은 상승 가능성이 높은 타점이 나왔을 때 이를 발견하고, 실제 매매로 연결할 수 있느냐의 문제입니다.

미국 주식에서 갭 상승은 상승 확률이 매우 높은 패턴입니다. 따라서 실전에서 이를 발견했다면, 단순히 캔들이 나왔다는 사실만 보지 말고, 캔들이 형성된 차트상의 위치를 면밀히 분석해야 합니다. 그리고 이를 바탕으로 앞으로 주가가 어떻게 움직일지를 연구하는 습관을 들여야 합니다.

급등주 패턴 연구 11

이 종목의 차트를 보면 초반에는 주가가 상승하다가 점차 하락하는 흐름을 보입니다. 상승세가 끝난 후 하락 추세에 접어든 것이죠. 주가는 24달러 부근에서 16달러까지 지속적으로 하락했습니다. 그런데 16달러까지 하락한 날의 캔들을 자세히 살펴보면 특이한 점이 있습니다.

이날 캔들은 양봉이었고, 캔들의 길이도 길었습니다. 하지만 중요한 것은 단순한 양봉이 아니라 갭 하락 출발 후 양봉으로 마감했다는 점입니다. 시가는 전일 종가보다 낮은 가격에서 출발했지만, 이후 매수세가 유입되면서 결국 상승 마감한 것이죠.

이 패턴에서 주목해야 할 것은 매수세의 강력한 유입입니다. 하락 추세에 있던 종목이 갭 하락으로 출발했다면, 일반적으로 투자자들은 더욱 위축될 가능성이 큽니다. 하지만 이 종목은 갭 하락 후 주가가 빠르게 반등하며 상승으로 마감했습니다. 이는 단순한 기술적 반등이 아니라 선도 투자자의 개입으로 새로운 상승 추세로 전환될 가능성이 높은 신호입니다. 이후 주가는 본격적인 상승세로 전환되었습니다. 결국, 갭 하락 후 양봉이 나온 것이 상승 신호탄이 되었던 것입니다.

미국 주식 시장에서는 갭 상승뿐만 아니라 갭 하락도 상승 전환 신호가 되는 경우가 많이 있습니다. 이 패턴을 실전에서 발굴하면 단순히 갭 하락을 두려워하지 말고, 이후의 캔들 흐름을 주의 깊게 살펴야 합니다. 갭 하락 이후 양봉이 형성되었는지, 거래량이 동반되었는지, 이전의 하락 추세가 끝날 신호가 있는지를 분석해야 합니다. 갭 하락 후 양봉이 나온 종목이 있다면 그저 스쳐 지나가지 말고 반드시 관심을 가지고 분석해야 합니다. 이 패턴을 이해하고 활용한다면, 상승 전환의 신호를 미리 감지하여 수익을 낼 기회를 잡을 수 있습니다.

급등주 패턴 연구 12

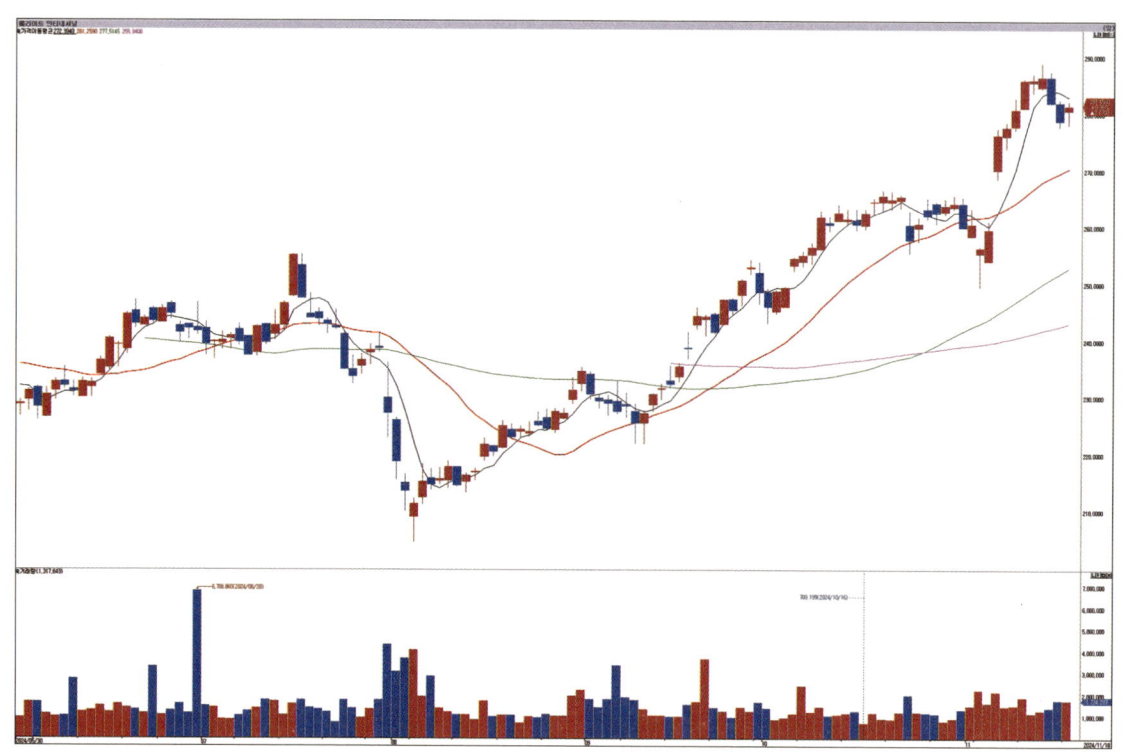

완만하게 움직이던 종목이 갑작스럽게 급락하며 갭 하락 음봉이 나왔습니다. 보통 악재가 발생하면 주가는 급격히 하락하며 하락 각도가 커지는데, 이럴 때는 섣불리 바닥을 예측하고 매수하면 안 됩니다. 많은 투자자들이 저점이라고 생각하며 접근하지만, 충분한 조정이 이루어지지 않은 상태에서는 추가 하락 가능성이 높기 때문입니다. 그렇다면 충분히 하락한 지점을 어떻게 판단할 수 있을까요? 그 신호 중 하나가 바로 '갭 하락 양봉'입니다.

이 종목도 연이은 하락 속에서 갭 하락 출발 후 장중에 추가 하락하며 긴 밑꼬리를 만들었습니다. 하지만 장중 저점에서 강한 매수세가 유입되면서 결국 음봉을 극복하고 양봉으로 마감했죠. 이는 단순한 기술적 반등이 아니라, 선도 투자자들이 저점 매수를 본격적으로 시작했다는 신호로 볼 수 있습니다. 악재가 해소된 것인지 확실하지 않은 상황에서 이런 움직임이 나왔다는 것은, 주가가 충분히 하락했다고 판단한 강한 매수세가 존재했다는 의미입니다. 이후 이 종목은 실제로 상승 전환하면서 강한 반등을 보여주었습니다.

특히, 갭 하락 양봉이 발생할 때 거래량이 함께 증가했다면 더욱 신뢰할 수 있습니다. 단순히 개인 투자자들이 반등을 기대하고 들어온 것이 아니라, 선도 투자자들이 본격적으로 매집에 나선 가능성이 크기 때문이죠. 주가가 단기 악재로 급락할 때 선도 투자자들은 신중하게 종목을 관찰하며 매집 타이밍을 노립니다. 그리고 최대한 저가에 매수하며 주가를 다시 끌어올리는 경우가 많습니다. 이런 패턴은 특히 원래 호재가 있던 종목에서 재료 해석이 엇갈리며 급락할 때 자주 나타납니다. 예를 들어, 실적 발표 후 시장 기대치에 미치지 못했다는 이유로 주가가 급락하는 경우가 있지만, 본질적으로 기업의 성장성이 유지된다고 판단하는 투자자들은 이런 하락을 매수 기회로 활용합니다.

따라서 갭 하락 양봉은 단순한 반등이 아니라, 주가가 바닥을 형성하고 상승 전환할 가능성을 보여주는 중요한 패턴입니다. 특히 미국 주식 시장에서는 갭 하락 양봉이 나온 후 강한 반등이 나오는 경우가 많으므로, 이 캔들이 나온 종목은 반드시 관심 종목으로 등록하고 주가 흐름을 면밀히 관찰해야 합니다. 상승 전환 신호를 정확히 포착하고 대응할 수 있다면, 단기적인 변동성을 넘어 안정적인 수익을 실현할 수 있을 것입니다.

급등주 패턴 연구 13

잘 상승하던 종목이 갑자기 급락하는 경우가 있습니다. 이 종목도 100달러 초반에서 시작해 247달러까지 순조롭게 상승했지만, 돌발 악재로 인해 장대음봉이 발생하며 순식간에 160달러로 급락했습니다. 2개월 동안 쌓아올린 상승분을 단 1개월 만에 모두 반납한 것이죠. 이렇게 급격한 하락이 발생하면 투자자들은 혼란에 빠집니다. 어디까지 떨어질지 모르는 상황에서 추가 하락을 우려해 쉽게 매수에 나서지 못하죠.

주가가 계속 하락하던 중 갑자기 갭 하락 양봉이 출현합니다. −8%까지 하락했던 주가는 장중 저점에서 강한 매수세가 유입되면서 반등에 성공했고, 결국 +2% 상승 마감했습니다. 그리고 다음 날부터 주가는 상승 전환하며 안정적인 흐름을 보이기 시작합니다. 신기하게도 이 캔들이 나온 후 주가가 반등합니다.

이 종목의 경우, 투자자들이 주가가 160달러 부근까지 떨어지자 '충분히 조정이 되었다'라고 판단하고 매수를 시작한 것으로 보입니다. 주가가 160달러에서 반등한 이유는 과거 상승 추세 중 일시적인 조정이 발생했을 때의 가격대가 바로 160달러 부근이었기 때문입니다. 즉, 이 가격대가 강한 지지선으로 작용한 것이죠. 선도 투자자들은 이 지점을 중요한 매수 구간으로 판단했고, 적극적으로 방어에 나선 것입니다.

이후 주가는 전고점 부근까지 상승했지만, 추가 상승에 실패하며 다시 조정을 받았습니다. 차트에는 없지만 이후 주가 흐름은 상승 추세로 전환되었습니다. 그러나 우리가 지금 주목할 부분은 '장기적 흐름'이 아니라, '갭 하락 양봉'이 발생한 시점에서의 단기적인 매매 기회입니다. 갭 하락 양봉이 나온 후 단기 반등이 이어지는 패턴은 매우 빈번하게 나타나며, 이를 활용하면 단기 수익을 충분히 낼 수 있습니다.

따라서 일반 투자자는 갭 하락 양봉이 어느 차트의 어느 구간에서 발생하는지를 면밀히 분석해야 합니다. 단순히 '갭 하락 양봉이 나왔다'라는 사실만으로 매매를 결정하는 것이 아니라, 그 종목이 기존에 어떤 흐름을 보였으며, 현재 어떤 상황에서 갭 하락 양봉이 나왔는지를 종합적으로 고려해야 합니다. 갭 하락 양봉이 나타나는 위치와 맥락을 이해하고 연구한다면, 실전에서 높은 수익을 올릴 수 있을 것입니다.

급등주 패턴 연구 14

오랜 기간 상승 추세를 이어가는 종목들이 있습니다. 6개월, 1년 이상 꾸준히 상승하는 종목들은 대개 기업이 지속적으로 좋은 실적을 내고 있기 때문에 주가도 함께 상승하는 경우가 많습니다. 하지만 기업의 가치 상승과는 별개로 외부적인 요인은 언제든 변할 수 있습니다. 경기 침체, 전쟁, 금리 인상, 정부 규제, 기업과 관련된 가짜 뉴스 등 기업 자체와 상관없는 이슈들이 주가에 영향을 미칠 수 있는 것이죠.

아무리 기업의 성장성을 확신한다고 해도 이런 변수가 나오면 투자자들은 심리적으로 흔들릴 수밖에 없습니다. 특히 저가에서 이미 큰 폭으로 상승한 종목이라면 차익 실현 욕구가 강하기 때문에 작은 악재에도 매도하고 싶은 심리가 커지게 됩니다. 이런 이유로 상승 추세 중에도 주가가 일시적으로 급락하는 경우가 발생합니다.

이때 상승 추세가 지속되려면 빠르게 회복하는 것이 중요한데요, 만약 급락 후 갭 하락 양봉이 나온다면 주목할 필요가 있습니다. 보통 갭 하락 양봉은 하락 추세의 종목이 바닥을 다질 때 등장하는 경우가 많지만, 상승 추세 중에도 특정한 패턴으로 나타날 수 있습니다. 예를 들어, 어떤 종목이 외부 악재로 인해 큰 폭의 하락을 보이며 장을 시작했지만, 장중 저점에서 강한 매수세가 유입되어 결국 양봉으로 마감하는 경우가 있습니다.

이는 해당 악재가 시장에서 심각하게 받아들여지지 않거나, 악재로 인해 오히려 저가 매수의 기회로 여겨졌음을 의미합니다. 선도 투자자들은 이러한 순간을 놓치지 않고 저점 매수를 시도하며, 결국 주가는 다시 상승세로 돌아서게 됩니다.

갭 하락 양봉이 등장하는 시점과 맥락을 잘 살펴보면, 이는 단순한 하락이 아닌 상승 추세를 다시 이어가기 위한 중요한 전환 신호가 될 수 있습니다. 따라서 실전에서 이러한 패턴을 포착했다면 이를 신중하게 분석하고 공략 준비를 해야 합니다. 갭 하락 양봉이 추세 전환의 신호뿐만 아니라, 일시적인 악재를 극복하는 중요한 캔들임을 잊지 말아야 합니다.

급등주 패턴 연구 15

주가가 400달러를 돌파하려던 순간, 돌파를 방해하는 악재가 터지면서 급락해버립니다. 상승 기대감에 들떠 있던 투자자들은 충격에 빠졌고, 주가는 순식간에 200달러 이탈 직전까지 떨어지며 반토막이 나고 맙니다. 갑작스러운 폭락에 망연자실할 수밖에 없는 상황입니다.

하지만 주가는 200달러 이탈 직전, 갭 하락 양봉이 출현하면서 반등을 시작합니다. 이후 주가는 천천히 회복세를 보이며 다시 400달러 부근, 즉 전고점까지 상승합니다. 이 과정에서 흥미로운 점은 갭 하락 양봉이 나올 때 거래량이 많지 않았다는 것입니다. 일반적으로 급락 후 반등이 시작될 때는 매도세를 이기기 위한 강한 매수세가 유입되면서 거래량이 증가하기 마련인데, 이 종목은 거래량이 많지 않은 상태에서도 반등에 성공했습니다. 급락 과정에서 280달러 부근에서는 대량 거래가 발생하면서 매수세가 유입된 흔적을 확인할 수 있었습니다. 하지만 당시에는 하락세를 막지 못했고, 결국 주가는 200달러 부근까지 추가로 하락했습니다. 280달러부터 들어온 저 매수세가 200달러에서 주가를 방어하고 이후 주가를 상승시킨 것이죠. 주가 방어 후 거래량을 보면 잔잔합니다. 주가 관리가 되고 있습니다.

이 종목의 주가 흐름을 보면, 갭 하락 양봉이 나왔음에도 불구하고 다음 날 추가 하락이 이어지면서 상승 전환에 실패했습니다. 여기서 중요한 점은 갭 하락 양봉이 반등 신호이지만, 반드시 이후 주가 흐름을 확인해야 한다는 것입니다.

갭 하락 양봉이 등장했다고 해서 무조건 반등이 보장되지는 않습니다. 진정 반등이 이루어지려면 다음 날 주가가 추가 하락을 멈추고 상승세로 돌아서는지를 확인해야 합니다. 만약 갭 하락 양봉이 나온 후에도 매도세가 지속된다면 반등 신호가 무력화될 수 있습니다. 따라서 단순히 캔들 하나만 보고 성급하게 매매를 결정하는 것이 아니라, 전체적인 차트 흐름과 외부 시장 상황을 종합적으로 분석한 후 대응해야 합니다.

급등주 패턴 연구 16

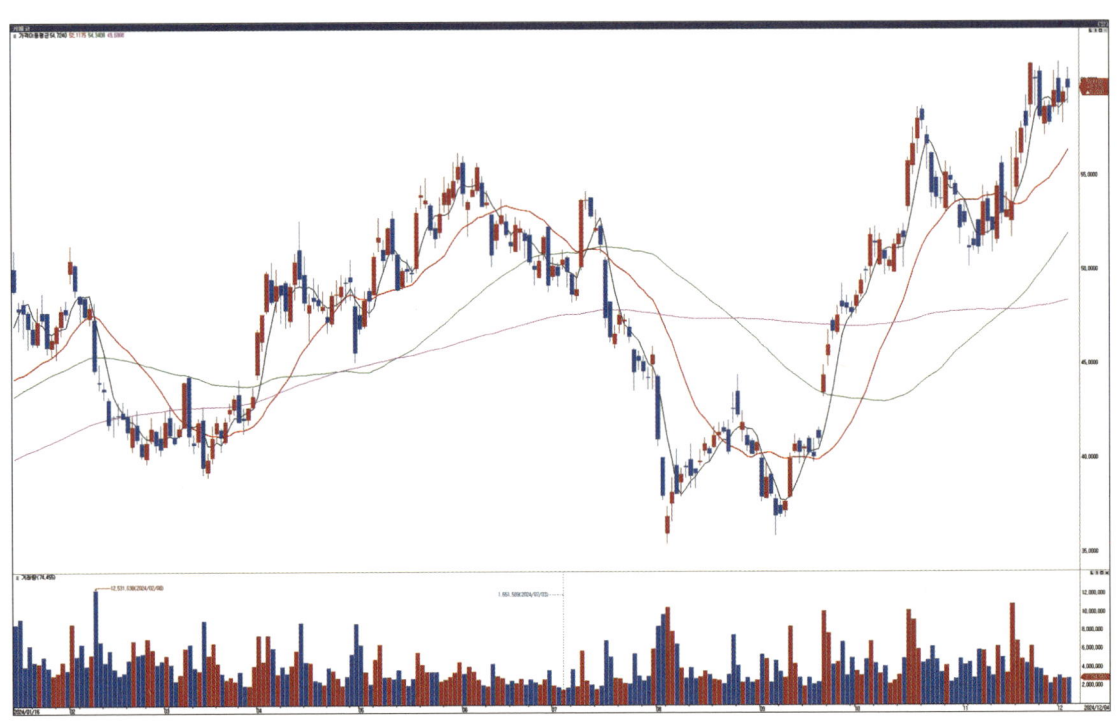

이 종목의 차트를 보면, 주가는 40달러대에서 55달러 부근까지 꾸준히 상승합니다. 그러나 고점에서 더 이상 힘을 받지 못하고 하락세로 전환되며, 급격한 하락이 이어집니다. 주가는 35달러 부근에서 갭 하락 양봉을 형성하며 반등을 시도합니다. 눈치 빠른 투자자라면 갭 하락 양봉 이후 반등이 시작될 때 매수하여 단기 수익을 거뒀을 것입니다. 주가는 반등 후 45달러 부근에서 다시 저항을 받으며 밀려 내려갑니다.

이후 주가는 다시 35달러 근처까지 하락하지만, 이번에는 해당 가격을 이탈하지 않고 반등에 성공합니다. 그리고 전고점을 갭 상승으로 돌파하려는 시도를 하며, 결국 하락 전 가격이었던 55달러를 넘어 60달러 부근까지 상승합니다.

지나고 나서 차트를 전체적으로 살펴보니 35달러가 강한 지지선이었음을 알 수 있습니다. 특히 주가가 반등 후 다시 하락하는 과정에서 전저점인 35달러 부근에서 또 한 번 반등에 성공하면서 '쌍바닥' 패턴이 형성되었습니다.

주식 시장에서는 급락 후 일시적인 반등이 나온 뒤, 다시 2차 하락이 발생하는 경우가 많습니다. 2차 하락이 진행될 때 전저점을 지키고 반등에 성공한다면, 주가가 바닥을 다지고 상승으로 전환할 가능성이 높아집니다.

이처럼 쌍바닥 패턴은 주가의 바닥을 확인하는 중요한 신호로 작용할 수 있습니다. 쌍바닥이 형성될 경우, 이후 주가 흐름을 관찰하며 매매하면 이 종목처럼 전고점까지 상승하는 종목을 잡을 수 있습니다. 일단 수익을 얻고 다음 주가 흐름에 대응을 하면 됩니다.

급등주 패턴 연구 17

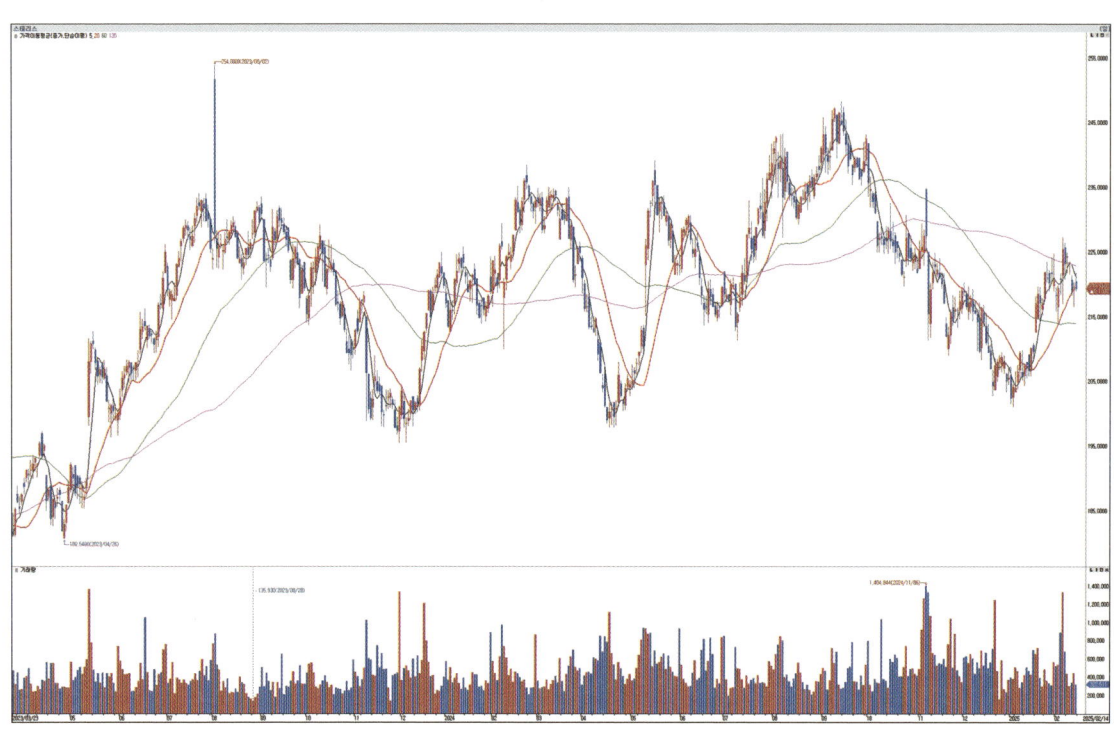

이 종목의 2년간 주가 흐름을 살펴보면, 처음에는 180달러에서 254달러까지 상승한 후 하락세로 전환됩니다. 이후 200달러를 이탈하고 190달러대까지 떨어졌다가 반등에 성공하며 다시 240달러대까지 상승하는 등, 일정한 패턴을 반복하고 있습니다. 차트만 보면 주가는 급격한 변동을 보이는 것처럼 보이지만, 자세히 살펴보면 일정한 가격 범위 내에서 움직이고 있음을 알 수 있습니다.

구체적으로 보면, 주가가 하락할 때마다 190달러 부근에서 반등하고, 상승할 때마다 240달러 부근에서 저항을 받으며 다시 내려가는 모습을 보입니다. 이는 주가가 일정한 가격 범위를 벗어나지 않고 오르내리는 '박스권' 패턴을 형성하고 있다는 의미입니다. 박스권은 투자자들에게 매우 중요한 개념으로, 이를 잘 활용하면 비교적 안정적인 매매 전략을 세울 수 있습니다.

처음 차트를 보면 마치 주가가 예측할 수 없이 급등락하는 것처럼 보일 수 있습니다. 하지만 이를 조금 더 면밀히 관찰한 투자자라면 주가가 190달러 부근이 강한 지지선 역할을 한다는 점을 알 수 있습니다. 따라서 주가가 190달러 근처까지 하락한 후 반등하는지를 확인하고 매수하는 전략을 구사한다면 적어도 220달러 이상에서 수익을 실현할 수 있었을 것입니다. 적어도 한두 번 정도는 기회를 얻을 수 있었을 것입니다.

급등주 패턴 연구 18

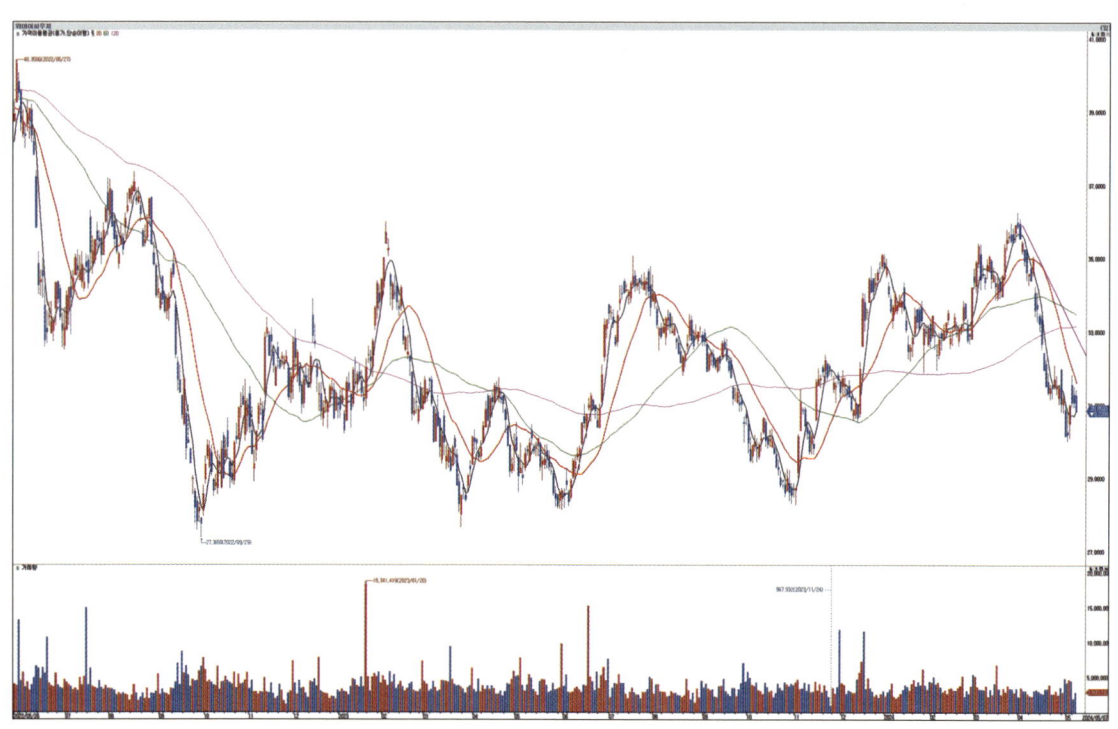

이 종목의 1년간 주가 흐름을 살펴보면 꽤 흥미로운 패턴이 보입니다. 처음엔 40달러 부근에서 출발했지만, 하락을 거듭하며 27달러까지 떨어졌죠. 하지만 곧 반등하며 35달러를 돌파했고, 이후 다시 하락했습니다. 그렇게 1년 동안 주가는 20달러 후반에서 30달러 중반 사이를 오르내리며 마치 널뛰기를 하듯 움직였습니다. 주식 투자자들은 언제나 바닥이 어딘지 궁금해합니다. 누구나 가장 싼 가격에 주식을 사고 싶으니까요. 하지만 문제는 그 바닥을 정확히 맞히기가 어렵다는 점입니다. '여기가 바닥이겠지?' 하고 매수했는데, 주가가 더 떨어지는 일이 허다하죠.

이럴 때 유용한 것이 바로 '쌍바닥' 패턴입니다. 특정 가격대에서 주가가 계속 반등한다면, 그 가격을 지켜주는 강한 매수세가 있다는 뜻입니다. 이건 미국 주식뿐만 아니라 국내 주식에서도 자주 보이는 현상인데요, 초보 투자자라도 차트를 유심히 살펴보면 이런 패턴을 통해 비교적 안전한 매수 타이밍을 잡을 수 있습니다.

이 종목을 보면 흥미로운 점이 하나 더 있습니다. 단순한 쌍바닥이 아니라 '쓰리바닥' 패턴까지 나타났다는 거죠. 바닥을 한 번 찍고 반등했다가 다시 내려와 같은 지점에서 또 반등하는 모습이 반복됩니다. 이렇게 되면 그 가격대의 지지선 신뢰도가 더욱 높아집니다. 첫 번째 바닥에서 기회를 놓쳤더라도, 쌍바닥이나 쓰리바닥이 나타나면 '이쯤에서 들어가도 괜찮겠는데?' 하고 전략적으로 접근할 수 있는 것이죠. 이런 패턴이 미국 주식 시장에서 자주 나타나니, 꼭 기억해두세요.

차트가 출렁인다고 무작정 겁먹거나, 혹은 무턱대고 바닥을 예측하고 뛰어들기보다는, 쌍바닥이나 쓰리바닥 같은 신호를 확인하면서 신중하게 매수 타이밍을 잡는 것이 중요합니다. 이렇게 투자하면, 단순한 감이 아니라 데이터와 흐름에 기반한 전략적 매매가 가능해지고, 수익의 확률도 훨씬 높아질 겁니다.

급등주 패턴 연구 19

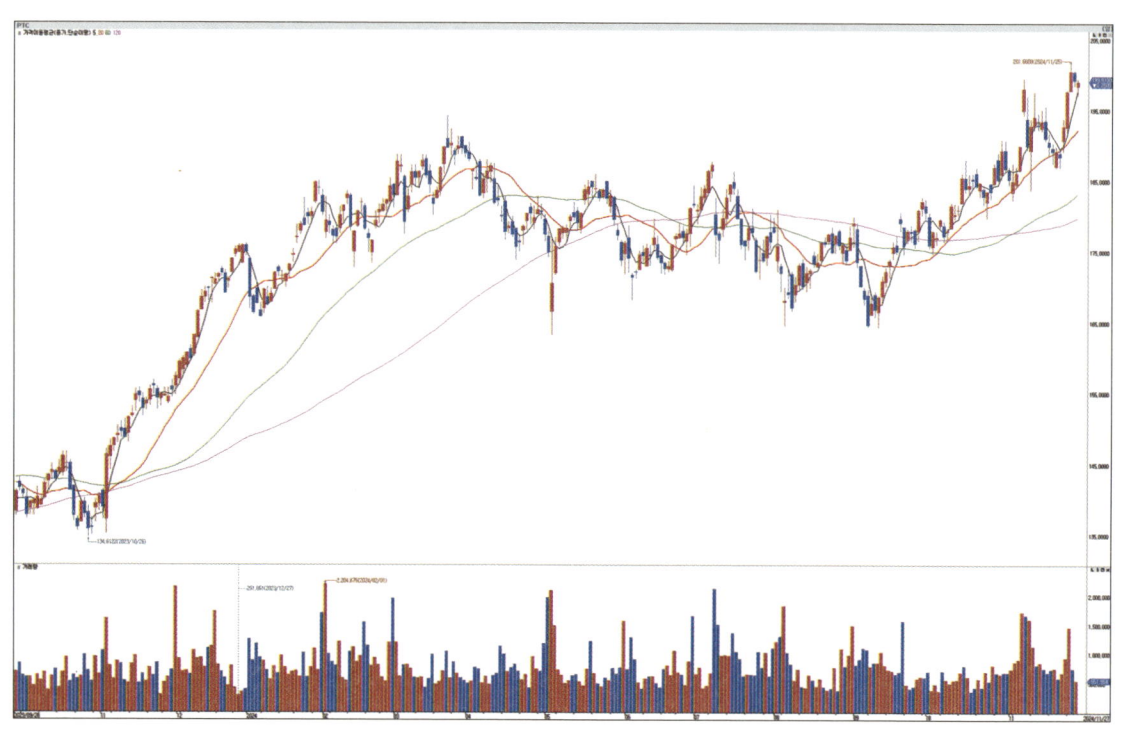

보통 주가 바닥을 확인하고 매수하는 방법은 하락 추세가 끝나는 지점을 찾는 것입니다. 즉, 하락하던 종목이 어느 순간 멈추고 반등하는 포인트를 찾는 것이죠. 하지만 꼭 하락 추세에서만 바닥을 찾을 필요는 없습니다. 오히려 주가가 고점 부근에서 버티고 있을 때, 저점을 확인하고 매수하는 전략도 충분히 가능합니다.

이 종목을 보면 흥미로운 흐름이 나타납니다. 130달러대에서 상승을 시작해

190달러대까지 꾸준히 올라갔죠. 보통 이렇게 상승하면 조정을 거쳐 추가 상승하거나, 일정 기간 쉬어가는 흐름을 보이는 경우가 많습니다. 그런데 이 종목은 고점을 찍고 하락하더니, 급락하지 않고 버티고 있습니다. 마치 흔들리긴 하지만 쉽게 무너지지 않는 모습을 보이면서요.

더 흥미로운 건, 고점에서 '갭 하락 양봉'이 나타난다는 점입니다. 즉, 장 초반 주가가 하락 출발했다가 결국은 양봉으로 마감하는 흐름이죠. 이후 주가는 반등하지만 전고점을 넘지 못하고 다시 밀립니다. 그런데 이 과정이 반복되면서 '고점 박스권'이 형성되고 있습니다.

고점에서 박스권을 만든다는 건, 시장이 여전히 이 종목에 대한 기대감을 가지고 있다는 의미입니다. 보통 고점에서 힘이 빠지면 급락하기 마련인데, 이 종목은 계속해서 버티고 있다는 점이 눈에 띄죠. 이는 주가를 끌어올린 재료가 아직 유효하다는 강력한 신호입니다.

이러한 상황에서는 갭 하락 양봉이 나온 지점을 저점으로 보고, 주가가 반등할 때 매수하는 전략이 유효할 수 있습니다. 이후 전고점 부근에서 매도하는 전략을 취하거나, 주가가 계속 상승할 경우 20일선을 매도 기준으로 삼고 대응하는 방법이 좋습니다.

주식 시장에서는 무작정 싸다고 매수하거나, 비싸다고 매도하는 것이 아니라, '가격이 어떻게 움직이는가'를 이해하는 것이 중요합니다. 이처럼 고점에서 강하게 버티는 종목을 발견했다면, 단순히 조정이라고 넘기지 말고 흐름을 주의 깊게 살펴보시기 바랍니다.

급등주 패턴 연구 20

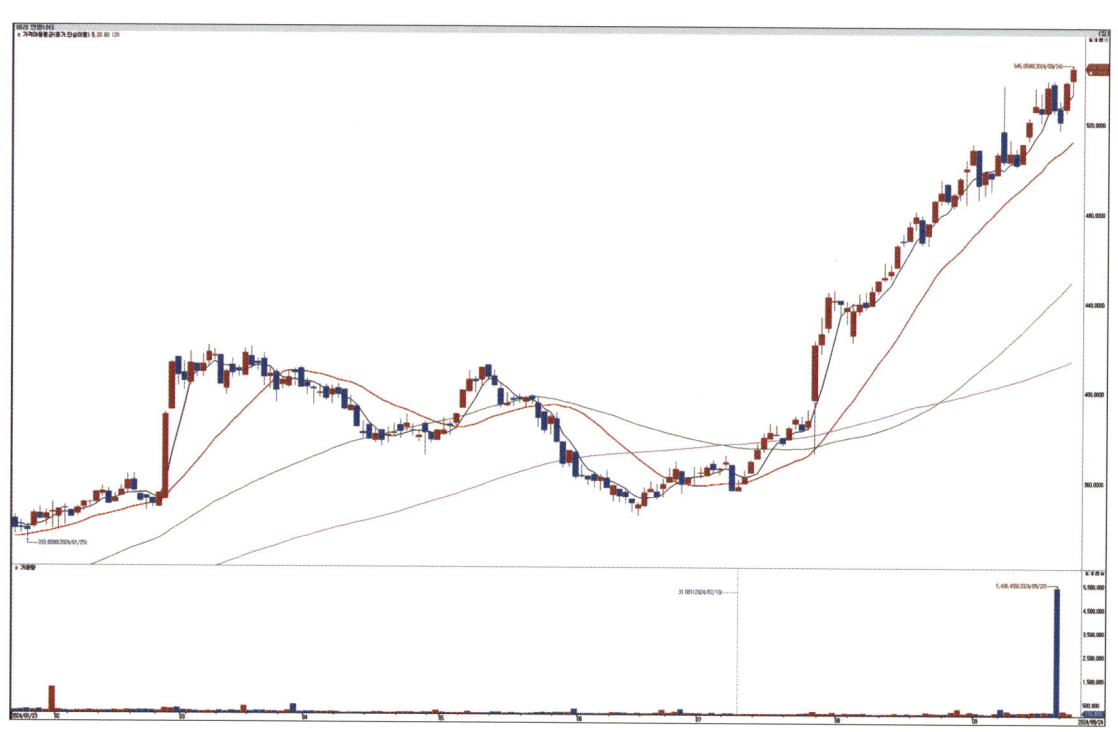

　차트를 보면 주가가 연속된 양봉으로 급상승합니다. 하지만 고점에서 버티지 못하고 하락하죠. 이후 반등을 시도하지만 전고점을 넘지 못한 채 다시 밀려납니다.

　주가는 점점 하락하며, 이전에 연속 장대양봉이 나왔던 가격대까지 내려갑니다. 그러다 어느 순간 서서히 반등을 시작하죠. 주가가 20일선을 회복한 뒤, 갑자기 장대양봉이 나오면서 전고점을 단숨에 돌파해버립니다. 이후 주가는

5일선을 타고 꾸준히 상승합니다.

이 종목의 특징은 전고점을 돌파할 때의 움직임입니다. 일반적으로 전고점을 넘을 때는 거래량이 폭발하는 경우가 많습니다. 주가가 급등하면 매물이 출회되기 때문에 대량 거래가 터지는 게 일반적이죠. 하지만 이 종목은 거래량 변화 없이 캔들만 급변하고 있습니다.

국내 주식에서는 거의 모든 종목이 대량 거래와 함께 급등하지만, 미국 주식은 가끔 거래량이 적은 상태에서도 큰 변동성을 보이는 종목들이 있습니다. 따라서 거래량을 무조건 신뢰하기보다는, 주가의 움직임 자체를 먼저 분석하는 것이 중요합니다. 이런 유형의 종목을 연구해두면 실전에서 유용하게 활용할 수 있을 것입니다.

급등주 패턴 연구 21

차트 앞부분을 보면 주가가 20일선을 밑에 깔고 상승하고 있죠. 그러다 90달러대에서 밀려 내려가더니 70달러를 이탈합니다. 그러나 이 지점에서 주가는 더 이상 하락하지 않고 바닥을 다지고 상승해주고 있습니다.

주가가 5일선을 타고 상승하고 있죠. 이럴 경우 전고점까지 상승을 바라보고 대응하면 됩니다.

그런데 전고점 돌파 전까지 주가가 상승한 후 더 이상 상승하지 못하고 주가가 주춤거립니다. 그러나 주가가 무너지지는 않고 고점에서 버티고 있습니다. 추가 돌파도 예상해야겠죠. 여기서 돌파 가능성을 예측하고 미리 선취매를 하지 말고 전고점을 돌파할 때 매수하는 것이 좋습니다.

올라갈지 안 올라갈지 모르는 상태에서 매수하지 말고 조금 더 주더라도 돌파하는 것을 보고 매수하는 것이 정석입니다. 전고점을 돌파한다면 추가적인 주가 상승을 노리는 것이기 때문에 돌파를 보고 매수해도 충분히 수익을 올릴 수 있습니다.

급등주 패턴 연구 22

차트를 보면 주가가 기복은 있지만 완만히 상승하고 있죠. 13달러대에서 35달러까지 상승을 해줍니다. 그런데 더 이상 상승하지 못하고 주가가 밀려 내려갑니다. 25달러까지 하락한 주가는 더 이상 하락하지 않고 상승으로 전환하는데 특별한 변동성을 보여주지 않았음에도 불구하고 5일선을 타고 주가가 상승하고 있습니다. 이때 빠르게 매수한다면 5일선을 타고 주가가 상승할 때 매수하는 전략이 있습니다. 차트에 양봉이 많이 나오면서 상승하는지 체크하고 매수하면 더욱 성공 확률이 높아집니다.

다음은 전고점을 돌파할 때 진입하는 겁니다. 이 종목은 전고점을 5일선을 타고 자연스럽게 돌파하고 있습니다. 이때는 돌파 시점에서 5일선이 꺾이는지, 양봉으로 돌파하는지 확인하고 매수하면 좋습니다.

전고점 돌파 이후 주가는 64달러까지 상승합니다. 전고점 돌파하는 것을 보고 매매를 해도 충분히 수익이 가능하니 미리 매수하지 말고 확인하고 매수하는 연습을 하시기 바랍니다.

급등주 패턴 연구 23

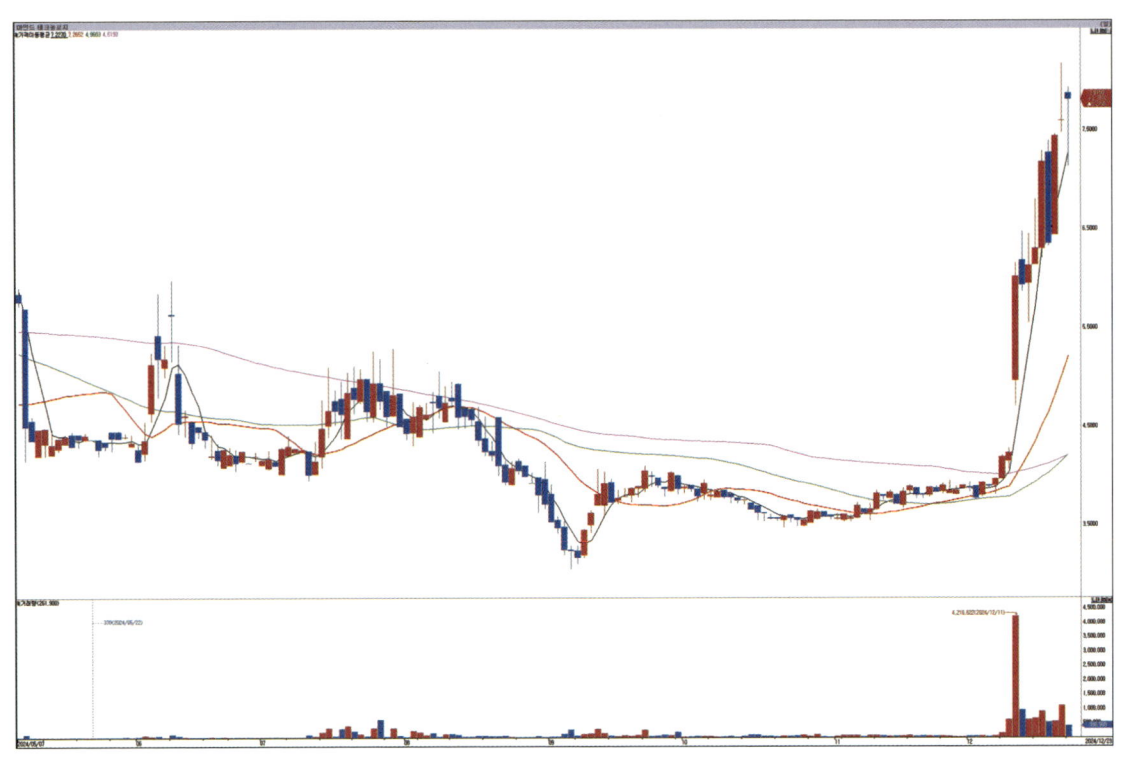

이 종목은 한동안 주가가 횡보하다가 하락세를 보였고, 이후 일시적으로 반등에 성공한 모습을 보였습니다. 그러나 반등의 폭은 크지 않았으며, 전반적으로 바닥을 다지는 단계로 평가할 수 있습니다.

주가가 계속 바닥권에서 움직이게 되면, 이동평균선들이 점차 가까워지며 하나의 좁은 범위 안에서 밀집하게 됩니다. 이는 주가 변동성이 줄어들고 에너지가 축적되는 신호로 볼 수 있습니다.

    이러한 상황에서 주가가 조금만 올라가도 이동평균선, 특히 20일선 위로 주가가 상승할 가능성이 커집니다. 물론 이 과정에서 주가가 잠깐 올라가는 것에 그칠 수도 있지만, 때로는 주가가 점진적으로 상승하면서 20일선 위에 안정적으로 자리 잡는 경우가 있습니다. 이런 경우, 단순한 변동과는 다르게 주가 흐름에 중요한 변화가 나타나는 것으로 볼 수 있습니다.

    이 종목을 자세히 살펴보면, 주가가 20일선 위로 올라서는 구간에서 이전과는 다른 흐름이 감지됩니다. 차트를 보면 누군가 주가를 의도적으로 관리하는 듯한 모습이 나타나며, 일반적인 개인 투자자들 간의 매매에서 발생하는 차트의 움직임과는 확연히 다릅니다. 주가가 20일선 위에서 안정적으로 머무르고, 이 과정에서 거래량이 소화되는 종목은 이후 주가가 강한 상승세로 전환될 가능성이 높습니다.

    실제로 이 종목은 바닥에서 이 모습을 만들고 100%에 달하는 강력한 상승을 이루어냈습니다. 물론 모든 종목이 이처럼 큰 폭의 상승을 보여주는 것은 아니지만, 기술적인 반등만으로도 충분히 매력적인 기회를 제공하는 종목들이 많습니다. 특히 주가가 20일 이동평균선 위에 안착하면서 완만하게 상승하는 모습을 보인다면, 이는 긍정적인 신호로 해석할 수 있습니다. 이러한 종목은 상승 여력이 있을 가능성이 크기 때문에 관심 종목으로 등록해두고 주의 깊게 지켜보는 것이 좋습니다.

    주가가 바닥권에서 이동평균선 위로 올라서고 안정적인 흐름을 보이는 종목은 중장기적인 상승 가능성을 내포하고 있을 확률이 높습니다. 특히 20일 이동평균선을 기준으로 주가가 안착하며 거래량을 소화하고 점진적으로 상승하는 모습을 보이는 종목은 이후 기술적 반등이나 더 큰 상승 흐름을 만들 가능성이 높으므로 주의 깊게 살펴보는 것이 좋겠습니다.

급등주 패턴 연구 24

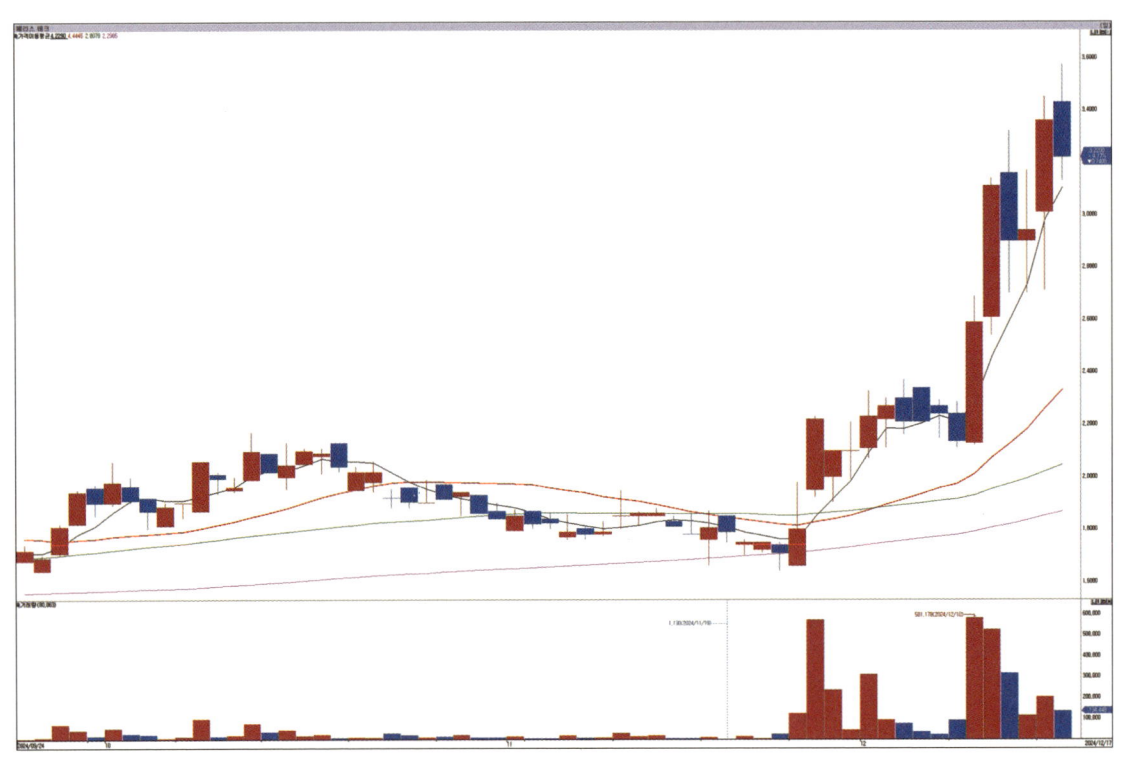

이 종목은 주가가 완만히 횡보하다가 상승하기 시작하는 흐름을 보였습니다. 주가가 횡보를 오래 하면 이동평균선이 한곳으로 몰리게 됩니다. 이때 이 종목이 본격적으로 상승하려면 거래량이 동반되며 장대양봉이 나타나야 합니다. 이는 투자자들이 적극적으로 몰려들어야 가능하다는 뜻입니다.

주가가 20일 이동평균선을 자연스럽게 돌파하는 것도 긍정적인 신호일 수 있습니다. 그러나 이런 경우 선도 투자자들이 개입하지 않았을 가능성이 크며, 단순히 주가가 시장의 흐름에 따라 움직이는 것으로 해석할 수 있습니다.

반면, 20일선을 거래량이 크게 증가한 양봉으로 돌파한다면 상황이 달라집니다. 이는 선도 투자자들이 해당 종목의 긍정적인 재료에 반응하고 있음을 나타냅니다. 특히, 역망치형 캔들이 나타나는 경우가 있습니다. 이는 횡보하던 종목이 갑자기 상승하기 시작하면서 투자자들이 몰려들고, 장대양봉이 형성된 후 차익 실현 매물이 나오며 주가가 다소 밀린 상태를 말합니다. 이때 양봉 형태를 유지하며 윗꼬리가 생겼다면, 차익 매물을 선도 투자자들이 받아주고 있음을 의미합니다.

이때 다음 날의 주가 움직임이 중요합니다. 만약 역망치형 캔들 이후 주가가 갭 상승으로 시작해 전일의 윗꼬리를 극복한다면, 선도 투자자들이 활발히 개입하고 있는 신호로 해석할 수 있습니다.

횡보하던 종목에서 이러한 패턴이 나타난다면 매매를 준비할 시점입니다. 이후 물량 소화 과정을 거치며 크게 상승할 가능성이 크고, 저점에서 매수한 투자자들에게 높은 수익을 안겨줄 수 있습니다.

급등주 패턴 연구 25

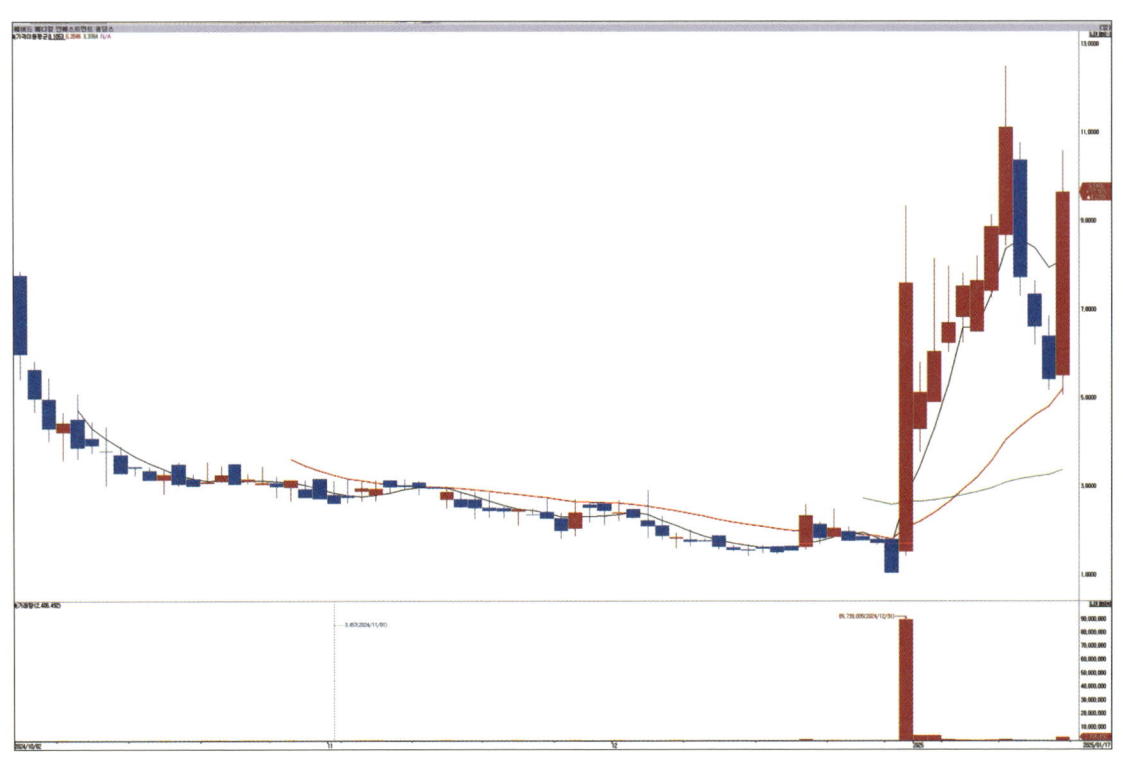

하락 추세에 있던 종목이 갑자기 장대양봉을 기록하며 놀라운 상승세를 보였습니다. 무려 고가가 790% 상승했으며, 종가 기준으로도 623%나 급등한 초대박 종목입니다. 만약 이 종목을 전일 종가에 매수했다면, 1달러에 사서 9달러에 팔 수 있는 상황이었습니다. 예를 들어 1,000만 원어치를 매수했다면 하루 만에 9,000만 원에 팔아 8,000만 원의 수익을 거둘 수 있었던 기회였습니다.

그러나 이런 종목을 놓쳤다고 해서 아쉬워하거나 포기할 필요는 없습니다. 다음 날, 이 종목은 갭 하락으로 시작했으며, 전일 종가 기준으로 매수했다면 오히려 손실을 볼 수도 있었습니다. 주식 투자는 이러한 일희일비를 피하고 냉정하게 판단하는 것이 중요합니다.

현재 주가는 전일 장대양봉의 몸통 안에서 움직이고 있습니다. 이후 주가가 폭등했다면 하락 가능성이 있지만, 이번 경우에는 장대양봉 몸통의 중간부에서 시작해 상단부로 주가가 상승하고 있는 모습을 보이고 있습니다. 이러한 움직임 속에서 주가가 다시 양봉을 형성하며 몸통 상단을 돌파하려는 흐름을 보인다면, 매수에 가담하는 것도 좋은 선택이 될 수 있습니다. 이는 폭등을 촉발한 재료가 시장에 여전히 유효하며, 투자자들의 기대감이 주가를 끌어올리고 있기 때문입니다.

다만, 갑작스럽게 급등한 종목은 변동성이 크기 때문에 신중한 접근이 필요합니다. 철저한 계획과 손절선을 설정한 후 투자하는 것이 바람직합니다.

급등주 패턴 연구 26

차트 1

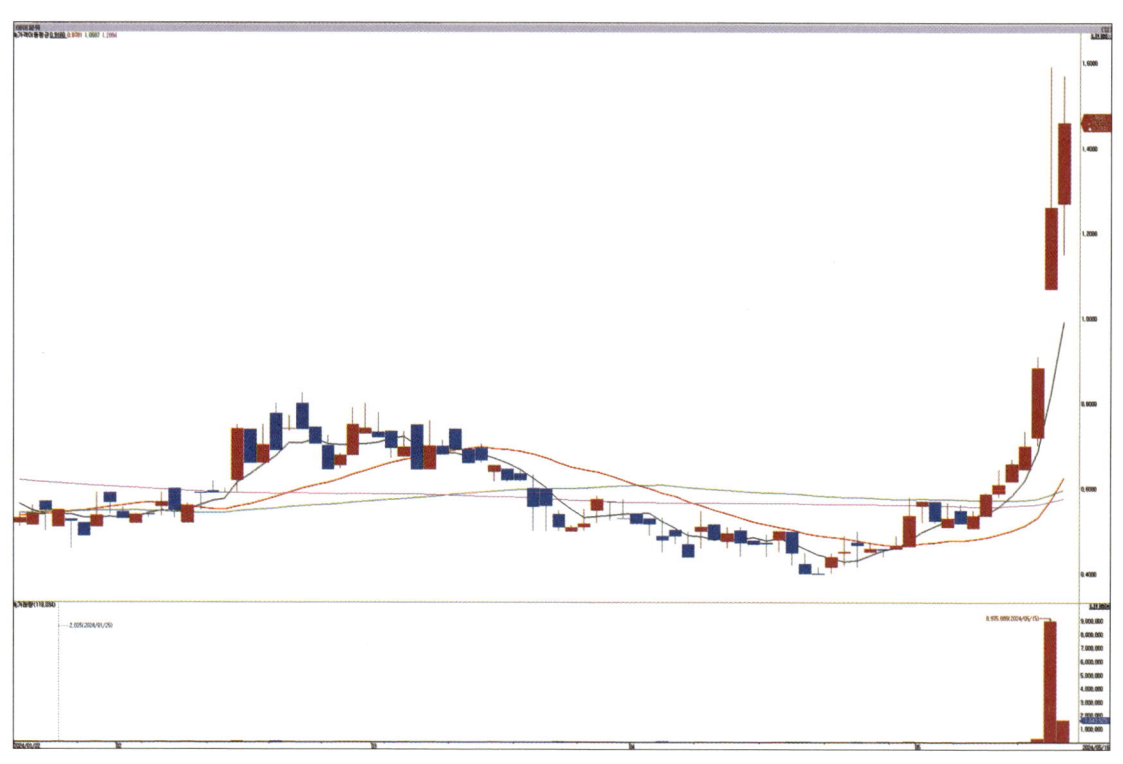

이 종목은 한동안 완만하게 하락세를 이어가다가 0.8달러에서 0.5달러까지 떨어졌습니다. 거의 더 이상 하락할 여지가 없을 정도로 저점을 찍은 상태에서, 최근 주가가 서서히 상승하기 시작합니다.

주목할 만한 점은 20일 이동평균선을 돌파하면서 역망치형 캔들이 나타났다는 것입니다. 이 역망치형 캔들은 강력한 매수세가 들어왔음을 의미하며, 이전에는 볼 수 없었던 양봉이 나온 만큼 관심을 가져야 할 종목입니다.

다만, 초기에는 거래량이 부족했기 때문에 이 캔들에서 형성된 윗꼬리 저항을 극복할 수 있을지가 관건이었습니다. 장중에 강력한 매수세가 유입된다면 전고점까지 단숨에 상승할 가능성이 있지만, 이 종목은 조금 다른 흐름을 보입니다. 윗꼬리 부근에서 주가가 지지를 받으며 서서히 안정된 후, 연속적인 양봉이 나타나면서 주가가 점진적으로 상승하기 시작합니다.

차트에서 처음 나온 역망치형 캔들의 윗꼬리를 극복할지에 대한 관찰이 중요했는데, 결국 연속 양봉이 나오면서 추가 상승 가능성을 기대할 수 있는 상황이 되었습니다. 이러한 패턴은 전고점을 돌파할 가능성이 매우 높아 보이며, 매매 준비가 필요한 시점이라고 볼 수 있습니다.

이후 전고점을 강하게 돌파하는 장대양봉이 나왔습니다. 참고로, 한국 주식 시장에서는 전고점 부근에서 주가가 무너지는 경우가 자주 있지만, 미국 주식은 전고점을 돌파한 후 상승세를 이어가는 경우가 상대적으로 더 많습니다. 따라서 호가창을 주의 깊게 관찰하며 전고점을 돌파할 때 적극적으로 매매에 임하는 것이 중요합니다.

또한, 종가에서 전고점을 돌파한 후 주가가 버티는지 여부도 중요합니다. 이 종목은 전고점 돌파 이후에도 양봉을 유지하며 상승세를 이어가고 있습니다. 전고점 돌파 다음 날에는 거래량이 폭발적으로 증가하며 장대양봉이 형성되었고, 주가는 고점 기준으로 약 79%까지 상승했습니다. 하지만 상승과 함께 윗꼬리가 형성되었고, 이는 일부 투자자들이 물려 있을 가능성을 시사합니다. 게다가 저점 대비 이미 상당히 상승한 상태였기 때문에 새로운 일반 투자자 입장에서는 추가 매수에 대한 부담이 있을 수 있습니다.

이 시점에서는 주가가 다시 윗꼬리를 극복할 수 있는지 확인하는 것이 중요합니다. 만약 윗꼬리를 극복한다면 주가는 추가 상승할 가능성이 매우 높습니다. 특히, 이전과는 다른 수준의 엄청난 대량 거래는 강력한 재료가 뒷받침되고 있음을 의미하며, 단순히 한 번의 장대양봉으로 끝나지 않을 가능성이 큽니다.

오늘 주가 흐름을 보면, 주가가 이미 저점 대비 크게 상승한 상태임에도 윗꼬리를 극복하며 상승세를 이어가고 있습니다. 추가 상승 가능성이 매우 높은 상황이며, 특히 거래량이 줄어들고 있다는 점에서 긍정적인 신호로 볼 수 있습니다. 현재 보유 중인 투자자는 매도하지 말고 계속 보유하는 것이 유리하며, 물량이 없는 투자자라면 지금이 접근할 수 있는 매수 타점이 됩니다.

차트 2

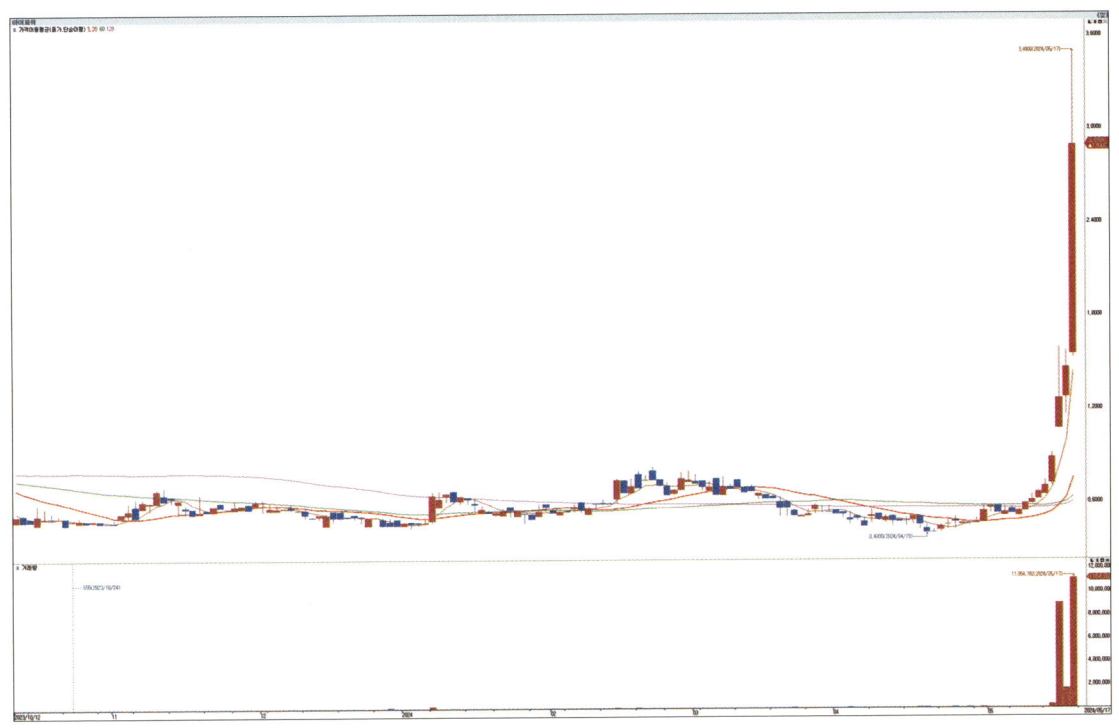

앞에 주가도 이미 많이 올랐다고 생각했는데, 오늘의 장대양봉은 그야말로 엄청났습니다. 고가 기준으로 138%, 종가 기준으로 97% 상승이 나왔습니다. 이런 종목을 발굴해서 기본적인 매매법을 적용한 결과, 하루 만에 100%의 수익을 올릴 수 있었습니다. 운이 더 좋았다면 200%의 수익도 가능했을 종목이죠. 쉬운 것 같죠? 아마 "이 정도는 나도 알지"라고 생각하는 투자자도 있을 겁니다.

그런데 왜 이런 종목을 매매하지 못할까요? 왜 수익을 내지 못했을까요? 분명 이 종목을 잘 알고 있었다면, 200% 수익을 올렸어야 하지 않나요?

그 이유는 간단합니다. 매매법을 제대로 터득하지 못했기 때문이고, 실전에서는 "손실이 나면 어떡하지?"라는 두려움이 앞서기 때문에 기회를 보고도 놓치는 경우가 많기 때문입니다.

그래서 주식이 어려운 것입니다. 이런 종목이 나타날 때마다 매번 매매에 성공할 수 있는 것은 아닙니다. 저 역시 그런 이야기를 하는 게 아닙니다. 중요한 것은, 이런 종목을 찾아낼 수 있는 기본적인 차트 해석법을 배우는 것입니다.

모르고 놓치는 것과, 알고 놓치는 것은 큰 차이가 있습니다. 알고 있는 상태라면, 언젠가 잡아낼 기회를 만들 수 있기 때문입니다.

이런 종목을 100개 발굴해서 99번 놓치더라도, 단 한 번만 잡으면 됩니다. 단 한 번만 제대로 잡아도 100%의 수익이 가능하기 때문입니다. 주식 투자는 계좌를 꾸준히 채워가는 과정입니다.

100번의 기회를 모두 잡아서 돈을 벌자는 이야기가 아닙니다. 오히려, 100번 중 1번을 잡기 위해 차트를 배우고 공부하자는 것입니다. 그 한 번의 기회만으로도 계좌는 충분히 성장할 수 있습니다.

결국 주식은 확률 게임입니다. 모든 기회를 잡으려고 하기보다, 놓친 종목들 속에서 확실한 한 번을 잡기 위해 준비해야 합니다. 그것이 꾸준한 성공의 열쇠입니다.

급등주 패턴 연구 27

차트 1

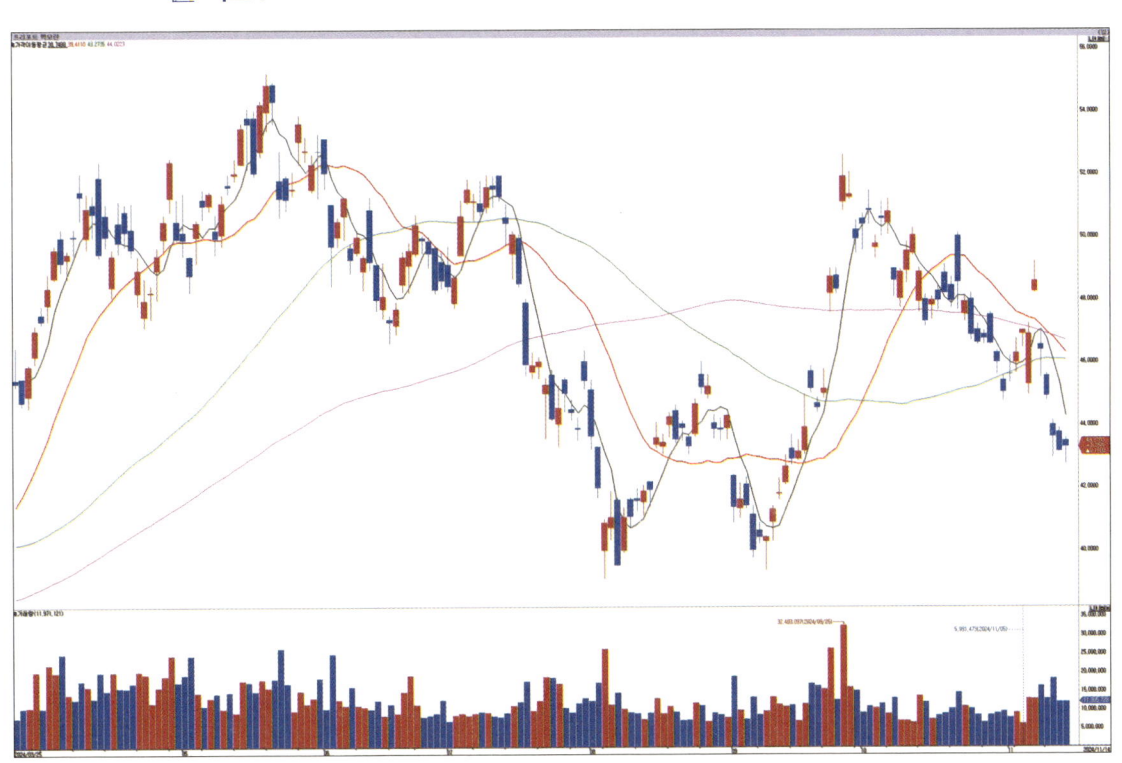

이 종목의 주가 흐름을 살펴보면, 55달러에서 40달러까지 하락했습니다. 이후 하락이 어디까지 이어질지 지켜보던 중, 40달러 부근에서 하락이 멈추고 반등에 성공했죠. 이 반등으로 주가는 45달러까지 상승했지만, 더 이상 오르지 못하고 다시 밀려 내려왔습니다. 그런데 다시 40달러 부근에서 주가가 더 이상 하락하지 않고 반등이 나오는 모습이 나타납니다.

만약 주가가 40달러 아래로 계속 떨어졌다면 이 가격대가 바닥으로 인정받지 못했겠지만, 두 번 연속 반등이 나오면서 시장 참여자들은 40달러를 확실한 지지선으로 인식하게 됩니다. 이처럼 지지선이 확인되면 매수의 기회를 잡을 수 있습니다. 특히, 두 번의 반등으로 쌍바닥 패턴이 형성되었기 때문에 신뢰도가 더욱 높아지죠.

쌍바닥 패턴을 확인하고 매수했다면, 이후 상승에서 충분히 수익을 낼 수 있었을 것입니다. 수익 목표를 설정할 때는 먼저 기술적 반등 고점인 45달러를 1차 목표로 삼고, 이전 전고점인 55달러를 2차 목표로 설정하는 것이 일반적입니다.

- **1차 목표**: 기술적 반등 고점 (45달러 부근)
- **2차 목표**: 이전 전고점 (55달러 부근)

주가가 모든 고점을 돌파하면 계속 보유할 수 있고, 돌파에 실패하면 매도하고 나오는 것이 일반적인 전략입니다.

주식 시장에서 쌍바닥 패턴의 신뢰도가 높은 편입니다. 특히, 급락장에서 형성된 것이 아니라 안정적으로 하락과 반등이 반복되는 경우라면 성공 확률이 더욱 높아집니다. 이 패턴은 어렵지 않게 보일 수 있지만, 막상 실전에서는 '떨어지면 어떡하지?'라는 걱정 때문에 망설이는 경우가 많습니다. 그래서 차트를 보며 공부하고, 실전에서는 모의투자로 연습하며 감각을 익히는 것이 중요합니다. 투자에서 꾸준한 연습과 경험은 곧 성공으로 이어집니다.

차트 2

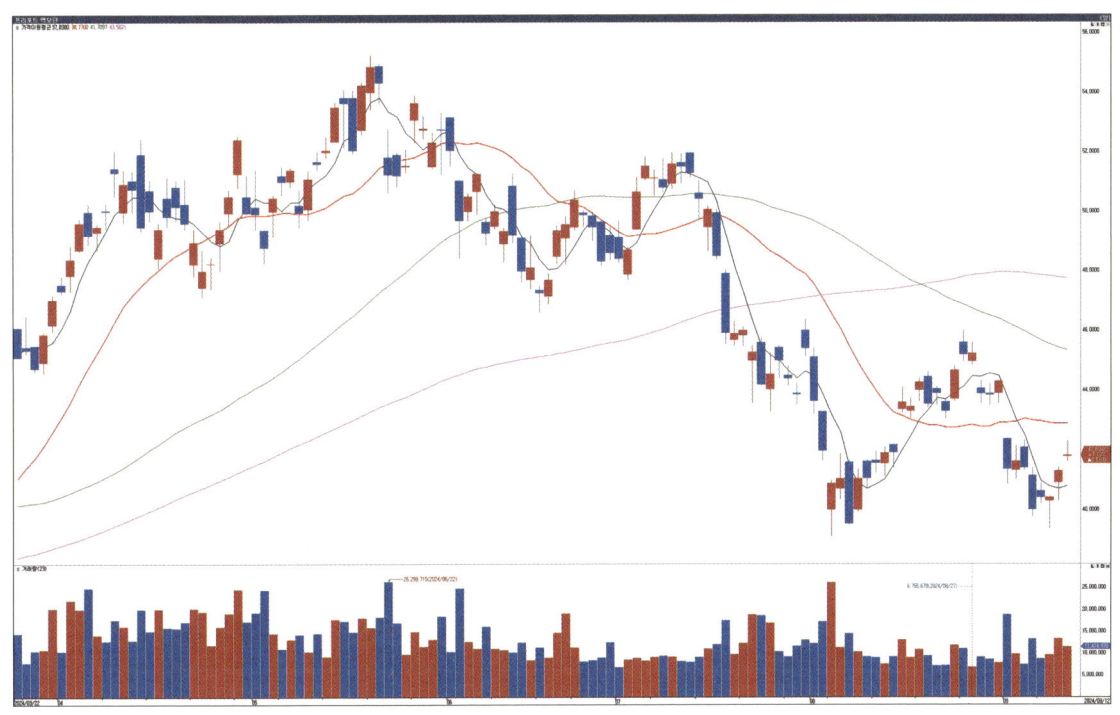

　주가가 목표 주가까지 상승하지 못하고 기술적 반등 이후 다시 하락할 경우, 서두르지 말고 충분히 기다리며 바닥을 확인하는 것이 중요합니다. 특히, 바닥을 깨고 추가 하락할 가능성이 있기 때문에 섣불리 바닥 가격에서 매수하는 것은 위험합니다. 반드시 주가가 바닥에서 반등하는 흐름이 나타나는지 확인한 후에 매수 타이밍을 잡아야 합니다. 이 과정에서 가장 중요한 것은 실전 감각을 익히는 것입니다. 충분한 연습과 경험이 뒷받침되어야 자신감을 가질 수 있습니다. 주식 시장은 매일 열리기 때문에 조급해하지 말고 차분히 공부하며 모의투자나 소액으로 연습을 반복하는 것이 좋습니다. 꾸준히 연습하다 보면 자연스럽게 감각이 익혀지고, 성공적인 투자의 가능성도 높아질 것입니다.

급등주 패턴 연구 28

📊 차트 1

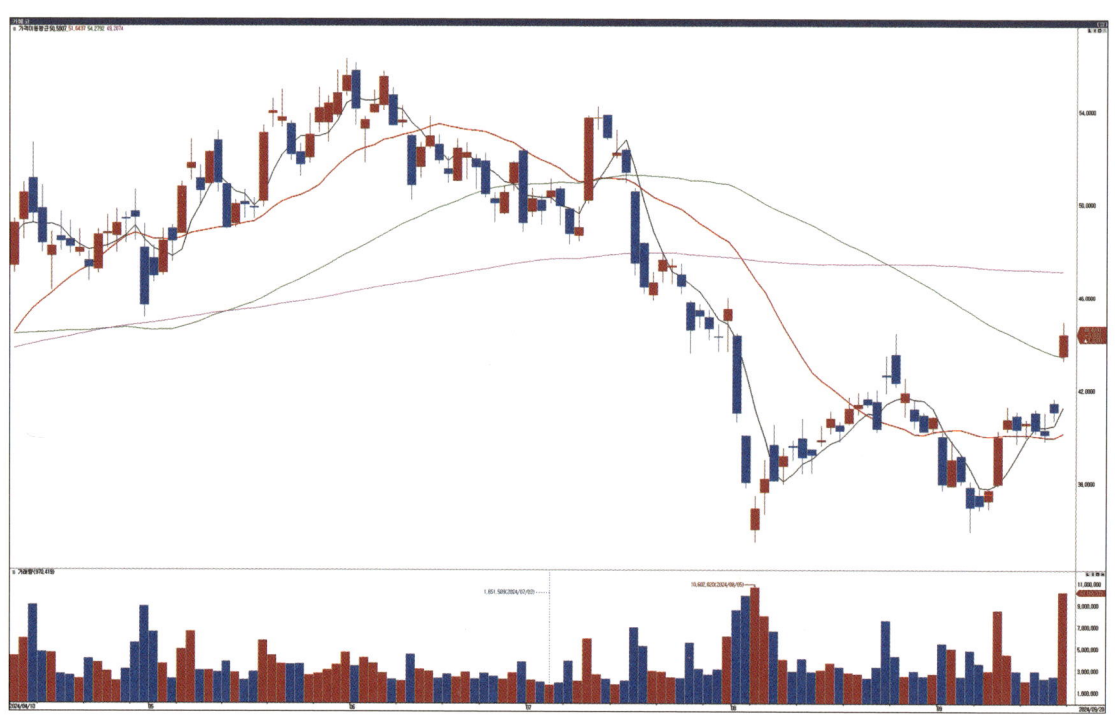

    50달러 중반까지 주가가 상승했다가 밀려 내려가면서 40달러대를 이탈합니다. 어디까지 주가가 하락하는지 알 수 없는 상황이었습니다.

    그런데 주가가 40달러대를 이탈할 때 장대음봉으로 급하게 밀려 내려갑니다. 그런데 주가가 40달러를 이탈하니까 거래량이 터지면서 갭 하락 양봉이 나와줍니다. 미국 주식에서 주가가 급락할 때 갭 하락 양봉 이후 주가가 상승하는 경우가 많이 있습니다. 갭 하락 양봉이 나올 때 거래량이 터져주면 신뢰성이 높아지는데 이 종목은 거래량이 터져줍니다. 신뢰성이 높은 캔들이 나온 것이죠.

역시 갭 하락 양봉 이후에 주가가 하락을 멈추고 상승하기 시작합니다. 그러면서 주가가 40달러대에 복귀합니다.

그런데 주가가 더 이상 상승하지 못하고 다시 하락하죠. 하락 추세의 종목에서 자주 나오는 일시적인 반등 가능성도 염두에 두고 대응해야 하는 종목이 되었습니다.

주가가 바닥이 나왔다고 생각해서 매수한 투자자들이 주가가 하락 추세로 다시 접어듦에도 불구하고 매도하지 못하는 경우도 많이 있습니다. 하락 추세의 종목에서 나오는 일시적인 반등은 단기로만 대응해야 합니다.

그런데 이 종목은 주가가 일시적인 반등을 끝내고 하락하는데 전저점 부근에서 다시 반등합니다. 전저점을 깨고 하락을 하면 하락 추세를 이어가는 것이죠. 그런데 전저점 부근에서 주가가 반등하면 쌍바닥이 됩니다.

주가가 전저점을 깨고 하락하는 것과 전저점을 무너뜨리지 않고 반등하는 것은 실전에서 엄청난 차이가 있습니다. 전자는 악재를 다 반영하지 못한 종목으로 언제까지 하락할지 알 수 없는 종목이 됩니다.

그러나 전저점에서 반등하는 종목은 바닥이 확인된 종목이 되는 것이죠. 이 종목이 이 가격을 이탈하는 것은 말이 안 된다, 기업 가치를 볼 때 이 가격을 이탈하는 것은 아니라고 판단한 저가 매수세가 유입되는 것이죠.

특정 가격을 지지해주는 매수세가 유입되는 것이기 때문에 차트에서 쌍바닥은 신뢰도가 높습니다. 그래서 쌍바닥이 나온 종목을 주목해야 하는 이유가 여기에 있습니다.

그런데 이 종목은 쌍바닥이 나온 후 오늘 보니 갭 상승까지 나왔습니다. 앞의 고점을 대량 거래 터진 갭 상승으로 돌파 시도를 하고 있습니다. 만약 저자가 확인된 쌍바닥이라면 주가가 박스권 상단에 왔을 때 더 이상 상승하지 못하고 밀리는 경우가 많이 있습니다.

그런데 이 종목은 전고점을 강하게, 그것도 갭 상승에 대량 거래가 터진 모습을 보여주고 있습니다. 이건 정말 주목해야 하는 종목인 것이죠.

단순히 저가 매수세가 아니라 강한 매수세가 들어온 것이기 때문이죠. 기업의 호재 내지, 호재를 알고 들어온 매수세일 가능성이 매우 높기 때문입니다. 그만큼 신뢰도가 높은 모습이 된 것이죠. 이런 종목은 일단 덤빌 준비를 해야 하는 것이죠.

차트 2

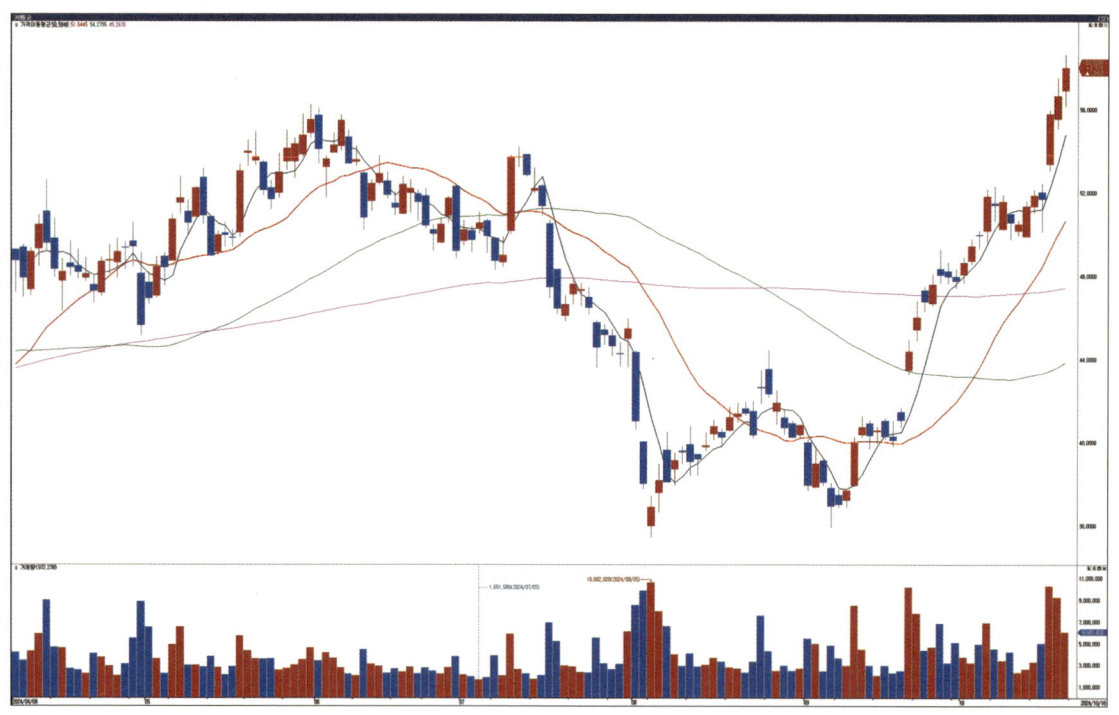

주가가 급등하며 대량 거래가 발생한 후, 갭 상승과 함께 전고점을 가볍게 돌파하며 본격적인 상승 흐름을 보입니다. 일시적인 반등 수준을 넘어, 이전의 하락 직전 가격까지 단숨에 상승하는 모습입니다.

차트를 보고 있으면 확실히 흐름이 보이죠. 많은 투자자가 이런 생각을 할 것입니다.

"아, 저기가 저점이었네. 저 때 샀어야 했는데." "쌍바닥이 나온 걸 봤으면서도 왜 매수하지 않았을까?"

지나고 보면 너무나도 명확해 보이지만, 정작 그 순간에는 매수를 망설이거나, "이 정도 패턴은 나도 안다"라며 무시하고, 혹은 확신이 서지 않아 기회를 놓치곤 합니다. 하지만 분명히 기회는 있었습니다. 이 종목을 발견한 투자자라면 누구에게나 동일한 기회가 주어졌을 것입니다.

주식 투자는 본질적으로 단순합니다. 상승할 가능성이 높은 종목을 매수하고, 실제로 상승했을 때 수익을 올리는 것이 핵심입니다. 그러나 매수 타점에서 주저하거나 기회를 지나쳐버린다면, 그 작은 차이가 실전에서는 엄청난 격차를 만들어냅니다.

누군가는 주식으로 성공했다며 계좌를 자랑하지만, 또 다른 누군가는 수익은커녕 원금조차 지키지 못하는 경우도 많습니다. 하지만 주식 시장은 누구에게나 열려 있습니다. 결국 그 기회를 잡을지 놓칠지는 본인의 선택과 준비에 달려 있습니다.

주식 투자로 성공할 수 있는 길은 반드시 존재합니다. 다만, 그것을 자신의 것으로 만들기 위해서는 끊임없는 연구와 실전 경험이 필요합니다. 시장을 이해하고, 차트를 분석하며, 꾸준히 노력하십시오. 기회는 준비된 사람에게 찾아오고, 그 기회를 잡는 것이 결국 성패를 가르는 요인이 됩니다.

급등주 패턴 연구 29

📊 **차트 1**

주식 차트는 다양한 형태로 움직이며, 상승할 때도 등락을 반복하는 종목이 많습니다. 그러나 가장 이상적인 상승 패턴은 20일선을 주가 밑에 지지선으로 두고 상승하는 경우입니다.

60일선을 따라 상승하는 경우는 속도가 너무 느려 효율적인 상승이라 보기 어렵습니다. 따라서 20일선을 지지선으로 두고 꾸준히 상승하는 종목이 가장 좋은 상승 흐름을 보인다고 할 수 있습니다. 5일선을 타고 밑에 20일선이 따라오는 모습이 가장 좋은 상승이라 할 수 있습니다.

이 종목을 보면, 일정 기간 횡보한 후 상승을 시작하는 모습입니다. 상승 각도가 매우 안정적이며 이상적인 흐름을 보이고 있습니다. 현재 주가는 5일선을 따라 상승하고 있으며, 20일선이 자연스럽게 따라 올라오는 구조입니다. 이런 종목에서는 5일선을 지지선으로 삼아 매수하는 전략이 유효합니다.

매수 후에는 5일선을 이탈하면 매도하는 원칙을 세울 수 있습니다. 만약 수익이 발생했다면, 매도 기준을 20일선으로 변경하여 대응하는 것이 좋습니다. 즉, 5일선 이탈 시 일부 청산, 이후 20일선 이탈 시 전량 매도하는 방식으로 대응하면 가장 이상적인 투자 전략이 될 수 있습니다.

그런데 상승하던 종목이 5일선을 이탈하고, 이어서 20일선마저 깨면서 하락하는 경우가 발생할 수 있습니다. 이러한 경우 기존 보유자는 매도하는 것이 원칙이며, 신규 투자자는 접근하지 않는 것이 안전합니다.

하지만 20일선을 이탈했던 주가가 하락을 멈춘 뒤 다시 20일선 위로 올라서면서 5일선을 타고 재상승하는 경우가 있습니다. 이렇게 상승 추세를 다시 이어가는 경우는 종목 자체에는 이상이 없지만, 시장 전반의 악재로 인해 일시적으로 하락했을 가능성이 큽니다.

만약 시장이 안정적인데 해당 종목에 악재가 발생하거나 수급 문제가 생긴 경우라면, 주가는 하락한 뒤 다시 상승 추세로 복귀하지 못할 가능성이 큽니다. 반면, 시장 악재로 인해 하락한 경우라면, 시장이 안정되면서 다시 상승 흐름을 되찾는 것이 일반적입니다.

이 종목이 바로 그런 경우에 해당합니다. 차트를 보면 일시적으로 20일선을 이탈했지만, 다시 상승 각도를 유지하며 올라가고 있습니다. 만약 이처럼 상승 추세를 이탈한 뒤 다시 복귀하는 종목을 매수하고 싶다면, 먼저 시장 상황을 점검하는 것이 중요합니다.

    ∨ 현재 시장의 악재가 해소되었는지

    ∨ 추가적인 하락 요인이 남아 있는지

이런 요소들을 살펴본 뒤 매수에 가담한다면, 보다 확률 높은 투자를 할 수 있을 것입니다.

차트 2

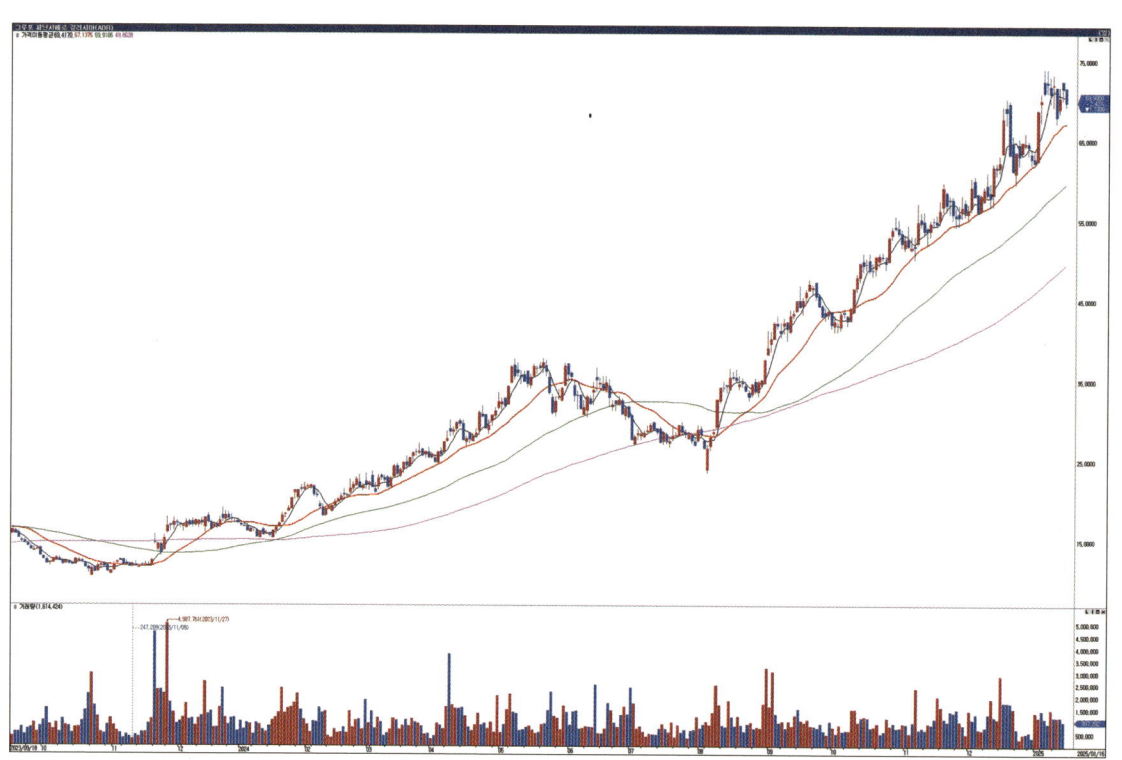

이 종목의 주가는 오랜 기간 상승 추세를 유지했습니다. 특히 약 6개월간 거

의 쉬지 않고 상승하는 모습을 보였으며, 이 기간 동안 20일선을 지지선으로 삼아 꾸준히 상승했습니다. 이러한 경우 20일선 부근에서 매수했다면 상당한 수익을 거둘 수 있었을 것입니다. 상승 추세에서 이동평균선을 지지선으로 활용하면 안정적인 매매 전략을 세울 수 있으며, 주가가 지속적으로 20일선을 유지하면서 상승하는 경우, 이를 매수 타이밍으로 활용하는 것이 좋은 전략이 될 수 있습니다.

하지만 주가는 영원히 상승할 수 없으며, 결국 조정을 거치게 됩니다. 이 종목 역시 약 6개월 동안 상승한 후 약 3개월간 하락 추세를 형성했습니다. 상승장에서 수익을 내지 못했다고 해서 하락장에서 무리하게 매수하는 것은 위험합니다. 특히 상승 흐름이 꺾이고 하락 추세로 접어든 상황에서는 섣불리 매수에 나서기보다 신중하게 시장을 관찰하는 것이 중요합니다.

만약 상승 흐름이 이어질 것으로 생각하고 고점에서 매수를 했다면, 이후 주가가 하락하면서 손실을 볼 가능성이 큽니다. 이때 중요한 것은 무작정 주식을 들고 있는 것이 아니라 적극적으로 대응하는 것입니다. 국내 주식 시장에서도 흔히 볼 수 있는 현상이지만, 매수 후 얼마 지나지 않아 주가가 하락해 고점 매수가 된 경우, 반드시 손절을 고려해야 합니다. 손절을 하지 않고 계속 보유하는 것은 더 큰 손실로 이어질 수 있기 때문입니다.

이 종목의 경우, 상승할 때 20일선을 지지선으로 삼으며 움직였습니다. 따라서 주가가 20일선을 이탈할 경우, 일단 매도로 대응하는 것이 바람직합니다. 상승장에서 20일선이 강력한 지지선 역할을 했다면, 하락장에서 20일선을 이탈하는 순간이 바로 추세 전환의 신호일 수 있기 때문입니다.

매도 후에는 단순히 손실을 확정 짓는 것이 아니라, 종목의 뉴스나 시장 상황을 면밀히 분석하는 과정이 필요합니다. 주가가 다시 반등할 가능성이 있는지, 하락세가 계속될 가능성이 높은지 판단해야 합니다. 만약 추가적인 상승 가능성이 낮다고 판단된다면, 재매수를 고려하기보다는 다른 종목으로 갈아타거나 현금을 보유한 채로 시장을 관망하는 것이 현명한 선택일 수 있습니다.

이 종목은 하락을 마무리하는 시점에서 갭 하락 양봉이 출현합니다. 일반적으로 하락 추세에 있는 종목에서 갭 하락 양봉이 나타나면 반등 신호일 가능성이 높습니다. 이 종목에서도 갭 하락 양봉이 형성되었으므로, 관심을 가지고 지켜볼 필요가 있습니다.

처음에는 반등이 확실할지 의심스러울 수 있지만, 이후 주가는 실제로 반등을 시작합니다. 이제부터는 본격적으로 주목해야 합니다. 특히, 3개월간 이어진 하락을 마무리한 뒤 주가가 상승하기 시작했고, 결국 전고점 부근까지 도달합니다. 중요한 점은, 전고점에서 주가가 다시 급락하지 않고 상승 추세를 지속했다는 것입니다. 즉, 단순한 일시적 반등이 아니라 본격적인 상승 흐름으로 전환되었음을 의미합니다.

이러한 흐름에서 갭 하락 양봉 시점에 매수한 투자자라면, 상승 추세가 이어지는 동안 보유하는 것이 유리합니다. 한편, 신규 투자자라면 20일 이동평균선의 지지 여부를 확인한 후 매수에 가담하는 전략이 적절합니다.

급등주 패턴 연구 30

차트 1

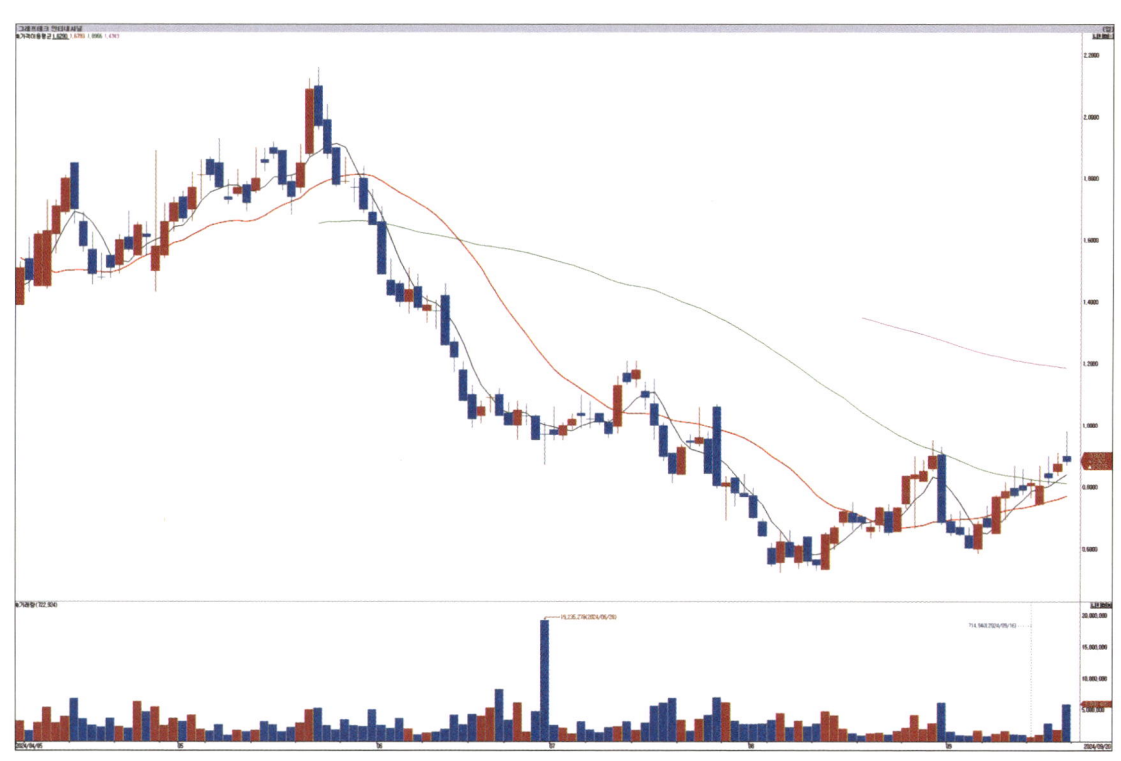

우리가 주식 투자에서 수익을 극대화하려면 바닥에서 매수하는 것이 가장 좋겠죠. 다 알고 있음에도 불구하고 매수를 못 하는 이유는 무엇일까요?

① 바닥이 어디인지 알 수 없기 때문입니다.

② 바닥이라고 생각되는 종목을 무시하거나 지나칩니다. 주가 바닥이라는

것은 주가가 하락 추세에 있는 종목이 하락을 마무리할 때 나오는 것인데 투자자는 하락하는 종목을 안 보기 때문입니다. 다들 상승하는 종목, 그것도 이미 바닥에서 크게 상승한 종목을 매수합니다. 뉴스에 나와 화제가 되면 그때 쳐다본다는 것이죠. 이미 한참 늦는 경우가 대부분입니다. 그러다 고점에 매수해서 물리게 되는 것이죠.

③ 주가 하락을 멈추고 바닥이 나온 종목은 대부분 천천히 움직이는데, 횡보하는 경우가 많이 있습니다. 조심스럽게 주가가 움직이다 보니 지루해서 안 보는 경우이지요. 그러다 어느 순간 쳐다보면 주가는 이미 크게 상승하는 경우가 많이 있지요.

④ 바닥이 나왔다고 해도 상승한다는 보장이 없기 때문에 쳐다보지 않습니다. 그냥 계속 바닥에 머무를 수도 있습니다.

이런저런 이유로 해서 바닥에서 매수해야 수익이 가장 크다는 것을 알면서 바닥에서 매수하지 못합니다. 바닥에서 주가가 상승하면 또 무서워서, 또는 저점에서 이미 상승한 상태이기 때문에 부담감으로 매수를 하지 못합니다.

이 모든 것을 이겨내고 바닥 나온 종목 중 상승하는 종목을 잡는 것은 매우 어려운 일이 됩니다. 그러나 바닥 나온 종목을 매수해서 상승한다면 그 수익은 짜릿할 것입니다. 그러면 어떤 종목을 매수해야 성공 확률이 높을까요?

이 종목을 보면 2달러대의 종목이 하락을 시작하더니 3개월 정도 하락 추세를 이어가더니 1달러를 무너뜨리고 0.5달러 부근까지 하락합니다. 2,000달러를 매수했으면 500달러가 된 것이죠. 주식에서 성공하기 위해서는 손절할 때 반드시 해야 합니다. 이 종목뿐만 아니라 주식 투자는 항상 위험에 노출되어 있기 때문에 위험을 줄일 수 있는 나만의 기법을 가지고 있어야 하며, 매수 후 내 예상과 다르게 주가가 움직일 경우 반드시 손절로 대응하는 스킬도 가지고 있어야 합니다.

　실전에서 손절을 못해서 망하는 투자자들이 넘쳐납니다. 성공한 투자자 중에 손절 못 하는 투자자는 없습니다. 매우 쉬워 보이지만 실전에서 매우 어려운 것이 손절입니다. 반드시 몸에 익혀야 합니다.

　이 종목은 완전히 주가가 무너지기 일보 직전에 바닥이 나옵니다. 그리고 나서 반등이 나옵니다. 하락 추세 종목이 바닥이 나오고 일시적인 반등이 나오는, 이런 패턴이 실전에서 많이 나오니까 잘 익혀두시기 바랍니다. 잘 잡으면 단기에 수익을 올릴 수도 있습니다. 또 운이 좋으면 그대로 상승을 해서 진짜 바닥에서 매수한 경우가 되고, 큰 수익으로 이어지는 경우도 있습니다. 그러나 많은 경우 일시적인 상승을 하고 다시 하락하는 경우가 많습니다.

　주가가 바닥을 찍고 일시적인 반등 후 다시 하락하는 이유는 장기간 하락하면서 물린 투자자들이 많기 때문입니다. 물려 있는 투자자 입장에서는 원금만 찾았으면 하는 생각이 강합니다. 주가가 바닥을 찍고 반등하면 가장 앞에 물려 투자자들이 물량을 던집니다. 그리고 더 높은 곳에서 물려 있는 투자자들이 던질 준비를 하고 있습니다.

　저가 매수자 입장에서는 이들의 물량을 받아주고 주가가 더 상승해야 수익이 나는데 부담스럽습니다. 이 종목의 재료가 있으면 모르겠지만 대부분 낙폭과대로 매수를 했으니, 주가를 계속 상승시키면서 물린 투자자의 물량을 받아내는 것이 매우 부담스러워집니다. 물린 투자자의 물량을 받아줄 신규 매수자가 계속 유입되어야 하는데 신규 투자자 입장에서는 주가가 저점에서 이미 많이 상승한 상태이기 때문에 매수에 신중해집니다.

　그러다 보니 신규 매수자는 없고 물린 투자자의 물량 부담만 가중되니 주가가 더 이상 상승하지 못하고 밀리게 됩니다. 그래서 일시적인 반등 후 주가가 하락하게 되는 겁니다. 그리고 주가는 다시 흐지부지되면서 바닥을 벗어나지 못하게 되는 겁니다.

　이를 극복하는 종목이라는 것을 알아내려면 일단 쌍바닥이 나와야 됩니다. 주가 저점이 어디인지 확인해야 하는 것이죠. 저점이 높아진 쌍바닥이면 더욱 좋습니다.

　이 종목을 보면 딱 저점에서 반등하는 것이 아니라 더 높은 가격에서 반등하죠. 일시적인 상승 후 주가가 무너지는데 바로 바닥을 찍고 바닥을 만들어내고 있습니다. 주가가 다시 상승하고 있죠. 이 종목에 매수세가 있다는 겁니다.

　쌍바닥을 찍고 난 후 주가 흐름이 중요한데 이 종목은 좋은 흐름을 보여주고 있습니다. 앞에 주가가 급락했죠. 그러면 물려 있는 투자자가 있겠죠. 그 물량을 천천히 소화해주고 있습니다. 매일 주가가 조금씩 오르면서 야금야금 주가가 상승하고 있습니다.

　주가가 상승하면 당연히 매물이 나옵니다. 그 물량을 급하게 소화하는 경우 바로 하락하는 경우가 많습니다. 그러나 물량을 천천히 소화한다면 저가에서 최대한 물량을 소화하려는 저가 투자자가 있는 것이죠. 그래서 앞의 고점을 천천히 소화해주는 종목이 크게 상승하는 경우가 많이 있습니다. 이건 패턴으로 자주 나오기 때문에 그냥 익혀두시면 좋습니다.

차트 2

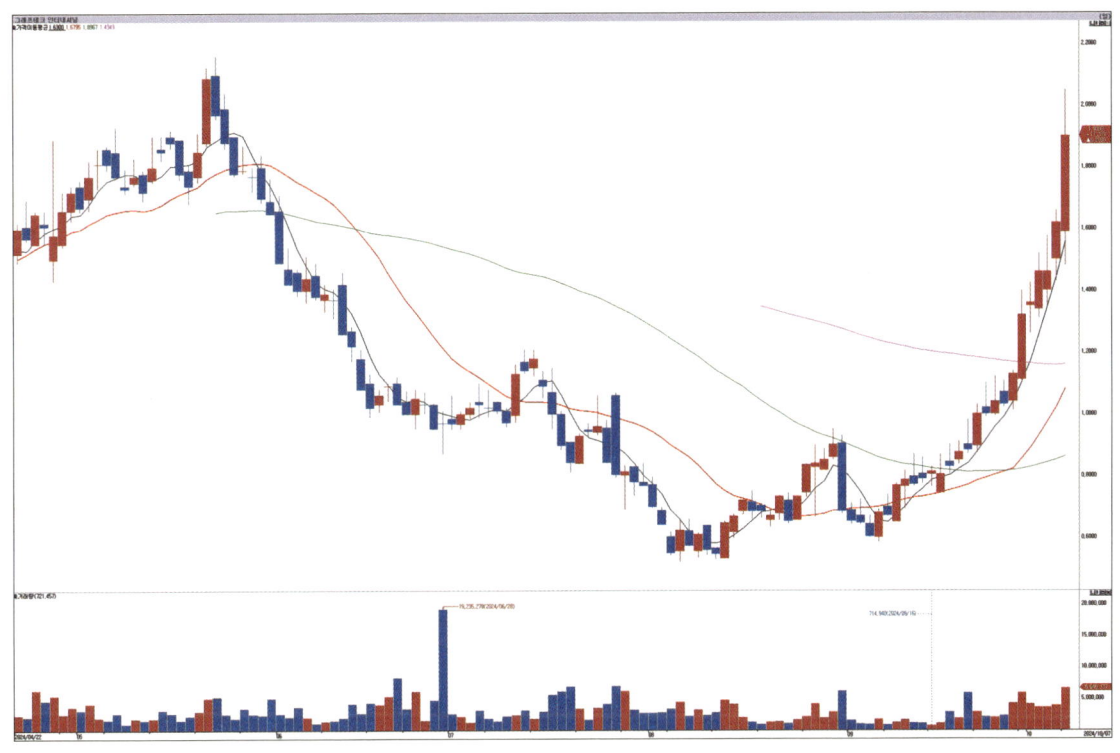

　완만하게 앞의 고점의 물량을 소화해주더니 어디까지 오르는지 모를 정도로 큰 상승을 만들어냈습니다.

　만약 실전에서 이 종목을 전고점 돌파 전에 발굴했다면 긴가민가 망설이다가 전고점 돌파 전 저점에서는 매수하지 못했을 가능성이 높습니다.

　실전에서 타짜들이 매수 가능한 진짜 매수 타점은 전고점 돌파 이후입니다. 주가가 전고점 돌파 이후에 어떤 모습을 보이고 있죠? 캔들이 일단 좀 더 길어지고 있습니다. 그리고 중요한 포인트, 바로 거래량이 증가하고 있습니다. 전고점 돌파 전까지는 거래량이 줄었는데 주가가 상승하고 있습니다. 여기서 뭔가 있나 의심해야죠. 그러나 매수 타이밍은 아닙니다.

그런데 전고점을 돌파하고 나서부터는 거래량이 증가하면서 주가가 상승하고 있습니다. 여기서 눈치를 채야죠. '이거 더 갈 수 있구나' 판단하고 매수합니다. 5일선을 타고 상승하니 주가가 예상과 반대로 움직일 경우 5% 내주고 성공할 경우 50% 먹는다는 생각으로 매수에 참여했다면 수익을 제대로 올렸을 것입니다.

많은 투자자들이 실전에서 이런 종목을 봅니다. 그런데 문제는 그냥 스쳐 지나간다는 것이죠. 그래서 차트 보는 감각을 키워야 합니다. 이제까지는 전혀 몰랐다고 하더라도 앞으로 10개 중에 하나만 잡을 수 있으면 계좌는 달러박스가 됩니다.

북오션 재테크 도서 목록

주식 / 금융투자

김남기 지음 | 25,000원
288쪽 | 170×224mm

당신의 미래, ETF 투자가 답이다

미래에셋자산운용 대표가 18년간의 현장 경험과 깊이 있는 노하우를 바탕으로, 누구나 쉽게 이해하고 활용할 수 있는 ETF 투자 전략을 제시한다. 단순한 투자 지침서를 뛰어넘어, 저자의 투자 철학과 ETF 실무자로서의 개인적인 이야기가 녹아 있는 에세이 형식으로 구성되어 있어, 독자들이 ETF를 더 깊이 이해하고 쉽게 다가설 수 있도록 도와준다.

박병창 지음 | 19,000원
360쪽 | 172×235mm

주식투자 기본도 모르고 할 뻔했다

코로나 19로 경기가 위축되는데도 불구하고 저금리 기조가 계속되자 시중에 풀린 돈이 주식시장으로 몰리고 있다. 때 아닌 활황을 맞은 주식시장에 너나없이 뛰어들고 있는데, 과연 이들은 기본은 알고 있는 것일까? '삼프로TV', '쏠쏠TV'의 박병창 트레이더는 '기본 원칙' 없이 시작하는 주식 투자는 결국 손실로 이어짐을 잘 알고 있기에 이 책을 써야만 했다.

박병창 지음 | 18,000원
288쪽 | 172×235mm

현명한 당신의 주식투자 교과서

경력 23년차 트레이더이자 한때 스패큐라는 아이디로 주식투자 교육 전문가로 불리기도 한 저자는 "기본만으로 성공할 수 없지만, 기본 없이는 절대 성공할 수 없다"고 하며, 우리가 모르는 '기본'을 설명한다. 아마도 이 책을 보고 나면 '내가 이것도 몰랐다니' 하는 감탄사가 입에서 나올지도 모른다. 저자가 말해주는 세 가지 기본만 알면 어떤 상황에서도 주식투자를 할 수 있다.

최기운 지음 | 18,000원
424쪽 | 172×245mm

10만원으로 시작하는 주식투자

4차산업혁명 시대를 선도하는 기업의 주식은 어떤 것들이 있을까? 이제 이 책을 통해 초보투자자들은 기본적이고 다양한 기술적 분석을 익히고 그것을 바탕으로 향후 성장 유망한 기업에 투자할 수 있는 밝은 눈을 가진 성공한 가치투자자가 될 수 있다. 조금 더 지름길로 가고 싶다면 저자가 친절하게 가이드 해준 몇몇 기업을 눈여겨보아도 좋다.

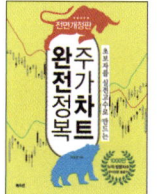

곽호열 지음 | 19,000원
244쪽 | 188×254mm

초보자를 실전 고수로 만드는 주가차트 완전정복

이 책은 주식 전문 블로그 〈달공이의 주식투자 노하우〉의 운영자 곽호열이 예리한 분석력과 세심한 코치로 입문하는 사람은 물론 중급자들이 놓치기 쉬운 기술적 분석을 다양하게 선보인다. 상승이 예상되는 관심 종목 분석과 차트를 통한 매수·매도 타이밍 포착, 수익과 손실에 따른 리스크 관리 및 대응방법 등 주식시장에서 이기는 노하우와 차트기술에 대해 안내한다.

유지윤 지음 | 25,000원
312쪽 | 172×235mm

하루 만에 수익 내는 데이트레이딩 3대 타법

주식 투자를 한다고 하면 다들 장기 투자나 가치 투자를 말하지만, 장기 투자와 다르게 단기 투자, 그중 데이트레이딩은 개인도 충분히 가능하다. 물론 쉽지는 않다. 꾸준한 노력과 연습이 있어야 한다. 하지만 가능하다는 것이 중요하고, 매일 수익을 낼 수 있다는 것이 중요하다. 그 방법을 이 책이 알려준다.

유지윤 지음 | 18,000원
264쪽 | 172×235mm

누구나 주식투자로 3개월에 1000만원 벌 수 있다

주식시장에서 은근슬쩍 돈을 버는 사람들이 있다. '3개월에 1000만 원' 정도를 목표로 정하고, 자신만의 투자법을 착실히 지키는 사람들이다. 3개월에 1000만 원이면 웬만한 사람들 월급이다. 대박을 노리지 않고, 딱 3개월에 1000만 원만 목표로 삼고, 그것에 맞는 투자 원칙만 지키면 가능하다. 이렇게 1000만 원을 벌고 나서 다음 단계로 점프해도 늦지 않는다.

터틀캠프 지음 | 25,000원
332쪽 | 172×235mm

캔들차트 매매법

초보자를 위한 기계적 분석과 함께 응용까지 배울 수 있도록 자세하게 캔들 중심으로 차트의 원리를 설명한다. 피상적인 차트 분석이 아니라 기계적으로 차트를 발굴해서 실전에서 활용하는 데 초점을 맞춘 가이드북이다. 열심히 공부하고 노력하여 자신만의 매매법을 확립해, 돈을 잃는 투자자에서 수익을 내는 투자자로 거듭날 계기가 될 것이다.

유지윤 지음 | 25,000원
240쪽 | 172×235mm

1000만 원으로 시작하는 데이트레이딩

적극적이고 다혈질인 한국인에게 딱 맞는 주식투자법, 바로 데이트레이딩이다. 초보자에게 상승장, 하락장뿐만 아니라 횡보장에서도 성공적인 데이트레이딩 전략을 제시한다. 매매 노하우와 스킬을 향상시켜 일상적인 수익 창출을 이끌어줄 것이다. 개인투자자로서의 마음가짐부터 안전하게 시작할 수 있는 꿀팁을 제공한다. 차트를 보면 돈 벌어줄 종목이 보인다!

가상화폐 투자

크맨 지음 | 25,000원
232쪽 | 170×224mm

가상화폐 차트분석 교과서

가격의 흐름을 예상할 수 있는 가장 확실한 도구는 바로 차트다. 차트 분석은 과거의 데이터와 현재의 시장 동향을 기반으로 미래의 가격 움직임을 예측하려고 시도하는 기술적 분석으로, 시장을 더 깊이 있게 이해할 수 있다. 이 책은 가상화폐 투자를 위한 심도 있는 차트 기술을 모두 담고 있다. 이를 통해 독자들이 실전에서 고수익을 창출할 수 있는 능력을 키워줄 것이다.

크맨 지음 | 20,000원 | 신국판 변형 | 200쪽

개념부터 차트 분석까지
암호화폐 실전투자 바이블

소문으로만 듣던 수익률 2000%! 암호화폐 투자고수의 투자 비법. 고수익을 올리기 위한 정보취합 및 분석, 차트분석과 거래전략을 체계적으로 설명해준다. 투자자 사이에서 족집게 과외·강연으로 유명한 저자의 독창적인 차트분석과 다양한 실전사례가 성공투자의 길을 안내한다. 단타투자자는 물론 중·장기투자자에게도 나침반과 같은 책이다.

크맨 지음 | 20,000원 | 신국판 변형 | 212쪽

가상화폐 차트도 모르고 할 뻔했다

이 책은 중급 이상의 투자자들을 위한 본격적인 차트분석서이다. 가상화폐의 차트의 특성을 면밀히 분석하고 독창적으로 체계화해서 투자자에게 높은 수익률을 제공했던 이론들이 고스란히 수록되어 있다. 누구나 하루에 1%, 한달 35% 수익을 올릴 수 있다.

크맨·황동규·찰리 지음 | 22,000원 | 신국판 변형 | 208쪽

초보자도 고수되는
가상화폐 완전정복

재테크를 하려는 사람이라면 꼭 알아야 하는 것들에 대해 저자의 경험을 바탕으로 솔직하고 구체적으로 설명한다. 저자가 일방적으로 이론만 전달하는 책이 아닌, 실전을 알려 주고 있다. 초보자가 준비 없이 돈 벌려고 하면 누군가의 수익이 내 돈을 내어 주는 역할을 하게 된다는 점을 분명하게 짚어준다. 그래서 손해는 덜 보고, 이익은 많이 낼 수 있게 철저한 준비가 필요함을 강조한다.

박문식 외 지음 | 23,000원 | 신국판 변형 | 288쪽

가상화폐 기본도 모르고 할 뻔했다

가상화폐에 처음 투자하는 사람이 궁금해하는 기초부터 어느 정도 매매 경험을 쌓은 사람들에게 필요한 투자 전망까지, 가상화폐 투자자 모두에게 필요한 내용을 담고 있다. 이 책은 가상화폐 앞에 불어온 변화를 안정적으로 넘어설 가이드가 되어줄 것이다.